心理学研究法
補訂版
心を見つめる科学のまなざし

高野陽太郎・岡 隆 [編]

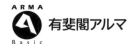

補訂にあたって

　この本は，東京大学の文学部で一緒に実験実習を担当していた高野（心理学）と岡（社会心理学）が，その副読本として企画したものでした。心理学の実験実習は，とかく「レポート書きに追われる」というだけで終わってしまうことになりがちです。しかし，本来は，巷で耳目にする「心理学」とはずいぶん違う，科学的な心理学の基本原理を学ぶことができる貴重な機会なのです。受講生にその機会を最大限に生かしてもらいたいという願いのもとに，この本を編纂しました。心理学研究法の話を科学哲学的な基礎から説き起こすという，いささか変わり種の本でしたが，さいわい，ほかの多くの大学でも教科書として採用され，毎年，増刷を重ねてきました。

　刊行から10年以上が過ぎたものの，研究法は10年で様変わりしてしまうような事柄ではありませんので，大きな改訂はまだ必要ないだろうというのが編者としての判断です。しかし，時代の変化とともに現状に合わなくなってきた部分もあり，今回は小規模な「補訂」を行うことにしました。

　やや大きな修正点は，効果量と信頼区間についての記述を第16章「統計的分析」に追加したことです。最近，心理学の国際的な学術雑誌では，統計的検定の結果を報告する際，有意差が見出されたかどうかだけではなく，効果量とその信頼区間も記すように要求されることが多くなってきました。そこで，効果量とか信頼区間とかいうのは何のことなのか，その意味が理解できるように説明を追加しました。

　ほかにも，いろいろな点で，さらにわかりやすくなるように言葉づかいを直したり，時代に合った記述に変更したりしています。

修正はしていませんが，読者に注意していただきたい点があります。この本では，研究の対象とされる人のことを「被験者」と呼んでいます。しかし，近年，アメリカ合衆国では，"subject"（被験者）という言葉に代わって，"participant"（参加者）という言葉が使われるようになってきました。"subject" という言葉には，「対象」という意味のほかに，「従属する」とか「家来」とかいった意味があり，"subject" というと，研究対象とされる人が実験者や観察者に「従属している」という語感が出てきてしまうので，それが嫌われたのでしょう。日本語の「被験者」には「従属する」というような意味合いはないので，この言葉を嫌う理由はないのですが，最近では日本でも「被験者」ではなく「参加者」と呼ぶことが多くなってきました。読者には，このことを記憶にとどめておいていただければと思います。

　2016 年 11 月

高野陽太郎
岡　　隆

はじめに
この本の狙いと特色

　この本は，心理学に興味を抱いた人のために，心理学の研究方法を解説した本です。この本を読むために，心理学の知識は必要ありません。予備知識がなくても読めるように工夫しました。

◆想定している読者

　この本が想定している読者は，心理学に興味をもっている一般の読者，心理学を学びはじめたばかりの大学生や専門学校生，心理学の研究方法について，より広い知識，より深い理解を得たいと思っている大学生や大学院生です。

　この本は，心理学を専攻した大学生がはじめに履修しなければならない「心理学実験実習」，あるいは，それに類した授業の副読本としても使えるようにつくられています。

　実験実習では，さまざまな心理実験を，調べる側（実験者）と調べられる側（被験者）の両方の立場から実際に体験します。しかし，俗流の精神分析，あるいは，テレビの娯楽番組などをもとにして「心理学」のイメージをつくった学生は，そのイメージと実験実習との間のギャップに当惑することが多いようです。この本を読めば，心理学を学びはじめるとき，なぜ実験実習から始めなければならないのか，その理由がよくわかるのではないかと思います。

　実験実習では，時間の制約があるので，体験するさまざまな実験手続きの意味までは，くわしく説明できないことが多いようです。また，心理学が発展させてきたさまざまな研究方法を網羅的に紹介することも難しいのが実情です。この本を実験実習の副読本として読めば，なぜある実験手続きが必要なのか（例：錯視の実験では，な

ぜ測定を何度も繰り返さなければならないのか？　なぜ測定の順序を毎回変更しなければならないのか？）が理解できるようになるはずです。また，実験実習では体験できなかった，他のさまざまな研究方法についても知識を得ることができます。

◆この本の狙い

　この本は，実験実習を履修している学生に限らず，心理学に興味をもつすべての人に，心理学の研究方法を理解してもらうことを目的としています。

　人間の心の働きは，直接には，眼で見ることも，耳で聞くことも，手で触れることもできません。物理学がはじめに研究対象とした物体の運動などと比べると，この点が決定的に違います。感覚器官では直接とらえることができないので，心の働きを科学的に研究することは非常に困難です。そのため，精神科学は物理科学に大きく遅れをとることになりました。

　この本では，直接観察できない心理現象を科学的に研究するために，心理学が百数十年かけて発展させてきた研究方法を系統的に紹介します。それらの研究方法には，先人たちの英知と創意がぎっしり詰まっています。

　心理学に興味を抱いた人は，心理学の研究成果を記した本に手が伸びるでしょう。「心の働きはどうなっているのだろう？」という疑問に直接答えてくれるからです。しかし，学問的な知識というものは，それが得られた方法と不可分の関係にあります。たとえば，質問紙調査での回答と実験での行動が食い違うという場合があります。どちらも実証的な事実ではありますが，食い違った以上，同じことを調べたとは言えないでしょう。質問紙調査の方はその人の自己認識を反映し，実験の方は実際の行動を反映しているのかもしれ

ません。あるいは，質問紙調査の方は日常的な場面での行動を反映し，実験の方は実験室のなかでつくり出された場面での行動を反映しているのかもしれません。いずれにしても，得られた知識がどういう意味をもっているのかは，その知識がどういう方法で得られたのかということを抜きにしては，正確に理解することができないのです。

　この本で解説している研究方法そのものに興味を抱く人は，そう多くはないかもしれませんが，心理学的な知識を正しく受けとめるためには，研究方法についての理解が欠かせません。したがって，この本は，心理学的な知識についての理解を深めるためにもおおいに役立つはずなのです。

◆この本の特色

　この本をつくるにあたっては，読者にとって役立つ本にするために，いろいろな点で努力を重ねました。その結果，この本は次のような特色を備えたものになっています。

　(1) **わかりやすさ**　心理学的な予備知識をもっていない読者にも無理なく理解できるように，多大の時間と労力を傾注しました。各著者は，初学者にもわかりやすい記述にするために，最大限の努力を払いました。さらに，2名の編者が原稿をくわしく調べ，理解が難しいのではないかと懸念される箇所については，著者に修正を依頼しました。編者自身の原稿も互いにくわしく検討し，また，他の著者の意見も参考にして修正を行いました。学生に原稿の試読をしてもらって改善に役立てたケースもあります。こうした修正は，章によっては，5回，6回にも及びました。

　(2) **ロジックの説明**　実験実習などでは，時間の制約もあって，研究方法についての説明は，とかく「こういうふうにするものだ」

「こういうふうにしなければならない」という教条的なものになってしまいがちです。しかし，そうした説明では，研究方法の意味まではなかなか理解しにくいものです。この本では，研究方法を解説するだけではなく，なぜそういう研究方法をとるのかという原理的な面についても解説を加えています。原理（ロジック）が理解できれば，その研究方法の利点や限界もわかってきます。読者がみずからその方法を応用したり改善したりすることもできるでしょう。

(3) **科学哲学との一体化**　心理学研究法を解説した従来の書物では，「心理学ではこういう研究方法を使う」という話にとどまっていることが普通でした。この本では，なぜそういう方法を使うのか，その理由を，科学的な研究法一般に共通する基本原理と結びつけて理解できるように工夫しました。その結果，この本は，根底で科学哲学と一体化したものになっています。

(4) **剰余変数による方法論の整理**　剰余変数は，名称も一定していませんし，その役割も十分には理解されていません（「剰余変数」というのは，従属変数に影響を及ぼす変数のなかで，独立変数以外の変数のことです。くわしくは本文を参照してください）。私たち編者は，剰余変数の概念によって，研究方法に関するさまざまな議論をうまく整理することができることに気づきました。そこで，この本では，剰余変数に一定した呼び名と独立変数や従属変数と並ぶ地位を与え，研究方法の意味を理解するための基本的な概念装置として利用しています。これは欧米の類書にも例を見ない本書の特色と言っていいでしょう。

(5) **さまざまな研究方法の紹介**　心理学にはいろいろな分野があります。研究法を解説した本の中には，特定の分野だけに焦点を絞ったものも少なくありませんが，この本では心理学全体に目配りをするように努めました。すべての分野の研究方法を1冊の本でくわ

しく紹介することは不可能ですが，どの分野にも共通する基本的な方法論を解説したうえで，主要な分野については，それぞれ独自の研究方法も紹介しています。ただ，紙数の関係で，神経科学的な研究法やエスノメソドロジーに基づいた研究法などには触れることができませんでした。それらについては他書を参考にしていただかなければなりません。しかし，この本で学んだ基本的な方法論を理解していれば，そうした研究法についても十分に理解を深めることができると思います。

　研究方法についての理解は，研究結果を正しく解釈するためにも，みずから創造的な研究を行うためにも，欠かすことのできない心理学の基本です。この本が研究方法に関する読者の理解や創造に貢献することができれば，著者にとっては何よりの喜びです。

　　2004年1月

著者一同を代表して

高野陽太郎
岡　　　隆

執筆者紹介
(執筆順。＊は編者)

＊**高野　陽太郎**（たかの　ようたろう）
　　1950年生まれ。東京大学名誉教授
　　執筆分担：第1章，第2章，第3章，第6章，第14章，第15章
　　専攻：認知心理学，社会心理学
　　主要著作：『傾いた図形の謎』（認知科学選書），東京大学出版会，1987年。『鏡の中のミステリー──左右逆転の謎に挑む』（岩波科学ライブラリー），岩波書店，1997年。『「集団主義」という錯覚──日本人論の思い違いとその由来』新曜社，2008年。『認知心理学』放送大学教育振興会，2013年。『鏡映反転──紀元前からの難問を解く』岩波書店，2015年。『日本人論の危険なあやまち──文化ステレオタイプの誘惑と罠』ディスカヴァー・トゥエンティワン，2019年。*Cultural stereotype and its hazards: 'Japanese collectivism' as a case.* Cambridge University Press, 2024年。

＊**岡　　　隆**（おか　たかし）
　　1959年生まれ。現在，日本大学文理学部教授
　　執筆分担：第4章，第5章，第9章，第17章
　　専攻：社会心理学
　　主要著作：『社会心理学小辞典（増補版）』有斐閣，2002年，共編。『社会的認知研究のパースペクティブ──心と社会のインターフェイス』培風館，2004年，編著。『心理学研究法5　社会』誠信書房，2012年，編著。

　坂元　　章（さかもと　あきら）
　　1963年生まれ。現在，お茶の水女子大学理事・副学長
　　執筆分担：第7章
　　専攻：社会心理学
　　主要著作：『メディアと人間の発達──テレビ，テレビゲーム，インターネット，そしてロボットの心理的影響』学文社，2003年，編

著。『メディアとパーソナリティ』ナカニシヤ出版，2011 年，編著。

横澤 一彦（よこさわ かずひこ）
1956 年生まれ。現在，日本国際学園大学経営情報学部教授／東京大学名誉教授

執筆分担：第 8 章

専攻：認知心理学

主要著作：『視覚科学』勁草書房，2010 年。『つじつまを合わせたがる脳』岩波書店，2017 年。『感じる認知科学』新曜社，2021 年。

山田 一成（やまだ かずなり）
1960 年生まれ。現在，東洋大学社会学部教授

執筆分担：第 10 章

専攻：社会心理学

主要著作：『聞き方の技術——リサーチのための調査票作成ガイド』日本経済新聞出版社，2010 年。『心理学研究法 5 社会』誠信書房，2012 年，分担執筆。『ウェブ調査の基礎——実例で考える設計と管理』誠信書房，2023 年，編著。

遠藤 利彦（えんどう としひこ）
1962 年生まれ。現在，東京大学大学院教育学研究科教授

執筆分担：第 11 章

専攻：発達心理学，感情心理学

主要著作：『乳幼児のこころ——子育ち・子育ての発達心理学』有斐閣，2011 年，共著。『「情の理」論——情動の合理性をめぐる心理学的考究』東京大学出版会，2013 年。

南風原 朝和（はえばら ともかず）
1953 年生まれ。東京大学名誉教授

執筆分担：第 12 章

専攻：心理統計学，心理測定学

主要著作：『心理統計学の基礎——統合的理解のために』有斐閣，2002 年。『臨床心理学をまなぶ 7 量的研究法』東京大学出版会，

2011年。『続・心理統計学の基礎――統合的理解を広げ深める』有斐閣, 2014年。

前川 あさ美（まえかわ あさみ）
1960年生まれ。現在, 東京女子大学現代教養学部教授
執筆分担：第13章
専攻：臨床心理学
主要著作：『「心の声」を聴いてみよう！ 発達障害の子どもと親の心が軽くなる本』講談社, 2016年。『教育相談』（未来の教育を創る教職教養指針11), 学文社, 2019年, 分担執筆。『発達障害 僕にはイラつく理由がある！』講談社, 2019年, 監修・解説。『絵本がひらく心理臨床の世界』新曜社, 2020年, 共著。『発達障害 「できないこと」には理由がある！』講談社, 2022年, 監修・解説。

亀 田 達 也（かめだ たつや）
1960年生まれ。東京大学名誉教授。現在, 明治学院大学情報数理学部教授
執筆分担：第15章
専攻：社会心理学
主要著作：『複雑さに挑む社会心理学――適応エージェントとしての人間（改訂版）』有斐閣, 2010年, 共著。*Evolution, culture, and the human mind.* Psychology Press, 2010年, 共編。『モラルの起源――実験社会科学からの問い』岩波新書, 2017年。『連帯のための実験社会科学――共感・分配・秩序』岩波書店, 2022年。

吉 田 寿 夫（よしだ としお）
1956年生まれ。現在, 関西学院大学社会学部教授
執筆分担：第16章
専攻：社会心理学, 教育心理学
主要著作：『心理学研究法の新しいかたち』誠信書房, 2006年, 編著。『本当にわかりやすいすごく大切なことが書いてあるごく初歩の統計の本』（補足I, II）北大路書房, 2018年。『本当にわかりやすいすごく大切なことが書いてあるちょっと進んだ心に関わる統計的研究法の本』(I, II, III) 北大路書房, 2018年。

目　次

第1部　実　証

第1章　科学と実証　　2
なぜ直観ではいけないのか？

1 実証の重要性 …………………………………………………………… 2
　直観的な判断（2）　　直観の危うさ（3）　　実証と応用（4）
2 因果と説明 ……………………………………………………………… 5
　科学的な説明（5）　　相関関係（7）　　相関と因果（8）
　因果の適応的意義（11）
3 実証のロジック ………………………………………………………… 13
　因果関係の実証（13）　　後件肯定の誤謬（14）　　現実の実証（15）

第2章　実験と観察　　20
実証の2つの顔

1 暴力番組の影響 ………………………………………………………… 20
　調査（20）　　実験（21）　　別の因果関係（22）　　実験的研究 観察的研究（23）　　長所と短所（25）
2 実証の論理構造 ………………………………………………………… 26
　実験的研究の構造（26）　　観察的研究の構造（27）　　さまざまな研究法（29）

第3章　実証の手続き　　33
観念の世界と現実の世界を結ぶ

1 変数と手続き …………………………………………………………… 33

xi

変数の抽象性（33）　　補助仮説（34）　　操作的定義（35）
2 手続きの妥当性と信頼性 ……………………………………… 36

第2部 実験的研究

第4章　独立変数の操作　　42
原因をどうやってつくり出すか？
1 独立変数の種類 ………………………………………………… 42
直接的独立変数（42）　　概念的独立変数：諸変数の代表（44）　　概念的独立変数：心理変数（45）
2 純化と多重操作 ………………………………………………… 47
純化（47）　　手続きそのものの洗練（48）　　多重意味と純化（48）　　多重操作（50）
3 独立変数の操作とインパクト ………………………………… 52
独立変数の効果の最大化：強い操作（52）　　パイロット・テストの大切さ（53）　　独立変数の強い操作の問題点（55）　　インパクトの重要性と操作の強さとのバランス（56）
4 手続きの標準化 ………………………………………………… 58
標準的手続きの代表性（58）　　手続きの一定化とその問題点（59）　　心理的等価性（59）　　手続きの一定化を逸脱するときの留意点（61）
5 妥　当　性 ……………………………………………………… 62
3つの妥当性（62）　　内的妥当性（63）　　外的妥当性（63）　　構成概念妥当性（66）

第5章　従属変数の測定　　68
結果をどうやって取り出すか？
1 従属変数の種類 ………………………………………………… 68
直接的従属変数（69）　　概念的従属変数：諸変数の代表

（70）　　概念的従属変数：心理変数（71）
2 測定の信頼性と妥当性 ……………………………………… 72
　　信頼性（73）　　妥当性（74）
3 さまざまな手続き化と選択 ………………………………… 78
　　手続きの非標準性（79）　　言語測度（79）　　行動測度（83）　　測度の選択：パイロット・テスト と多重測定（86）

第6章　剰余変数の統制　　90
原因を見誤らないために

1 統制の原理 …………………………………………………… 90
●なぜそしていかに？
　　統制は必須（90）　　統計的統制 実験的統制（92）
2 個体差変数の統制 …………………………………………… 95
●異なる人々を比べるには
　　被験者内計画 被験者間計画（95）　　組織的配分 無作為配分（98）　　無作為配分はなぜ優れているのか？：経済性と実現性（99）　　無作為配分はなぜ優れているのか？：妥当性（102）　　無作為配分の限界（104）
3 個体内変動の統制 …………………………………………… 105
●人はいつも同じではない
　　個体内変動（105）　　カウンターバランス（107）　　無作為化（110）
4 直接的な統制 ………………………………………………… 112
●統制は創造的な行為
　　環境変数と個別変数（112）　　科学的研究の特性（113）

第7章　さまざまな実験法　　120
現実の制約のなかで

1 実験室実験 …………………………………………………… 121
2 質問紙実験 …………………………………………………… 123
3 現場実験と自然実験 ………………………………………… 124
　　現場実験とは何か（124）　　自然実験とは何か（125）　　有

目　次　xiii

用性と限界（127）
4　準 実 験 ·· 127
　　●横断的比較
　　横断的比較を行う準実験とは何か（128）　　1回の事前テスト（130）　　複数回の事前テスト（131）　　複数の対照条件（133）　　実験条件を「挟む」（134）　　不等価従属変数（135）
5　もう1つの準実験 ······································ 138
　　●縦断的比較
　　縦断的比較を行う準実験とは何か（138）　　工夫を重ねる（141）
6　単一事例実験 ·· 143
7　最 後 に ·· 144
　　●現実の制約のなかで

第8章　コンピュータ・シミュレーション　147
モデルによる心理研究って何？

フローチャートからシミュレーションへ（148）　　意味ネットワーク（150）　　プロダクション・システム（152）　　コネクショニスト・ネットワーク（153）　　方法論としてのコンピュータ・シミュレーション（156）

第9章　心理学に特有な問題　158
自分も相手も生身の人間となると……

1　観 察 反 応 ··· 158
　　心理学研究の人工性・非日常性と生態学的妥当性（159）　　要求特性①：社会的に望ましい被験者（161）　　要求特性②：実験者にとって望ましい被験者（162）　　要求特性への対策（164）　　実験者効果（166）　　実験者効果への対処方法（170）
2　内観法の限界と対策 ··································· 172
3　倫 理 的 問 題 ·· 175

社会的契約（175）　　　被験者の保護とリスクの最小化（177）
インフォームド・コンセントと自発的参加（177）　　　デブリ
ーフィング（178）　　匿名性と守秘性（178）　　研究倫理審
査委員会による審査（179）

第3部
観察的研究

第10章　調　査　法　182
相関で探る心と社会

1　なぜ質問紙調査が必要か？　184
質問紙調査とは何か（184）　　　できること・できないこと（186）

2　質問紙調査の実施方法　187
リサーチ・クエスチョン，仮説，分析計画（187）　　質問の作成（190）　　調査票の構成（194）　　対象者の決定（195）　調査方法の選択（200）

3　質問文の作成と尺度構成　203
ワーディングの影響（203）　　　聞き方で変わる調査結果（204）　　心理尺度の活用（207）

4　よりよい調査研究のために　210
手段と目的（210）　　質問の量（210）　　立場性の理解（210）　　調査を生かす力（211）

第11章　観　察　法　212
日常のふるまいのなかに心の本質を見出す

1　観ることと察ること　212
2　状況を操作することと現象を選び，記すこと　213
観察状況に対する人為的操作：自然観察法と実験観察法（214）　　　現象選択の方法（217）　　現象記述の方法（220）

3　確かなデータを得ることと偏りを防ぐこと ……………… 221
　サンプルサイズとサンプリング（222）　　観察者のバイアスおよび符号化の問題（223）　　信頼性をチェックする方法（224）　　生態学的妥当性に対する配慮（226）　　録画・録音機器の活用（226）

4　場の内側に在ることと仮説を生成すること ……………… 227
　観察者と観察対象の関係性（228）　　仮説生成と質的研究法（230）

第12章　検 査 法　236
心理テストで何がわかるか？

1　週刊誌やテレビの"心理検査"は科学的か？ ……………… 236
　貯金箱選択テスト（236）　　ロールシャッハテスト（237）
　解釈の根拠と妥当性（239）

2　妥当性検証と信頼性の評価 ……………………………… 240
　仮説検証としての妥当性検証（240）　　妥当性の収束的証拠と弁別的証拠（242）　　得点の一貫性としての信頼性（243）

3　検査得点の解釈と標準化 ………………………………… 244
　職業興味検査の例（244）　　規準と規準集団（245）　　パーセンタイル順位（246）　　標準得点（247）　　標準得点とパーセンタイル順位の関係（248）　　検査の標準化（249）

4　心理検査法に関する研究 ………………………………… 250
　検査の開発研究（250）　　検査得点の統計的理論（251）
　相関の希薄化（253）　　項目反応理論（254）

第13章　面 接 法　257
個別性と関係性から追究する人間の心

1　面接と「言葉」 ………………………………………………… 258
2　面接と構造化の程度 ………………………………………… 261
3　面接と被面接者 ……………………………………………… 264
　●面接者関係
　面接者の基本的態度（264）　　信頼関係を支える面接の

「枠」（265）　　信頼関係が支える「いま，ここで」の体験（267）

4　面接と個別性そして普遍性 ……………………………………… 269
5　面接と心の変化 …………………………………………………… 270
6　面接とコンテクスト ……………………………………………… 271
7　面接とデータ分析 ………………………………………………… 272
　　語られた内容をカテゴリー化する分析（272）　　コンテクストを重視して解釈していく分析（275）　　被面接者の体験過程に注目した分析（277）
8　面接と倫理的責任 ………………………………………………… 278
9　面接法の限界と可能性 …………………………………………… 280

第4部　実施と解釈

第14章　研究の実施　　286

それは単純作業ではない

1　「実証的研究」のイメージ ……………………………………… 286
　　実証的研究の目的（286）　　実証的研究の手順（288）
2　研究のアイデア …………………………………………………… 289
　　アイデアの生まれ方（289）　　文献の探し方（293）
3　研究の立案と実施 ………………………………………………… 295
　　計画書（295）　　実施マニュアル（298）　　予備研究（299）
　　本研究の実施（299）

第15章　結果の解釈　　301

実験結果の解釈を中心に

1　一般化をめぐる問題① …………………………………………… 302
　　●実験は人工的で現実に一般化できない？
　　実験の人工性・非日常性（302）　　実験の生態学的妥当性

(303)　「実験の人工性」再考（304）

2　一般化をめぐる問題②　　　　　　　　　　　　　　　　　305
●大学生の心理学？
母集団への一般化可能性（305）　　剰余変数の組織的検討（306）

3　後続研究の重要性　　　　　　　　　　　　　　　　　　　　308
有意でない結果（308）　　概念的追試の重要性（311）

第16章　*統計的分析*　　　314
目的やロジックと適用上の留意点を理解するために

1　記 述 統 計　　　　　　　　　　　　　　　　　　　　　　　314
女性と男性では，どちらの方が英語が得意か（314）　　学力と私語の頻度の関係は（317）　　データと相談し，主体的な判断をしながら分析することが大切（319）

2　推測統計と統計的検定　　　　　　　　　　　　　　　　　　321
推測統計とは（321）　　統計的検定の意義（322）　　統計的検定の基本的ロジック（324）

3　効果量とその信頼区間の推定　　　　　　　　　　　　　　　329
効果量とは（329）　　信頼区間とは（333）　　効果量の信頼区間を算出することの有用性（335）

4　偏相関係数を用いた共変数の統計的な統制　　　　　　　　　337
「機敏であるほど得点能力が高い」わけではないのか（337）　「統計モデル先にありき」は禁物（340）

第17章　*研 究 報 告*　　　345
コミュニケーションの大切さ

1　研究報告の大切さ　　　　　　　　　　　　　　　　　　　　345
2　研 究 発 表　　　　　　　　　　　　　　　　　　　　　　　347
3　研 究 論 文　　　　　　　　　　　　　　　　　　　　　　　348
公共言語（348）　　論文の構成の論理（350）　　客観的・論理的な研究論文（352）　　再現性の保証（355）　　自分の考えと他者の考えの峻別（356）

事項索引　359
人名索引　372

Column 一覧

① 反証主義　16
② 一般法則とシステム法則　31
③ 手続き分析　38
④ 心理学的実験の現実味　64
⑤ テイラー・メイドの測度　78
⑥ 要因計画　114
⑦ ますます必要とされる評価研究　137
⑧ コネクショニスト・ネットワークと心理学　154
⑨ 要求特性の事後査定　167
⑩ 「変化」をとらえる調査法　201
⑪ フォーカス・グループ・インタビュー　205
⑫ コーエンのカッパ係数の算出例　225
⑬ 観察研究における倫理問題　231
⑭ 心理検査のコンピュータ化　252
⑮ 面接者の基本的態度　266
⑯ ビデオは語る　297
⑰ 社会心理学実験における"文化"の扱い　307
⑱ 統計的検定の問題点　326
⑲ 統計についての学習　341
⑳ 根拠先行型か結論先行型か？　354

本書のコピー，スキャン，デジタル化等の無断複製は著作権法上での例外を除き禁じられています。本書を代行業者等の第三者に依頼してスキャンやデジタル化することは，たとえ個人や家庭内での利用でも著作権法違反です。

第 1 部

実　証

　心理学は，精神の働きを解明しようとする科学である。
　科学である以上，研究の対象は「事実」でなければならない。「そんなことは，あたりまえのことではないか」と読者は思うだろうか？　しかし，現実には，精神の働きについてのさまざまな言説は，必ずしも，「事実かどうか」という問を重視しているわけではない。ことに，テレビや一般向けの書物を通じて流布される言説は，もっともらしくて面白ければ，それだけで多数の信者を獲得してしまう。「事実かどうか」が真剣に問われることは滅多にない。しかし，それでは，「学問」の装いをこらしてはいても，実態は「科学」ではなく，たんなる「娯楽」でしかない。
　心理学は，そういったたぐいの言説とは異なり，精神の働きについて，事実を明らかにし，その事実を理解しようとする。事実を明らかにすること，それが「実証」である。したがって，「実証」は，心理学を一番下で支えている土台の役割をしているともいえる。その「実証」のロジック，すなわち，「どのようにして事実であると認められたのか」を理解していなければ，すべての心理学的な知識は，正しく理解することができない。
　この第 1 部では，心理学のみならず，すべての科学に通底する実証のロジックを解説する。つまり，「どうすれば事実を正しく認識することができるか」を考えるわけである。それを理解したうえで，第 2 部以降では，心理学独自の研究方法を解説していくことになる。

第1章 科学と実証

なぜ直観ではいけないのか？

　この章では，実証の基本的な考え方を学ぶ。はじめに，精神の働きを調べるとき，直観的な方法ではなぜいけないのか，実証的な方法がなぜ必要になるのかを考えてみる。次に，何を実証するのかを理解するために，ものごとを「科学的に理解する」とはどういうことなのかを考えてみる。そのうえで，科学的な実証のロジックを哲学的な観点から検討する。

1 実証の重要性

直観的な判断　　私たちは誰でも，意識に映じた自分の心の動きを直観的に知ることができる（心理学では，こうした直観を「内観」と呼ぶ）。そのため，人間の心理について考えるとき，私たちは，とかく，この直観に頼りがちになる。

　たとえば，「テレビで暴力番組を見ると子どもが暴力をふるうようになるから，暴力番組は禁止すべきだ」という意見について考えてみよう。この意見は正しいのだろうか？

　それを判断するとき，私たちは，たいがい直観に頼る。たとえば，自分がテレビで暴力シーンを見ていたときのことを思い出してみる。敵役を叩きのめす主人公が「格好いい」と感じた記憶がよみがえってきたとしたら，「たしかに，暴力番組を見ると暴力をふるうよう

になるだろう」という意見に傾くかもしれない。

しかし，ほかの人は，同じように直観的な判断をした結果，「暴力番組を見ただけでは，自分で暴力をふるうようになったりしない」という意見をもつようになるかもしれない。では，どちらの直観が正しいのだろうか？

直観的な議論だけなら，どちらの立場からでも，もっともらしい議論はいくらでもできる。たとえば，「子どもは大人の真似をしたがるものだから，テレビで大人が暴力をふるっているシーンを見ると，子どもも暴力をふるうようになるに違いない」というように。しかし，相手の方も，何かもっともらしい反論を考えつくかもしれない。たとえば，「子どもだって，ドラマと現実の違いぐらいはわかっているのだから，ドラマで大人が暴力をふるうのを見ても，現実の世界で自分が暴力をふるうようになったりはしないだろう」というように。

こうした机上の議論は，いくらでも続けていくことができるが，そのうち，どちらかがもっともらしい理屈を考え出すことができなくなって，議論には決着がつくかもしれない。では，勝った方の議論が正しいと言っていいのだろうか？

> 直観の危うさ

直観的に正しく感じられるということは，必ずしも，本当に正しいということを意味しない。たとえば，「天体はみな地球のまわりをまわっている」という天動説。今よりも大空が身近だった15世紀の人々にとっては，直観的には，この天動説は疑うべくもない真実だったに違いない。にもかかわらず，天動説は誤りだった。

人間の心理についても，「直観が間違っていた」という実例は枚挙にいとまがない。

1つだけ身近な例を挙げよう。「血液型性格学」。日本だけの現象

だが、「A 型の人は几帳面で、B 型の人は独立心旺盛で……」といった、血液型に基づく性格判断がしばしばテレビや雑誌に登場する。直観的には、非常によく当たっているように感じられるので、多くの人々がこれを信じている。

この「血液型性格学」は、実証的研究によって、誤っていることが繰り返し証明されてきた。にもかかわらず、たいがいの人は実証的研究には関心を払わず、直観に頼って「正しいかどうか」を判断しようとするため、世間では、依然として、この血液型性格学が「真実」として通用している。

問題は、これを応用しようとする人が少なくないことである。たとえば、ある会社では、血液型に基づいて、新入社員を配置する部署を決めているという。「この人の血液型は活動的な O 型だから、営業にまわそう」というように。

しかし、血液型性格学が正しくない以上、その応用には危険が伴う。営業にまわされた O 型の新入社員は、じつは、人づきあいは苦手だが、事務は正確かつ迅速にこなすという人物かもしれない。その場合、社員の潜在能力を活用しそこなうという点で、血液型に基づいた人事は、会社に損害をもたらすことになる。しかし、それ以上に大きな損害をこうむるのは、ほかならぬ本人だろう。自分の能力を発揮できず、苦手なことを毎日やらされるのでは、人生は苦痛に満ちたものになってしまう。

実証と応用

テレビの娯楽番組なら、直観的にもっともらしくて面白ければ、それで十分かもしれない。しかし、学問は、たんなる娯楽ではない。学問は、応用される可能性をつねにはらんでいる。その点で、学問は重大な責任を負っているのである。

実際に応用された場合、「もっともらしくて面白いが、間違って

いる」というのでは，社会にとんでもない害毒をまきちらしかねない。人間の心理についての間違った理解に基づいて「いじめ」の解決策を提言したとしたら，はたしてどのような結果になるだろうか？　人間の注意能力についての間違った理解に基づいて原子力発電所の計器盤を設計したとしたら，はたしてどのような結果になるだろうか？　現実に起こる事態は，私たちの想像をはるかに超えているかもしれない。

　そうした応用の可能性を考えた場合，学問にとって最も重要な条件が，直観的なもっともらしさでも面白さでもないことは明らかだろう。「現実をどれだけ正確にとらえているか」という妥当性こそが学問の生命線なのである。

　「実証」というのは，まさしく，「現実を正確にとらえる」ための努力にほかならない。心理学は，過去100年以上の間，精神の働きについて，その「現実を正確にとらえる」ための方法を磨いてきた。そうした方法のなかには心理学に特有のものも少なくないが，それを根底で支えているのは，科学一般に通じる実証の「ロジック」（考え方，あるいは，原理）である。この章では，その「ロジック」をできるだけ正確に理解すべく，努力をしてみよう。

　しかし，その前にまず，科学が実証しなければならないことは何なのかをはっきりさせておかなければならない。そのためには，「科学的な説明」の本質を理解しておく必要がある。

2　因果と説明

科学的な説明　　科学の核心は「説明」である。何かを説明することができれば，それを理解できたこ

とにもなるし，応用につなげることもできる。

では，何をすれば，「説明」をしたことになるのだろうか？

「なぜリンゴは木から落ちるのか？」という問いを考えてみよう。かりに，「リンゴは果物である」という答を聞いたとする。これでは，「説明された」という感じはしない。リンゴについてただ何かを述べただけでは，私たちが期待する「説明」にはならないのである。一方，「リンゴが木から落ちるのは，リンゴが地球の引力に引き寄せられるからだ」という説明なら，「説明された」という感じがする。それは，「リンゴが木から落ちる」という結果をもたらす原因をはっきりさせているからである。

私たちは，ものごとを理解しようとするとき，「なぜ？」という問いを発する。その問いに対する答として私たちが求めているのは，ふつう，因果的な説明である。「説明」という日常用語はいろいろな意味で使われるが，私たちが世界のなかで起こる物事を理解したくて求める「説明」の核心は，この因果的な説明にほかならない。科学の場合も同様である。というより，それがさらに徹底していて，最も洗練された形での因果的説明を追究しているのが科学なのである。

科学における説明は，一般的な因果法則を想定する。たとえば，「万有引力の法則」。この法則によれば，すべての物体の間には，互いに引き合う「引力」が存在するのだが，それが働くと，質量の小さい物体ほど大きな距離を移動することになる。質量が小さいリンゴと，質量が圧倒的に大きい地球との間でこの引力が働くと，「リンゴが地球の方に移動する」という結果が生じる。つまり，リンゴは地面に落ちる……とそういう形の説明になる。

心理学の場合も，因果法則に基づいて因果的な説明をするという点では，物理学の場合と違いはない。たとえば，「なぜ少年Aは暴

力をふるったのか？」という問いに対して，「なぜなら，子どもの頃，テレビで暴力番組ばかり見ていたからだ」という説明をしたとする。この説明は，明らかに，「暴力番組をたくさん見た子どもは，自分も実際に暴力をふるうようになる」という因果法則を想定していて，「少年Aは，子どもの頃，テレビで暴力番組ばかり見ていた」という原因から，「少年Aが暴力をふるった」という結果を因果的に説明しようとしているのである。

因果関係に基づく説明が正しいものであるためには，そこで使われる因果法則は，たんに「もっともらしい」というだけではなく，現実に存在するものでなければならない。したがって，その因果関係が現実に存在するかどうかを知るために，現実を調べてみること，つまり，実証が必要になるのである。これが科学研究における実証の主要な目的である。

相関関係 では，因果関係が現実に存在するかどうかを調べるには，どうすればよいのだろうか？

「原因ではないか」と思われる変数と「その結果ではないか」と思われる変数との間に，規則的な関係があるかどうかを調べてみればよいのではないか——という考えがまず頭に浮かぶ。因果関係が本当に存在するのなら，原因と結果との間には，必ず規則的な関係が現れるはずである。「原因がないときには結果は生じないし，原因があるときには必ず結果が生じる」というように。

原因と結果がそれぞれ連続的に変化する場合には，原因と結果との間には，たとえば，図1-1のような関係が現れるはずである。「気圧の差」が原因で，「気圧の高い場所から低い場所へと空気が移動する」（つまり，「風が吹く」）という結果が生じる場合を考えてみよう。この場合，気圧の差が大きければ大きいほど，空気の移動速

図1-1 変数 X と変数 Y との間の規則的な関係

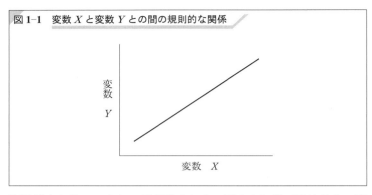

度は速くなる。つまり，風が強くなる。図1-1に当てはめると，変数 X（気圧の差：正確には「気圧傾度」）の値が大きくなると，変数 Y（風の強さ：正確には「風速」）の値も大きくなるわけである。

2つの変数の間に規則的な関係があるとき，これを「相関関係」と総称する。ふつうは，図1-1のような直線的な（統計用語では「線型の」）関係を考えることが多い。が，2つの変数の間に曲線で表されるような関係があるときにも，やはり「相関関係」という。変数が「ある」「ない」というような2つの値しかとらないときにも「相関関係」という用語が使われる。つまり，何か規則的な関係があれば，それは「相関関係」なのである（相関関係については第16章「統計的分析」にも解説がある）。

「変数 X が原因で変数 Y はその結果」という因果関係がある場合には，この2つの変数の間には，必ず相関関係が現れる（正確には，この言明には留保条件が必要なのだが，それについては第2章で説明する）。では，変数 X と変数 Y の間に相関関係がみられたときには，「変数 X は変数 Y の原因である」と考えてよいのだろうか？

相関と因果　「逆は必ずしも真ならず」で，「変数 X は変数 Y の原因である」とは，必ずしも言

表 1-1　変数 X と変数 Y の間の相関関係の分類

(1)　変数 X が原因，変数 Y が結果
(2)　相互的な因果関係
(3)　変数 X は結果，変数 Y が原因
(4)　変数 Z が原因，変数 X も変数 Y もその結果
(5)　たんなる偶然

えないのである。変数 X と変数 Y との間の相関関係を因果関係という観点から分類してみると，表 1-1 に挙げたようなさまざまな場合がありうる。

「変数 X が原因で，変数 Y が結果」という想定された因果関係（表 1-1 の (1)）ではなく，相互的な因果関係（表 1-1 の (2)）が存在する場合もある。この場合は，「変数 X が原因で，変数 Y がその結果」という因果関係に加えて，「変数 Y が原因で，変数 X がその結果」という逆の因果関係も同時に存在している。そのよい例は，GDP（国内総生産）と初等・中等教育の普及率との間の相関関係である。GDP が大きい国では，学校を整備することができる，子どもが働かなくてよいなどといった理由で，つまり，豊かな経済力が原因になって，「教育の普及率が高くなる」という結果が生じる。その一方で，教育の普及率が高くなると，労働者の能力が向上するので，産業を高度化することができ，それが GDP を押し上げる，という逆の因果関係も働く。GDP と教育の普及率との間の相関関係は，この 2 種類の因果関係から生まれたものだと考えられている。

さて，昔，ある地方では，「燕が巣をつくると家が栄える」と信じられていたという。本当に，燕という原因が家の繁栄という結果をもたらしているのだろうか？　動物学者は別の説明をしている。「栄えている家は人の出入りが多いので，蛇のような燕の天敵が巣に近寄らない。そこで，燕は栄えている家の軒先に好んで巣をつく

る」というのである。つまり、この場合は、「変数 X が原因で、変数 Y がその結果」という因果関係は存在しておらず、実際には、「変数 Y が原因で、変数 X がその結果」という逆の因果関係だけが存在していたことになる（表 1-1 の (3)）。

　一方、「2 つの変数の間には、直接の因果関係はまったく存在しない」という場合もある。たとえば、ひと月ごとに、清涼飲料水の売上げと日本脳炎の発生率をプロットしてみたところ、「清涼飲料水がよく売れた月ほど日本脳炎の発生率が高い」という相関関係が現れたとする。では、清涼飲料水が日本脳炎の原因なのだろうか？　もちろん、そうではない。「清涼飲料水があまり売れない冬には、日本脳炎を媒介する蚊もあまり発生しないが、清涼飲料水がよく売れる夏には、蚊がたくさん発生するので、日本脳炎も多くなる」というだけのことなのである。

　この場合は、第 3 の変数 Z（気温）が本当の原因で、変数 X（清涼飲料水の売上げ）と変数 Y（日本脳炎の発生率）は、どちらもその結果にすぎない。ただ、Z の値が大きくなると（気温が高くなると）、X の値も Y の値も大きくなる（清涼飲料水がよく売れ、日本脳炎の患者が増える）ので、X と Y の間には相関関係が現れるのである。しかし、相関関係があるからといって、X が Y の原因だというわけでもないし、Y が X の原因だというわけでもないのである（表 1-1 の (4)）。

　最後に、「何の因果関係もない」という場合もある。アメリカ合衆国では、年ごとに、政治資金の額とスポーツの新記録をプロットしてみると、「巨額の政治資金が使われた年ほど、新記録の数も多い」という相関関係が現れるという。では、政治家が票集めのためにスポーツ団体に資金を流すというような事情でもあるのだろうか？　そういうわけではない。じつは、この相関関係は、「アメリ

カの大統領選挙とオリンピックが同じ年に行われる」という、まったくの偶然の一致に由来するのである。大統領選挙が近づいてくると、どの候補者も必死になって、1億ドル、2億ドルという巨額の政治資金を集める。一方、オリンピックが近づいてくると、どの選手も必死になって記録を伸ばそうとする。その結果、政治資金と新記録の間には相関が生じるのである。

こんな特殊な例ばかりではない。心理学でも、質問紙調査を行って、たくさんの質問項目の間で相関係数を計算すると、必ず、そのうちのいくつかは、まったくの偶然から、「統計的に有意な」（つまり、「偶然の結果だという確率は低い」と判断されるような）高い数値になるものなのである（表1-1の(5)）。

このように、2つの変数の間に相関関係があったとしても、それだけでは、そこにどのような因果関係があるのかは判断できない。それどころか、そもそも因果関係があるのかどうかさえわからないのである。科学的な研究の最大の目的が因果関係を実証することだとすると、相関関係がわかっただけでは、まだ不十分だということになる。

> 因果の適応的意義

しかし、因果関係をつきとめなければならないのはなぜなのだろうか？　相関関係がわかったところで研究を終わりにしてはいけないのだろうか？　そもそも、私たち人間は、そして科学は、なぜ因果関係に基づく説明を求めるのだろうか？

この世界を認識する方法として、因果関係が本当に妥当なのかどうかという点については、いろいろと込み入った哲学的な議論がある。にもかかわらず、実際には、ほとんどすべての科学的研究が因果関係の解明を目標にしてきた。また、さきほど述べたとおり、ものごとを理解しようとするとき、私たちが求めるのは因果的な説明

第1章　科学と実証

なのである。これはけっして偶然ではなく，私たちの認識システムが現実の世界に適応してきた結果であると考えることができる。

　因果関係がある場合，原因が変化すれば，結果も必ず変化する（たとえば，気圧の差がなくなれば，風もやむ）。ということは，何か望ましい結果を得るためには，その原因の方をコントロールしてやればよい，ということを意味する。たとえば，天然痘で人が死ぬことを防ぐためには，天然痘のウイルスを撲滅すればよい。つまり，因果関係を知ることによって，私たちは現実をよりよい方向に変えることができるのである。

　相関関係しかわからない場合には，そうはいかない。たとえば，変数Xも変数Yも，ともに変数Zの結果なのだが，そうとは知らず，ただXとYとの間に相関があることだけを知っていたとしよう（表1–1の(4)の場合）。この場合，Xをコントロールしても，Yを望ましい状態にすることはできないのである（たとえば，清涼飲料水の販売を禁止しても，日本脳炎はなくならない）。

　因果関係がわかった場合だけ，私たちは現実を確実にコントロールすることができ，それによって生存の確率を高めたり，よりよい生活を送ったりすることができるのである。認識論的に厳密に考えれば，因果関係が現実を認識するための正しい方法なのかどうかには疑問が残るのかもしれない。しかし，私たちの生活では，ほとんどの場合，因果関係という理解の枠組みは十分に有効なのであり，だからこそ，私たちはものごとを因果的に理解するようになったのだと考えることができる。

3 実証のロジック

<u>因果関係の実証</u>　2つの変数の間に規則的な関係（相関関係）があるとわかっただけでは，因果関係があるかどうかまではわからないとすると，因果関係を見極めるためにはどうすればよいのだろうか？

16～17世紀の哲学者フランシス・ベーコン以来，多くの哲学者や科学者がこの問題に取り組んできた。たとえば，19世紀イギリスの哲学者ジョン・スチュアート・ミルは，表1-2に挙げたような3つの原則に基づいて因果関係を見定めようとした。

(1)の意味は明らかだろう。原因が結果より後に起こることはないのだから，2つの変数の間に相関関係があるとき，もしどちらかが後に起こっていたとすれば，そちらの方が原因だということはありえない。

(2)については，2つの変数の間に相関関係があれば，関連していることの1つの証拠にはなる。しかし，前述のとおり，それだけでは十分ではない。ミルは，「原因があれば，必ず結果が生じる」という因果関係の特性に注目した。そして，「原因があれば結果がある」ことと，「原因がなければ結果がない」こととを確認すべきだと考えた。

表1-2　因果関係を見極めるためのミルの3原則

(1) 原因は結果より時間的に先であること。
(2) 原因と結果が関連していること。
(3) 他の因果的説明が排除されること。

第1章　科学と実証

しかし，X が先に起こってから Y が起こったのだが，X と一緒に Z も起こっていたとしよう。また，X が起こらなかったときには Y も起こらなかったのだが，Z もまた起こっていなかったとしよう。そうすると，Y の原因は，はたして X なのか Z なのかわからなくなってしまう。そこで，ミルの原則 (3) が必要になってくる。「他の因果的説明」，すなわち，この場合は，「Z が原因で，Y はその結果」という説明を排除するために，「X は起こったが Z は起こらなかったという場合に，Y が起こるかどうか」を調べてみなければならないということになる。

実際の研究において，こうした原則をどのように適用すればよいのかは，次の第2章で考えてみることにしよう。いずれにしても，科学における実証は，基本的には，このような原理に基づいているのである。

後件肯定の誤謬　しかし，このような原理は，絶対確実な実証を保証してくれるわけではない。

因果関係を見極めるためには，まず，「変数 X が原因で結果 Y が生じるという因果関係がある」という仮説をつくらなければならない。この仮説から，「変数 X があるときには結果 Y もあるはずだ」というような予測を導き出す。この予測を確かめるために，実証的な研究を行うのである。こうした研究のやり方を「仮説演繹法（かせつえんえきほう）」という。「仮説から予測を演繹する（論理的に導き出す）研究方法」という意味で，科学的研究の標準的な方法とされている。

この仮説演繹法では，予測されたとおりの事実が観測されたとき，「仮説は正しい」と推論することになる。ところが，論理学的にみると，この推論は妥当ではないのである。

論理学的には，「もしAならばBである」という仮言命題に基づいてAが正しいかどうかを検証しようとするとき，「Bである，し

たがって，Aである」という推論は妥当ではない。これを「後件肯定の誤謬」という（「後件」というのは，「Bである」の部分を指し，「もしAならば」の部分は「前件」と呼ぶ）。

たとえば，「もし雨が降るならば，地面が濡れる」という仮言命題に基づいて，雨が降ったかどうかを判断するために，地面が濡れているかどうかを調べたとしよう。地面が濡れていたとしたら（つまり，後件が肯定できたら），「雨が降った」と結論してよいだろうか？　実際に雨が降ったという場合もあるかもしれない。だが，誰かが水をまいたので地面が濡れているという場合もあるだろう。そうした可能性を考えれば，明らかに，「雨が降った」という推論は妥当でない。

実証的な研究の場合も，「もし仮説Aが正しいとすれば，事実Bが観測されるはずだ」という仮言命題に基づいて，事実Bが観測されるかどうかを調べ，観測されたときには「仮説Aは正しい」と結論する。しかし，いまの話を考えてみると，これはまさしく「後件肯定の誤謬」にほかならないのである。言い換えると，科学的な実証における推論は，論理学的な観点からすると，「正しい」とは保証できない推論なのである。もちろん，「つねに間違っている」というわけではない。地面が濡れているのは，本当に雨が降ったせいなのかもしれない。しかし，間違っているという可能性を確実に排除することはできないのである。

現実の実証

「後件肯定の誤謬」，実証主義に対するカール・ポパーの批判，さらには，ポパーが唱導した反証主義の限界（ともに，*Column*①「反証主義」を参照）を考えあわせてみると，科学的な実証には「絶対確実」などということはないのだ，ということがはっきりしてくる。そう言われると，「科学というのは，ずいぶん頼りないものだ」という気がしてくる

Column① 反証主義

　20世紀オーストリアの哲学者カール・ポパーは,「事実を調べていくという実証主義の原理は論理学的に間違っている」と主張した。まずは,その主張に耳を傾けてみよう。

　ポパーは,「科学における因果法則は,宇宙のどこででも成り立つ普遍的なものでなければならないのだから,科学的な仮説はつねに全称命題である」と言う。「全称命題」というのは,「すべてのカラスは黒い」というように,あるカテゴリーに属するすべてのものについて主張される命題のことである。

　ポパーによると,実証主義の方法は,カラスを1羽1羽調べていくことによって,「すべてのカラスは黒い」という全称命題を証明しようとするようなものだという。ところが,たとえ1万羽のカラスを調べて,全部黒かったとしても,「すべてのカラスは黒い」という全称命題を証明したことにはならない。なぜなら,まだ調べていないカラスは黒くないかもしれないからである。世界中のカラスを調べ尽くすことは,現実には不可能だし,もう死んでしまったカラスや,これから生まれてくるカラスを調べることは,原理的に不可能である。したがって,実証主義の方法では,「すべてのカラスは黒い」という全称命題を証明することはできないのである。

　だが,もし1羽でも白いカラスが見つかったとしたら,「すべての……」というこの全称命題が誤っているということは,たちどころに確定する。つまり,全称命題は,実証は確実にはできないが,反証は,たったの1例でも確実にできるのである。「だから,科学的研究は反証を見つけるように計画すべきだ」とポパーは主張した。そういう研究の結果,もし反証が見つからなければ,とりあえず,仮説は正しいと見なすことができる。もし反証されてしまった場合は,その仮説は放棄するか修正しなければならないことになる。

　さて,ポパーのこの議論は正しいのだろうか？　論理学的な観点だけからみれば間違いではないのだが,現実には正しいとは言えない。なぜなら,論理学的には,1例の反証は決定的だが,現実には,必ずしも決定的であるとは限らないからである。

　ポパーの弟子でハンガリー生まれの哲学者イムレ・ラカトシュは,観測の問題を指摘した。ある仮説から,「宇宙の場所Aには天体Bが見え

るはずだ」という予測が導かれたとしよう。望遠鏡でその場所を観測したところ，天体Bは見えなかったとする。まぎれもなく，これは反証である。では，この仮説はただちに放棄すべきなのだろうか？　いや，そう簡単には結論できない。ラカトシュは，「望遠鏡の性能が不十分だったかもしれない」，「地球と天体Bとの間に星雲があって，天体Bが見えないだけなのかもしれない」というような可能性を指摘した。つまり，仮説は正しくても，観測方法の不備がもとで，それが「反証」されてしまうということは，十分にありうることなのである（これは，第3章で述べる「補助仮説」の問題と関連する）。

　しかし，じつは，反証主義には，もっと根本的な欠陥がある。この宇宙では，ある事象を結果として生じさせる原因は1つだけとは限らない。たとえば，物体を動かす力としては，引力もあるが，それ以外にも，電磁力をはじめとするいろいろな力がある。「万有引力の法則」は，「木の葉のような質量の小さい物体は，地球の方向に移動する」と予測する。しかし，木の枝を離れた葉が地面に落ちるかわりに風に巻き上げられていく光景は，誰もがしょっちゅう目にしている。では，「万有引力の法則は反証されたので，放棄すべきだ」と結論すべきなのだろうか？　むろん，そんなことはない。他の力が一時的に引力よりも強く働いたにすぎないのであり，「万有引力の法則」が間違っているわけではないのである（この「他の力」は，第2章で述べる「剰余変数」の1例である）。

　このように考えてみると，現実には，「実証は不確実だが，反証は確実だ」とは言えない，ということがはっきりしてくる。したがって，反証も，絶対確実な知識を得るための方法にはなりえないのである。

━━━━━━━━━━━━━━━━━━━━━━━━━━━━━━━━

かもしれない。「私の言葉は絶対に正しい」と断言してくれるカルト教団の教祖の方が，ずっと頼りがいがあるように思えるかもしれない。しかし，実際には，科学的な実証方法は，現実について，人間ができるだけ確かなことを知るための，最も頼りになる方法なのである。数千年にわたる歴史のなかで，人類が営々と磨きをかけてきた，最も洗練された方法なのである。

　ある事実を実証的な方法によって確かめたからといって，その事

実を予測した仮説を「絶対確実」に立証することはできない。このことは間違いではない。しかし,「絶対確実」ではないにせよ,非常に確実な事実が増えていくに従って,それらを矛盾なく説明できる仮説の範囲は,しだいに狭められていくことになる。したがって,研究が進むにつれて,研究者の仮説は,徐々に精度を増していくと期待することができる。むろん,「研究をすれば,その分,必ず真理に一歩近づく」というような保証はない。ときには,かえって真理から遠ざかってしまうこともあるだろう。しかし,長い目でみれば,科学的な知識は,研究の積み重ねによって,しだいに精度を増していくと考えることができる。そのことを何よりも雄弁に物語っているのは,天然痘を撲滅し,人間を月に到達させた近代科学の成果ではないだろうか。

科学的な実証方法は,「絶対確実」に真理を保証してくれる決まりきった手続きではない。創意に溢れた努力を続けていくかぎり,人間が知りうる最も確実な知識に近づいていくことを可能にしてくれる,努力の枠組みなのである。

参考図書

ソルソ,R. L.・ジョンソン,H. H.(浅井邦二監訳) 1999 『改訂 心理学実験計画入門』 学芸社
- ●心理学の実験計画を解説した最近の著作。実例の分析が非常に充実していて,抽象的な原理を具体的に理解することができる。ただし,誤植が非常に多いので,正誤表を入手してから読む必要がある。

ヘンペル,C. G.(黒崎宏訳) 1967 『自然科学の哲学』 培風館
- ●科学的探究の底に横たわる哲学的な問題を論じた名著。一時代前の著作なので,トマス・クーンのパラダイム論などには触れていないが,科学的研究の論理的な側面を理解するには不足はない。

ローゼンサール,R.・ロスノウ,R. L.(池田央訳) 1976 『行動研究

法入門──社会・心理科学への手引』新曜社
● 小さな本だが,心理学研究法の入門書としては好適。ローゼンサールは,観察反応(第9章を参照)の研究者として著名なハーバード大学の教授。観察反応についての章も含まれている。古い本だが,図書館や古書店で見つけることができれば,一読に値する。

第2章 実験と観察

実証の2つの顔

　実証的研究は，大きく2つに分けることができる。実験的研究と観察的研究である。この章では，まず，具体例を通じて，この2つの方法がどのような点で異なっているのかを明らかにする。また，それぞれの長所と短所もはっきりさせる。つづいて，それぞれの基本的なロジックを説明し，用語を定義する。

1 暴力番組の影響

調査　「テレビで暴力番組を見ると，子どもは暴力をふるうようになるか？」という問題は，アメリカ合衆国では大きな論争を呼び起こし，さまざまな実証的研究を触発してきた。この問題について，「直観的な議論に頼るのではなく，事実を確かめてみよう」と考えたとき，まず念頭に浮かぶのは，「調査をやってみればいいのではないか」という考えだろう。

　そうした調査は日本でも行われている。たとえば，1998（平成10）年に総務庁は，小学校6年生と中学校2年生を対象としたアンケート調査を行った。その結果，「暴力番組をよく見る子どもは，実際に暴力をふるう回数が多い」という傾向のあることが明らかになった。では，この調査結果から，「暴力番組を見ると暴力をふるうようになる」ことが証明されたと結論してよいだろうか？

第1章に出てきた「因果関係と相関関係の違い」という話を思い出してみよう。「暴力番組を見ると暴力をふるうようになる」というのは因果関係についての主張である。「暴力番組を見る」ことが原因になって「暴力をふるう」という結果が生じる，と主張しているのである。一方，この調査からわかったことは，「暴力番組を見る回数が多くなるほど，実際に暴力をふるう回数も多くなる」ということだけなのだから，これは相関関係にすぎない。

　第1章の表1-1をもとにして考えてみると，この相関関係については，「暴力番組を見ると暴力をふるうようになる」という因果関係のほかにも，さまざまな因果的な解釈ができることがわかる。一例として，第3の変数が本当の原因になっているという場合（表1-1の(4)）を考えてみよう。たとえば，「暴力をふるうことは男らしいことだ」と考えている人々の間で育った子どもは，そうした価値観が原因となって，自分でも暴力をふるうようになり，テレビでも好んで暴力番組を見るようになるかもしれない。そうすると「暴力番組を見ること」と「自分で暴力をふるうこと」との間には直接の因果関係はないにもかかわらず，調査結果のような相関関係が生じることになる。

実　験

　このように，調査では，因果関係をはっきりさせることが難しいので，「実験をやってみてはどうか」という考えが出てくることになる。アルバート・バンデューラという心理学者は，子どもを対象にして次のような実験を行った。

　その実験は2つの段階からなっていた。第1段階では，子どもに映画を見せた。その映画には，ビニールを空気でふくらませたボボという人形が出てきた。子どもたちは，「実験条件」（暴力を見る条件）か「統制条件」（暴力を見ない条件）にランダムに割り当てられ

た。実験条件の映画には、ボボが大人にぶたれたり蹴られたりするシーンがでてきた。一方、統制条件の映画には、ボボがいじめられるシーンはなかった。

　第2段階では、子どもは別の部屋に連れて行かれ、そこに1人で残される。その部屋には、さきほど映画で見たボボの実物があり、子どもは「自由に遊んでいていい」と言われる。じつは、その部屋にはマジック・ミラーがあって、隣の部屋から、子どもが遊んでいる様子を観察できるようになっている。実験者は、子どもが何回ボボに暴力をふるったかを記録するのである。

　もし、映画で大人の暴力を見ると、子どもが自分でも暴力をふるうようになるのだとすれば、実験条件の子どもたちは、統制条件の子どもたちより、暴力をふるう回数が多くなるに違いない。バンデューラが行ったこの実験では、まさしく、そのとおりの結果になったのである。

　では、この実験結果から、「映画で大人の暴力を見たことが原因で、子どもが暴力をふるうようになったのだ」と言えるのかどうか、すなわち、因果関係を主張できるのかどうかを考えてみよう。

　調査の場合には、たとえば、「第3の変数が本当の原因だった」というような解釈も否定することができなかった。この実験の場合も、「暴力的な環境で育ったかどうかという第3の変数が本当の原因で、ボボがいじめられる方の映画を見たかどうかも、子どもがボボをいじめたかどうかも、どちらもその結果だったのだ」というような解釈ができるだろうか？　明らかに、この実験では、そういう解釈は成り立たない。なぜなら、どちらの映画を見るかは、子どもには選べなかったのだから。

別の因果関係

　このように、実験の場合は、たんに相関関係がわかるだけでなく、因果関係もはっ

きりする。これが実験の特徴なのである。

　もっとも、やりかた次第では、実験を行っても、因果関係が明確にならない場合もある。たとえば、いまの実験で、「暴力的な環境で育った子どもの数は、統制条件よりも実験条件の方が多かった」と仮定してみよう。そうすると、「実験条件の方が暴力をふるう回数が多かった」という結果の本当の原因は、暴力シーンの出てくる映画を見たことなのか、それとも、暴力的な環境で育った子どもの数が多かったことなのか、はっきりしなくなってしまう。つまり、「他の因果的説明が排除されること」というミルの3番目の原則（第1章の表1-2の(3)）を満たすことができなくなってしまうのである。

　しかし、実際には、ボボ実験では、子どもたちを実験条件と統制条件に分けるとき、その分け方はランダム（無作為）だった。したがって、「暴力的な環境で育った子どもが実験条件の方にばかり集まってしまった」という可能性はきわめて小さい。とすれば、「別の因果関係」は気にしなくてもよいということになる（くわしくは、第6章「剰余変数の統制」を参照）。

**実験的研究
観察的研究**

　この章のはじめに述べたとおり、実証的研究は、実験的研究と観察的研究（あるいは、「相関的研究」）の2種類に分けることができるのだが、ボボ実験は、もちろん、実験的研究の一例であり、総務庁の調査は観察的研究の一例である。実験的研究と観察的研究の最大の違いは、原因だと思われる変数の操作を行うか、行わないかである。

　実験的研究は変数の操作を行う。ボボ実験では、暴力が実験条件の映画には含まれており、統制条件の映画には含まれていなかった。これが変数の操作である。暴力を含んだ映画を見せるか、それとも、暴力を含まない映画を見せるかは、実験者が決めたのだから、たし

かに「操作した」と言うことができる。また，映画のなかの暴力が因果関係の原因の方にあたるのだから，たしかに「原因だと思われる変数を操作した」と言うことができる。

　一方，総務庁の調査の場合は，暴力番組を見た回数も，自分が暴力をふるった回数も，生徒たちに尋ねただけである。つまり，どちらも測定しただけで，操作したわけではない。測定した2つの変数の間の関係を調べれば，相関関係があるかどうかはわかる（そのため，観察的研究は相関的研究とも呼ばれる）。しかし，それだけでは，因果関係があるかどうかについては，はっきりしたことは言えないのである。

　実験における変数の操作は，ミルの原則(2)と関係している。原因だと思われる変数を人為的に操作したとき，もし本当に因果関係があるのなら，結果だと思われる変数の方も，それに連動して変化するはずである。しかし，本当は因果関係がないのだとしたら，結果だと思われた変数の方には変化が生じないだろう。これが実験の基本的なロジックなのである。

　原因だと思われた変数を人為的に操作すれば，原因が結果より先に起こったということを保証できる。したがって，「逆の因果関係」という解釈（表1-1の(2)と(3)）は排除できる。また，原因だと思われる変数の値（たとえば，映画に暴力が含まれているかどうか）を決めるのは実験者であり，被験者（たとえば，ボボ実験の子ども）が自由に決めることはできない。したがって，さきほどの考察からわかるように，「原因だと思っていたことがじつは第3の変数の結果だった」という解釈（表1-1の(4)）も排除することができる。ちなみに，統計的検定によって，「たんなる偶然」という解釈（表1-1の(5)）もほぼ排除できる（第6，16章を参照）。

　こうして，変数の操作を行う実験的研究では，因果関係の推定が

非常に確実なものになるのである。科学的研究において実験が重要視されるのは，そういう理由からなのである。

長所と短所

では，「実験的研究は観察的研究よりも優れている」と考えてよいのだろうか？　じつは，必ずしも，そうとは言いきれない。なぜなら，現実には，原因だと思われる変数を操作することができない場合も出てくるからである。

暴力番組の問題で考えてみよう。ボボ実験の結果をつきつけられても，「暴力番組を禁止する必要はない」と主張する人たちは納得しないかもしれない。たとえば，「この実験では，相手が人形だから暴力をふるったのであり，相手が人間のときにも暴力をふるうことが証明されたわけではない」と指摘するかもしれない。相手が人間のときにも暴力をふるうかどうかを調べるためには，ビニール人形のかわりに，ほんものの人間を使った実験をやってみる必要がある。しかし，子どもが別の子どもをぶったり蹴ったりするような実験を行ったのでは，社会的な非難を浴びてしまう（第9章「心理学に特有な問題」を参照）。また，実社会で深刻な問題になるのは，相手に重傷を負わせたり死亡させたりするような暴力だが，暴力番組を見た人が他人を殺すかどうかを調べるような実験ができないことは明白である。

一方，観察的研究の場合は，人道上の問題は起こさずにすむ。たとえば，実際に起きた暴力犯罪の発生率を調べるというような方法で調査を行えばよい。観察的研究なら，現実に即した研究を行うことができるのである。

そう考えてみると，実験的研究と観察的研究は，それぞれ，長所と短所の両方をもっているのだということがわかる。因果関係を見極めようとするとき，もし実験的研究が可能なら，それを行うべき

である。しかし，実験的研究だけでは現実に問題になっている因果関係を調べることができないという場合には，観察的研究とうまく組み合わせる必要がでてくる。両方の結果が一致した場合には，現実の因果関係について，より確実な結論を下すことが可能になる。

2 実証の論理構造

> **実験的研究の構造**

実験的研究は，論理的には，3つの変数から成り立っていると考えることができる（表2-1を参照）。因果関係の原因に当たると推定した変数を「独立変数」と呼ぶ。これは，実験者が操作する変数である。ボボ実験では，「暴力場面を見るかどうか」が独立変数である。結果にあたると推定した変数は「従属変数」と呼ぶ。これは，実験者が測定する変数である。ボボ実験では，「子どもがどれだけ暴力をふるうかどうか」が従属変数である。

因果関係を推定するためには，別の因果的説明を排除しなければならない。そのためには，従属変数との間に因果関係があるかもしれない別の原因を考慮に入れる必要がある。ボボ実験の場合は，「暴力的な環境で育ったかどうか」がそれにあたる。

そうした別の原因にあたると推定した変数をどう呼ぶかは，はっきり定まっていない。研究分野によって，「干渉変数」「交絡変数」「2次的変数」「第3の変数」「外生変数」「調整変数」などと，じつに色とりどりの名前で呼ばれている。自然科学では「実験条件」と呼ばれることも多い。この本では，「剰余変数」という用語を採用することにする。「独立変数・従属変数以外の変数」という意味である。

表 2-1　実験的研究の構造

独立変数：	原因であると推定される変数
	実験者が操作する変数
従属変数：	結果であると推定される変数
	実験者が測定する変数
剰余変数：	独立変数以外で従属変数に影響すると推定される変数
	実験者が統制する変数

　剰余変数が原因となって従属変数に影響を及ぼし，それが独立変数の効果と混同されることを防ぐために，従属変数に影響しそうな剰余変数は，きちんと統制しなければならない。「統制」というのは，その変数を取り除いてしまうか，あるいは，少なくとも値が変わらないように保ち，独立変数と一緒に変化しないようにすることである。ボボ実験の場合は，たとえば，暴力的な環境で育った子どもの数が実験条件と統制条件のどちらかに偏らないようにしたが，これが統制である。

観察的研究の構造

　表2-2に示したとおり，観察的研究も3つの変数から成り立っている。観察的研究には，因果関係を想定する場合としない場合とがある。暴力番組に関する総務庁の調査は，因果関係を想定する場合の例である。一方，因果関係は想定せず，相関関係を利用して，ある変数の値から別の変数の値を予測するだけという場合もある。たとえば，性格テストの回答から，将来，うつ病にかかりやすいかどうかを予測するような場合である。この場合，必ずしも「性格テストの回答内容が原因でうつ病になる」と考えているわけではないし，そういう因果関係があるかどうかに興味があるわけでもない。

　「独立変数」「従属変数」といった実験的研究の用語は，いずれも因果関係を想定したうえで定義してあるので，必ずしも因果関係を

第2章　実験と観察

表 2-2　観察的研究の構造

予測変数：研究者が測定する変数
　　　　　（原因であると推定される変数）
基準変数：研究者が測定する変数
　　　　　（結果であると推定される変数）
共 変 数：研究者が測定・統制する変数
　　　　　（予測変数以外で基準変数に影響すると推定される変数）

想定するとは限らない観察的研究の場合，同じ用語を使うことはあまり適切ではない。実際には，観察的研究の場合にも，「独立変数」「従属変数」という用語を使うことはあるのだが，この本では，正確を期して，別の用語を採用することにしよう。

予測だけの場合には，予測のもとになる方の変数（いまの例では，性格テストの回答）は，「予測変数」と呼ぶ。因果関係を想定する場合は，この変数は原因の方に相当することになる。観察的研究では，この変数は操作はされず，ただ測定されるだけである。そういう意味でも，「独立変数」とは違っている。

予測だけの場合に予測される方の変数（いまの例では，将来うつ病になる可能性）は，「基準変数」と呼ぶ。因果関係を想定する場合は，結果の方に相当する変数である。この変数は，実験的研究の場合と同じく，測定される変数である。

実験的研究の剰余変数に相当する変数は「共変数」と呼ぶ。じつは，この用語は予測変数を指すときに使われることもあるのだが，この本では，きちんと使い分けをすることにしよう。

因果関係を想定する場合は，共変数は，剰余変数と同じく，「別の原因」に相当するので，その影響を排除しなければならない。予測だけの場合は，相関関係だけを考えればよいのだが，予測変数と基準変数との間の相関は，両者の間の関連の度合いを純粋に表して

いるとは限らない。どちらとも相関のある別の変数が仲立ちになって，見かけ上，相関が現れてしまうという場合もある。こういう場合には，その別の変数（すなわち共変数）の値を一定にしてみると，予測変数と基準変数との間の相関が変わってしまったり，ときには消えてしまったりすることもある。したがって，因果関係を想定するのか予測だけなのかにかかわらず，共変数の影響は排除する必要が出てくる。

共変数を測定しておけば，偏相関のような統計的な手法を使って，数学的に共変数の値を一定にし，そのうえで，予測変数と基準変数との間の正味の相関がどれだけあるかを推定することができる（第16章を参照）。この方法を「統計的な統制」という。実験手続きによる統制とは異なっているが，統制の1つの方法であることに変わりはない。

さまざまな研究法

心理学には，実験と調査のほかに，観察，検査，面接など，いろいろな実証的研究法がある。実験は，むろん，実験的研究だが，それ以外は，基本的には，いずれも観察的研究である。

「基本的には」という但し書きをつけたのは，観察や調査などがつねに観察的研究かというと，必ずしも，そうとは限らないからである。たとえば，子どもの言語発達を研究するために，母親と子どもの間で行われる言葉のやりとりを観察する場合，そのやりとりを傍（かたわ）らで記録しているだけなら，これは純粋に観察的研究である。しかし，「母親が子どもの発話の文法的間違いをいちいち訂正したら，子どもはどう反応するだろう？」という疑問を抱き，母親に訂正を頼んだとしたら，独立変数を操作したことになるから，この部分は実験的研究になる。

逆に，実験も，つねに全部が実験的研究であるとは限らない。た

とえば，ボボ実験において，実験条件と統制条件との間で，暴力をふるう回数には差が出なかったと仮定してみよう。しかし，実験者は，子どもたちがみな映画をおとなしく見ていたわけではなかったことに気づいていたとする。さいわい，映画を見ていた子どもの様子はビデオに収録してあったので，それをもとに，子どもが映画に注目していた時間の合計を調べた。すると，暴力場面が含まれている映画を見た実験条件では，映画に注目していた時間が長かった子どもほど，後でボボに暴力をふるう回数も多かったとしよう。実験者は，「暴力映画を見ると，自分でも暴力をふるうようになる」と結論するだろう。

しかし，考えてみると，この結論のもとになっているのは，実験的研究ではない。映画に注目する時間と暴力をふるう回数は，どちらも測定された変数である。映画に注目する時間を独立変数として実験者が操作したわけではない。独立変数の操作が行われていなければ，それは実験的研究ではなく，観察的研究である。このように，実験を行った場合にも，部分的には観察的研究が含まれているということがよくある。

実験的研究か観察的研究かという区別が問題になるのは，因果関係を推定するという点では，実験的研究の方がはるかに強力だからである。それは，独立変数の操作が含まれているからにほかならない。むろん，剰余変数をきちんと統制していない雑な実験的研究に比べれば，共変数をきちんと測定して精密に行われた観察的研究の方が，因果関係を推定するうえでは有利だという場合もある。しかし，そうした条件が同じであれば，独立変数を操作した実験的研究の方が，因果関係をはるかに確実に推定できるのである。

Column② 一般法則とシステム法則

「因果法則」と聞いて頭に浮かぶのは,「万有引力の法則」のような物理法則だろう。時と場所を問わず,宇宙のすべての物体に当てはまる普遍的な法則である。しかし,心理学でいう「因果法則」は,こうした一般法則とはかなり趣きを異にする。

スイスの偉大な心理学者ジャン・ピアジェの「量の保存」を考えてみよう。大きいコップに入っていた水を細長いコップに移すと,水位は高くなるが,水の量は変わらない。ところが,幼児は「水が増えた」と言う。「量の保存」を理解していないのである。しかし,7歳頃を境として,子どもはしだいに「量の保存」が理解できるようになる。

では,「7歳頃から量の保存が理解できるようになる」というピアジェの法則は,時と場所を問わず,宇宙のすべての物体に当てはまる法則なのだろうか? もしそうだとすれば,ツルもカメも,マツもタケも,みな7歳をすぎれば「量の保存」が理解できるようになるはずである。むろん,そんなことはない。

心理学だけが例外だというわけではない。たとえば,医学。エイズの原因はエイズ・ウイルスである。この因果関係は確立された法則だが,それでは,テレビにエイズ・ウイルスをふりかけたら,テレビはエイズにかかるだろうか?

心理学や医学,生物学などの因果法則は,特定の対象にしか当てはまらないという点で,「万有引力の法則」のような一般法則とは本質的に異なっているのである。特定の対象にしか当てはまらないのは,特定の構造をもったシステム(たとえば,人間)の機能に関する法則だからである。テレビにエイズ・ウイルスをふりかけてもエイズにかからないのは,エイズ・ウイルスによって侵される免疫機構をテレビがもっていないからである。

「7歳頃から量の保存を理解できるようになる」とか,「エイズ・ウイルスに感染するとエイズを発病する」とかいった法則は,一般法則とは区別して,「システム法則」と呼ぶことにしよう。心理学が明らかにしようとしているのは,一般法則ではなく,このシステム法則の方なのである。

では,システム法則は,一般法則とは無関係なのかというと,けっしてそういうわけではない。エイズ・ウイルスがエイズを引き起こすメカ

ニズムは，生化学的な法則と結びつけて理解することができるが，その生化学的な法則は，さらに，物理学的な法則に還元することができる。つまり，システム法則を成り立たせているのは，まさしく一般法則にほかならないのである。その一般法則が特定のシステムのなかで作用したときに現れてくるのがシステム法則なのだ，と考えればよい。

一般法則とシステム法則の区別は，研究結果がどこまで一般化できるのかを考える際に，非常に重要になってくる。システム法則は，特定のシステムにしか当てはまらない法則である以上，あるシステムで立証されたからといって，それだけで，すべてのシステムに当てはまると即断するわけにはいかない。たとえば，実験動物でエイズに効いた薬が人間でも効くのかどうかは，実際に人間で試してみるまでは，確言できないのである。

一方，人間がみな同じシステムだという保証もない。実際，アフリカのセネガルで，学校教育を受けていない人々を対象にしてピアジェの課題を実施した心理学者は，大人の半数ほどが「量の保存」を示さなかったと報告している。「7歳頃から量の保存を理解できるようになる」というピアジェの法則は，ひょっとすると，西洋式の学校教育を受けた人々だけに当てはまる法則なのかもしれない。

システム法則がどのようなシステムに当てはまるのかは，私たちがすでに持っているカテゴリー（例：「人間」）だけから判断することはできない。各システム法則ごとに，実証的研究で調べてみなければわからない経験的な問題なのである。

厳密に言えば，「一般法則」にも「適用限界」というものがあって，特定の条件のもとではその法則が成り立たないということが判明する場合もある。そういう意味では，一般法則とシステム法則の違いは程度の違いだとも言えるのだが，この「程度の違い」は非常に大きいので，これら2種類の法則は区別しておいた方が便利なのである。

第3章 実証の手続き

観念の世界と現実の世界を結ぶ

1 変数と手続き

変数の抽象性　いざ実証的な研究を行おうとするとき，まず問題になるのは，その変数をどうやって操作すればいいのか，測定すればいいのか，統制すればいいのか，ということである。こういう問題が出てくるのは，仮説を構成する変数が具体的な手続きではなく，抽象的な観念だからである。

「暴力番組を見ると，自分でも暴力をふるうようになる」という仮説を例にとって考えてみよう。「暴力をふるう」というのは，一見，具体的なことのように感じられるかもしれない。だが，よく考えてみよう。「暴力をふるう」ことは，「ビニールの人形を蹴る」こととイコールだろうか？　「他人を蹴る」こととはイコールだろうか？　「両方ともイコールだ」と答えた人は，「ビニールの人形は蹴るが，他人を蹴ったりはしない」という子どもがいたとき，それはどう説明するのだろうか？　あるいは，こういう問題の立て方もできる。ビニールのビーチボールを蹴ることは，「暴力をふるう」ことだろうか？　多くの人は「否」と答えるだろう。では，ビニールの人形を蹴ることは，「暴力をふるう」ことだろうか？　なかなか難しい問題である。

このように，「暴力をふるう」というような変数は，抽象的な観念であって，具体的な行動そのものではないのである。しかし，実証的な研究を行うためには，具体的な行動を調べたり，具体的な材料を提示したり，という具体的な手続きがどうしても必要になる。したがって，研究を立案する際には，抽象的な観念を具体的な手続きに翻訳するという作業は，避けて通ることができないのである。

補助仮説

　ある研究の結果から仮説の当否について判断を下すときには，「その研究で用いた具体的な手続きは，仮説のなかの抽象的な変数に正しく対応している」という前提が必要になる。この前提を「補助仮説」（または，「補助仮定」）という。

　ところが，変数は抽象的な観念なので，具体的な手続きと一対一に対応しているわけではない。したがって，補助仮説は間違っている可能性も出てくる。たとえば，「暴力番組を見ると，自分でも暴力をふるうようになる」という仮説の場合，暴力番組によって暴力犯罪が増えることを心配しているのだとすると，そこでいう「暴力」は，人間を対象とした暴力だということになる。かりに，ビニールの人形に暴力をふるう子どもが，相手が人間のときには暴力をふるわないとすると，「暴力をふるうことはビニールの人形をぶったり蹴ったりすることだ」という補助仮説は正しくないことになる。そうなると，ボボ実験はまったくの見当違いで，仮説を実証する実験にはなっていないということになってしまう（第1章の*Column*①「反証主義」で紹介したラカトシュのポパーに対する批判も，補助仮説が間違っているかもしれないという可能性を指摘したものだった）。

　そうすると，実証的研究から正しい結論を導き出せるかどうかは，補助仮説が正しいかどうかにかかっていることになる。物理的な刺激との関係が直接的である知覚の研究などにおいては，補助仮説が

正しいかどうかは，あまり気にしなくてすむことが多い。たとえば，光源の明るさと見えの明るさとの関係を調べる精神物理学的な研究の独立変数は，物理量そのもの（光源の光度）なので，補助仮説の問題は事実上存在しない。しかし，研究の対象が記憶，思考，社会的認知というように，より高次の心理プロセスになっていくに従って，補助仮説の問題はしだいに重要性を増していく。これについては，独立変数・従属変数・剰余変数について解説する第4章から第6章でくわしく述べる。

操作的定義

補助仮説の問題を回避するために，「概念を手続きで定義しよう」という考えが流行したことがあった。これを「操作的定義」という。1946年にノーベル物理学賞を受賞したパーシー・ブリッジマンが提唱した方法である。

たとえば，「長さ」という概念を定義するとき，抽象的な観念として，概念的に定義するのではなく，「長さ」を測る具体的な手続きで定義しようというのである。そうすれば，実験を行うとき，変数を手続きに翻訳する必要がなくなり，補助仮説が正しいかどうかという問題に煩わされることもなくなる。一時は，心理学もこの考えに強く影響されて，「『知能』は知能テストが測るものである」というような定義がなされたこともあった。

しかし，よく考えてみると，この操作的定義は欠陥だらけだということがわかる。たとえば，知能テストは1つだけではない。異なった問題や実施方法から成る，いくつもの異なった知能テストがある。それらが測る「知能」は，まったく別のものなのだろうか？そうではなく，密接な関連がありそうだが，そのことを認識できるのは，測定手続きとは別に，「知能」という抽象的な観念をもっているからではないだろうか？

あるいは,こう考えてみてもいい。「人を体重計に乗せて,その目盛りを読みとる」という手続きで「知能」を「定義」したとする。読みとった数値が「知能」の高さを表すと考えていいだろうか？ 誰もが「それは変だ」と思うだろう。なぜ「変だ」と思うのだろう？ それは,「知能」という抽象的な観念をもっていて,「体重計の目盛りを読みとる」という手続きがその観念と符合しないからではないだろうか？

ほかにもいろいろな問題があって,ある概念を測定の手続きで「定義する」という方法は,結局,うまくいかないことがはっきりしてきた。その結果,現在では,厳密に操作的定義を実行しようとする研究者はほとんどいなくなってしまった。補助仮説の問題は,やはり回避することはできず,つねに真剣に考慮しなければならない問題なのである。いまでは,「操作的に定義する」という言い方は,「補助仮説をはっきりさせておく」という程度の意味で使われることが多い。

2 手続きの妥当性と信頼性

補助仮説が果たす役割の大きさを考えると,概念的な変数から具体的な手続きへの翻訳が適切かどうか,すなわち,手続きの妥当性が非常に重要だということがわかる。知能を調べたいときに体重を測ってしまうような愚を犯してはならないのである。

手続きが妥当かどうかという判断は,基本的には,蓄積されてきた科学的知識に基づいて行うが,研究者の直観に依存する部分も大きい。ところが,第1章で述べたように,直観はあまりあてにならないものなのである。妥当性に疑問の余地がある場合には,同じ概

念に相当すると思われる別の手続きに翻訳してみて,同じ結果が得られるかどうかを確認するという方法をとる。独立変数の場合,これを「多重操作」という(第4章を参照)。従属変数の場合には,複数の「測度」(例:反応時間と脳波)を使って測定をしてみるということになる(第5章を参照)。

　人間を研究の対象とする心理学には,物理科学にはない難しい問題がある。1つは人道上の制約である。たとえば,「被験者が人をナイフで刺すかどうか」というような従属変数は,当然のことながら,採用することができない。もう1つの難問は「内観」(自分自身の精神活動を探る意識による省察)である。外からは直接観察することのできない心理プロセスを調べることのできる内観は,研究の有効な手段にもなりうるが,反面,先入観や期待によって歪められやすいので,両刃の剣にもなりうる。この内観を従属変数としてどう使うのかも,心理学にとっては難しい問題である。これらの問題については,第9章で深く考えてみることにする。

　手続きに関しては,妥当性だけでなく,信頼性も大切である。独立変数の操作手続きや従属変数の測定手続きが毎回少しずつ違っていたりしたのでは,手続きと概念変数との対応を正確に保つことは,とうてい期待できない。したがって,実験を計画するときには,手続きを細かく明文化しておき,実施に際しては,その手続きを厳密に履行することが必要になる(第14章を参照)。

　概念変数を手続きに翻訳しようとするとき,標準的な手続きが確立されている場合には,それを踏襲するだけですむことも多い。しかし,標準的な手続きがつねに妥当だとは限らないし,新しい手続きを考案しなければならない場合もでてくる。そうした場合には,概念変数の手続き化は,学識と創造力を総動員してあたらなければならない,それ自体が面白い課題になるのである。

Column③ 手続き分析

　抽象的な変数をどのように具体的な手続きに翻訳すればよいのかは，非常に難しい問題である。しかし，実験の成否はそこにかかっている。翻訳の仕方についてセンスを磨くためには，実験実習で行う実験の手続きを分析してみるという方法がおおいに役立つ。手続きを分析するというのは，次のような質問に答えてみることである。
　(1)　独立変数は何か？
　(2)　独立変数を操作する手続きはどれか？
　(3)　従属変数は何か？
　(4)　従属変数を測定する手続きはどれか？
　(5)　統制されている剰余変数は何か？
　(6)　統制の手続きはどれか？
　(7)　統制すべきなのにされていない剰余変数は何か？
　(8)　それを統制するにはどのような手続きが適切か？

　本文で述べたように，変数は抽象的な概念である。どのような概念を変数とするかは，仮説の内容によって決まる。ボボ実験の独立変数を例にとって考えてみよう。暴力番組についての論争を背景として構成された仮説のなかでは，独立変数は，「テレビで暴力場面を見るかどうか」というようなものになりそうである。しかし，「問題はテレビだけに限られているわけではなく，映画やテレビ・ゲームにも同じ問題がある」と実験者が考えている場合には，この独立変数の定義は狭すぎるということになるだろう。この場合は，「視聴覚メディアで暴力場面を見るかどうか」という定義の方が適切かもしれない。一方，「暴力的な行為がすべて問題なのではなく，人間を傷つけるような暴力が問題なのだ」と実験者が考えている場合には，「視聴覚メディアで人間を傷つけるような暴力場面を見るかどうか」という少し狭い定義の方が適切だということになるだろう。

　独立変数を操作する手続きは，ボボ実験では，「実験条件の子どもには，大人がボボをいじめる場面を含んだ映画を見せ，統制条件の子どもには，そういう場面を含まない映画を見せる」という手続きである。テレビではなく，映画を見せていることから，この実験者がテレビだけではなく，視聴覚メディア一般に関心をもっているらしいということが推察できる。また，人形を使っていることから，この実験者は，相手が人

間ではない場合も含めた暴力一般を問題にしているか、あるいは、人間を対象としない暴力を目撃した場合にも、そこで身につけた暴力的傾向はいずれ人間を対象とするようになると考えているか、そのどちらかからしいということが推察できる。

　独立変数の操作手続きや従属変数の測定手続きは、ふつうは標準化されている。つまり、厳密に同じ手続きを繰り返すことになっている。これは、独立変数の操作や従属変数の測定を正確に行うためでもあるのだが、同時に、剰余変数の統制も兼ねていることが多い。たとえば、ボボ実験では、従属変数の測定手続きは、マジック・ミラー越しに、子どもがボボに暴力をふるう回数を数えることである。この場合、実験を始める前に、何を「暴力」と定義するのかをきちんと定めておかなければならない。そうしないと、剰余変数の値が実験条件と統制条件の間で変わってしまい、それが従属変数に影響を及ぼすことになりかねないからである。たとえば、実験者は、「暴力場面を見た実験条件の子どもは、暴力をふるう回数が多いはずだ」という仮説をもっているので、実験条件の子どもを観察しているときには、無意識のうちに「暴力」の幅を広げてしまい、それだけで実験条件では暴力の「回数」が増えてしまうかもしれない。そうなると、「期待」という剰余変数の効果が独立変数の効果と混同されてしまう結果になる。具体的にどういう行為を「暴力」と見なすか、つまり、従属変数をどのように測定するかをあらかじめ細かく定めておくことは、こうした剰余変数を統制することにもつながるのである。

　実験実習で実験のやり方を記した手引きを実際に分析してみると、1つひとつの手続きにはみな意味があり、また、簡単な手引きにも驚くほど多くの配慮が込められていることがわかると思う。しかし、「本番」の実験では、それよりもはるかに多くの配慮がなされているのである。

第2部

実験的研究

　科学である心理学は，つねに現実の世界と対面しなければならない。これは実証の学としての心理学が，その知識の基礎を現実のなかの事実に置くということである。

　第1部では，心理学が現実と対面する際のロジックを解説することに主眼を置いた。つまり，読者は，心理学が事実を正しく認識できることを保証する実証のロジックを理解した。しかし，その理解は，頭のなかでの理念的なものにとどまっているだろう。

　科学哲学が考える実証のロジックは理想である。この理想がそのまま現実の世界に通用するのであれば，何の問題もないだろう。しかし，理想と現実が異なる様相を呈することは世の常であり，現実の世界のなかで生身の人間（研究者）が生身の人間を研究対象にする心理学においては，この理想と現実との相克はことさら顕著である。現実の世界にはさまざまな制約があるからである。実証のロジックを現実の世界に適用して，正しく事実を認識するためには，現実の世界のさまざまな制約のなかで研究者は創意工夫を凝らさなければならない。

　この第2部では，心理学のさまざまな実証的研究法のうち，とくに実験的研究に焦点を絞って，実験的研究がいかに実現されるかを解説する。つまり，現実の世界のさまざまな制約のなかで実証のロジックがいかに具体化され，実験という科学的行為がいかにして実際に営まれるかを理解する。

第4章 独立変数の操作

原因をどうやってつくり出すか？

　実験的研究では，研究者が原因をつくり出し，それが生み出す結果を測定する。研究者がつくり出す原因は独立変数と呼ばれ，研究者が測定する結果は従属変数と呼ばれる。この章では，研究者が，どのようにして独立変数をつくり出すかを解説する。研究者が行うこの創造的な作業は，独立変数の手続き化と呼ばれる。この章では最初に，さまざまな種類の独立変数ごとに手続き化の方法を解説する。それに続いて，この手続き化の際に配慮しなければならない諸問題を議論する。それらは，純化と多重操作，独立変数の操作とインパクト，手続きの標準化，妥当性の問題である。

1 独立変数の種類

　この節では，独立変数を3種類，すなわち，直接的独立変数，諸変数の代表としての概念的独立変数，心理変数としての概念的独立変数に整理し（表4-1参照），それぞれの独立変数の特徴を解説しながら，その手続き化の方法を解説する。

> **直接的独立変数**

研究者は，抽象的な概念ではなく，特定の具体的な独立変数に関心をもつことがある。たとえば，ある研究者は光源の明るさと見えの明るさとの関係を調べたいと思うかもしれない。光源の明るさという独立変数は，これ

表 4-1　独立変数の種類

直接的独立変数：特定の物理的刺激そのもの 　　　　　　　　（明るさ，重さ，アイコンタクトなど） 概念的独立変数：あるカテゴリーに属する物理的刺激 （諸変数の代表）　（きちんとした身なり，集団圧力など） 概念的独立変数：物理的刺激によって引き起こされた心理状態 （心理変数）　　　（自尊心，怒り，不安など）

から独自に具体的な手続き化を必要とする抽象的な概念ではなく，すでにしっかりと定義された光度という物理量そのものである。ここでは，光度という物理的概念が，その光度を生み出す発光装置などの物理的手続きと直接に結びついており，概念と手続きとを結びつける補助仮説（第3章参照）がすでにしっかりと確立しているのである。

　直接的独立変数は，光源の明るさのように1つの物理量で定義できる場合に限られているわけではなく，より複雑な定義を必要とする場合もある。たとえば，ある研究者が就職面接場面でのアイコンタクトと採否との関係に関心をもち，次のような実験を行うとしよう。その研究者は就職面接過程の研究と称して，2人のお互いに知らない被験者を実験室に集め，くじびきで面接者の役割と応募者の役割を決める。じつは，被験者のうち1人は研究者が雇った実験協力者（「サクラ」ともいう）であり，アイコンタクトの仕方をあらかじめ訓練されている。それと同時にくじには細工がしてあり，本当の被験者が面接者の役割を，実験協力者が応募者の役割を引き当てるようになっている。模擬面接の最中，1つの条件では，応募者役の実験協力者は始終伏目がちに面接者の口元を見ながら質疑応答を行うが，もう1つの条件では，その応募者は面接者とアイコンタクトをしながら質疑応答を行うようにする。模擬面接が終了したとこ

ろで，面接者役の被験者は応募者の採否の決定を下すことになる。

　光源の明るさとアイコンタクトの有無は，まったく種類の異なる独立変数に見えるかもしれない。前者は光源の光度という1つの物理量で定義されるが，後者は，たとえば，アイコンタクトの頻度，1回のアイコンタクトの持続時間，アイコンタクト間の間隔，面接者の側からのアイコンタクトに対する協応など，さまざまなパラメータを考慮しながら手続き化を行わなければならないからである。しかし，どちらの研究者も，被験者の外部に存在する光源やアイコンタクトという特定の物理的刺激そのものに関心をもっているのであり，概念と手続きとを結びつける補助仮説がしっかりと確立しているという点では，同種の独立変数である。

> 概念的独立変数：
> 諸変数の代表

研究者は，光源やアイコンタクトのような特定の具体的な刺激ではなく，もっと抽象的なカテゴリーに関心をもつことがある。研究者は，そのカテゴリーに属するさまざまな物理的刺激のなかから，どれか1つまたは少数の特定の刺激を選択して，実験に使用しなければならない。どの刺激を選択するかを決めるときに，そのカテゴリー（概念）と特定の手続きを結びつける補助仮説が必要になる。

　たとえば，「きちんとした身なり」というカテゴリーを取り上げよう。ある研究者がきちんとした身なりと模倣の関係に関心をもち，次のような実験を考案したとしよう。1つの条件では，横断歩道の赤信号でみんなが待っているときに，ビジネス・スーツとコートを着た男性が信号を無視して横断歩道を渡り始める。それにつられて何人の人が横断歩道を渡り始めるかを，研究者はこっそりと数えている。もう1つの条件では，その同じ男性がジャンパーとジーンズを着て信号を無視して渡り始める。この実験の独立変数は，きちん

とした身なりかどうかであり，それは，スーツ姿とジーンズ姿として手続き化され，ある服装を着た男性という外部刺激と被験者の模倣反応との関係が検討されることになる。

　読者のなかには，「きちんとした身なり」と聞いて，必ずしもスーツ姿を思い浮かべなかった人もいるだろう。もし，この実験が，赤道直下の国々で多くの人がきちんとした民族衣装をまとっている状況で行われていたとしたらどうだろう。その街頭でのビジネス・スーツとコートは，きちんとした身なりとは言えないに違いない。これは，「きちんとした身なり」が抽象的なカテゴリーであり，「きちんとした身なり」には，人と時と場所によっていろいろな種類の身なりがあるからである。この実験では，「きちんとした身なり」というカテゴリーのもとに括られうるさまざまな身なりのうちの1つを，その実験の実施の実情に照らして，最もそのカテゴリーを適切に代表しているであろうと研究者が推測して使用しているのである。この推測が補助仮説である。つまり，「冬の東京都心のビジネス街ではジャンパーとジーンズの姿よりもビジネス・スーツとコートの姿の方が，きちんとした身なりだろう」という補助仮説を立てて，この実験の独立変数の手続き化が行われているのである。この補助仮説がどのくらい妥当かどうかが研究の成否を左右することは言うまでもないだろう。

概念的独立変数：心理変数

　研究者は，外部に物理的に存在する刺激と被験者の反応との直接の関係に関心をもつのではなく，ある手続きによって引き起こされた被験者の心理状態によってどのような反応が生じるかに関心をもつことがある。この場合，概念的な独立変数は，その刺激そのものやその刺激が代表しているカテゴリーではなく，被験者の心理状態である。そして，その心理状態を適切に生じさせるように手続

き化が行われることになる。

　たとえば，前項の実験例では，研究者は「きちんとした身なり」に関心をもっていたが，別の研究者は，なぜきちんとした身なりが模倣を引き起こすのかを考えて，きちんとした身なりは，観察者に正統性を知覚させるので模倣を引き起こすと考えるかもしれない。この「正統性の知覚」は，外部から観察することのできない心理状態である。この研究者にとっては，概念的な独立変数は「正統性の知覚」という心理状態であり，「きちんとした身なり」は，その独立変数を操作するための手続きの1つにすぎないことになる。「正統性の知覚」は，「きちんとした身なり」だけではなく，他のさまざまな手続き（たとえば，免許や社会的地位や家柄など）によっても引き出すことができるからである。

　もう一例を挙げよう。ある研究者は自尊心と違反行動との関係に関心を寄せるかもしれない。自尊心の高さは，まさに被験者の内部の心理状態であり，研究者はそれを直接観察することができない。この概念を具体的手続きに翻訳するために，ある研究者は「試験でよい成績をとると自尊心が上昇し，悪い成績をとると自尊心が低下するだろう」という補助仮説を立てるかもしれない。この研究者は，被験者に1つの試験を実施し，本当の試験成績には関係なく，テスト成績がよかったと伝える条件と，それが悪かったと伝える条件をつくり分けるだろう。その後でこの研究者は，被験者たちを，彼らがやろうと思えばいつでもカンニングができる状況におき，彼らがカンニングという違反行動をするかどうかをこっそりと観察するだろう。別の研究者は，異なる補助仮説を立てるかもしれない。たとえば，その研究者は「友人との良好な関係は自尊心を高めるが，友人と仲たがいすると自尊心が低下するだろう」という補助仮説を立てて，被験者が友人と仲たがいする状況を実験室でつくり出すかも

しれない。このように，1つの心理状態はさまざまな具体的手続きによって生じさせることができる。これらの手続きのなかから，研究者が意図した心理状態を最も有効につくり分けることのできる手続きを採用することが，研究の成否を左右することは言うまでもないだろう。

　なお，これらの実験例では，被験者に偽りの情報を伝えたり，被験者に仲たがいという不快な経験をさせたりしている。この実験手続きの倫理的問題については，第9章で解説することになる。

2 純化と多重操作

　この節では，独立変数の手続き化を行う際に，ある具体的手続きが，その独立変数の忠実な代表になっているかどうかを議論する。まず，1つの手続きをある独立変数だけの忠実な代表にしていく純化という方法を解説する。次に，その純化という方法の限界を示すことによって，どのようにしたら独立変数が扱う概念の確からしさを保証していくことができるかを，多重操作という考え方をもとにして解説する。

純　化　独立変数を具体的手続きに翻訳する際の最も大きな問題は，その翻訳の忠実さである。1つの独立変数がいくつもの手続きに翻訳されうることは，第1節で述べた。それとは逆に，1つの手続きはいくつもの概念の翻訳でもありうる。1つの手続きを，1つの独立変数のできるだけ忠実な翻訳にしていくことは純化と呼ばれる。純化は，手続きそのものが洗練されていないために必要な場合と，手続きが本質的に多重な意味をもっているために必要な場合がある。

手続きそのものの洗練　1つの具体的手続きには，その手続きが意図しなかった夾雑物(きょうざつ)が紛れ込むことがある。アイコンタクトの実験例で解説しよう。その研究者はアイコンタクトの仕方について応募者役の実験協力者を訓練していた。しかし，その訓練にどこまで成功していただろうか。実験協力者は，被験者とアイコンタクトをするときとしないときで表情や姿勢は同じであっただろうか。アイコンタクトをしたときに，思わずうなずきにこっとしなかっただろうか。もしそうであれば，この研究者が採用した手続きにはアイコンタクトだけではなく，姿勢や表情という別の要素も含まれていることになる。ここでの純化は，手続きに含まれる姿勢や表情などの不純な要素を取り除いていくことである。たとえば，姿勢や顔筋を一定の状態に保てるように実験協力者を訓練したり，プロの俳優を雇ったりできるだろう。このようにして，1つの具体的手続きが，その手続きが意図した独立変数だけの忠実な翻訳になるように洗練していくのである。なお，この問題については，第6章でも剰余変数とその統制の問題としてより詳細に解説される。

多重意味と純化　純化がより重要な役割を果たすのは，具体的手続きが多重な意味をもつときである。多重意味とは，1つの手続きが被験者個人個人に対してさまざまな意味をもっていることである。このことは次の質問をしてみれば明らかだろう。スーツ姿はどんな被験者に対しても「きちんとした身なり」だろうか，試験の成績が悪いことはどんな被験者の自尊心も低下させるだろうか。このように個体差（ないしは個人差）から生じる多重意味は，実質的には無視できる誤差として扱えることがある。たとえば，スーツ姿が，大半の被験者にとって「きちんとした身なり」という意味を与え，ごく少数の被験者にとってだけ別の意味を

与えるときや，被験者による意味の違いが，何か他の概念のような質的な違いではなく，「きちんとした身なり」という同じ概念での量的な違いであるときである。このときには実験計画や統計処理を工夫することによって，この個体差に対処できる。この個体差への対処方法の解説は第6章でなされる。

　多重意味が，たんなる個体差の問題として解消できないときがある。それは，1つの手続きが，大半の被験者に対して異なる意味を与えているときと，1つの手続きが同時に複数の質的に異なる意味を与えているときである。前者の例として，読者は，スーツ姿の実験を，多くの人がきちんとした民族衣装をまとっている赤道直下の国で日中に行うという例を思い出すだろう。そこでは，多くの被験者にとって，スーツ姿は「きちんとした身なり」ではなく，むしろ，たとえば「奇異な身なり」かもしれない。このような被験者と手続きの不一致の問題は，被験者や実験状況，そして実験全体の手続きを注意深く検討することによって取り除くことができるだろう。

　1つの手続きが同時に質的に異なる複数の意味を与える例として，自尊心と違反行動の関係に関する実験に戻ってみよう。その1つでは，友人との仲たがいが自尊心を低下させ違反行動を増やすと考えられていた。友人との仲たがいは「自尊心を低下させる」だけではなく，「怒り」という心理状態をも引き起こすかもしれない。もしそうであれば，かりに，友人との仲たがいによって違反行動が増えたとしても，それが「自尊心の低下」によるのか，それとも「怒り」による八つ当たりのせいなのかが区別できなくなる。つまり，この手続きが「自尊心の低下」と「怒り」を引き起こすという多重意味は，その実験結果の解釈をあいまいにしてしまうのである。そこで，このような「怒り」という不純物は取り除かれなければならない。たとえば，友人との仲たがいの際に「怒り」という心理状態

が生じないようにするためには,被験者にその仲たがいの原因が自分にあると思わせるという手続きを追加すればよいかもしれない。かりにこの手続きによって「怒り」という不純物が取り除かれたとしよう。しかし,次には,友人の仲たがいによる「生理的喚起(興奮)」が違反行動の出現確率を高めるかもしれないという,この手続きの別の意味が問題になるかもしれない。今度はこの「生理的喚起」という不純物を取り除く工夫をしなければならない。このように,手続きに不断の工夫を凝らしていくことによって,1つの手続きを,研究者が意図した概念(この例では「自尊心」)だけの純粋な手続きに限りなく近づけていくことができるのである。

多重操作

「完全な純化」を達成することの困難さは想像に難くないだろう。これが可能なのは,概念と手続きとが完全に一対一に対応するときだけであり,たとえば直接的独立変数のなかでも光源の明るさの例のように限られている。むしろ,心理学的研究が守備範囲とする領域のほとんどでは,このような概念と手続きの一義的対応は達成できないと考える方が普通である。それでは,これらの領域の研究者は,完全な純化が達成できないという現実に直面して,なす術がないのだろうか。研究者は,どのような方法で,多重意味をもつ手続きを利用しながら,自分の意図したとおりの概念(独立変数)を自分が扱っており,その他の概念変数を扱っていないということを保証していくのであろうか。この方法の1つが多重操作である。

多重操作とは,1つの概念的独立変数を複数の具体的手続きに翻訳することである。多重操作を直観的に理解するために,自尊心と違反行動の関係を例として,次の2人の研究者を比較してみよう。研究者Aは,試験成績が悪いというフィードバックが違反行動を増すことを確かめた。研究者Bは,試験成績が悪いというフィー

ドバックも，友人との仲たがいもそのいずれもが違反行動を増すこと確かめた。研究者Aと研究者Bでは，研究者Bの方が，より確実に，違反行動の出現に「自尊心」の低下という心理状態が関わっていると主張できるだろう。なぜなら，「自尊心」の操作を意図した2種類の具体的手続きが2つとも同じ結果を生み出しているからである。

この直観的な結論は正しい。しかしその理由には注意が必要である。研究者Bが自尊心という心理変数の確からしさを主張できるのは，二重に自尊心の媒介が確認されたためではなく，自尊心以外の心理状態でないことが2種類の方法で確認されたためである。試験成績のフィードバックは「自尊心」と「危機感」(成績の悪さが卒業の危機感を高めたためにカンニングをさせる)という多重意味をもち，友人との仲たがいは「自尊心」「怒り」「生理的喚起」という多重意味をもつかもしれない。この2つの手続きが違反行動に同じ結果をもたらしたということは，その結果は，少なくとも「危機感」と「怒り」と「生理的喚起」という心理状態がもたらしたものではないということを示している。つまり，研究者Bは，「危機感」などの不純な多重意味を否定できる範囲で，自分が目的とした「自尊心」という概念の確からしさを主張できるのである。

多重操作の論理が肯定の論理ではなく否定の論理であることを正しく理解していない人が陥りやすい過ちは，ある概念の確からしさは，その概念を実証した手続きの数にだけ依存すると単純に考えることである。多重操作の数はそれ自体では，ある概念の確からしさを十分には保証できない。このことは，多重操作が，多重意味を共有しがちな類似した手続きを採用する場合よりも，多重意味をできるだけ共有しないような異質な手続きを採用する場合に，研究者が意図しなかった不純な概念をより多く否定できるので，その分だけ

研究者が意図した概念の確からしさを主張できることを考えれば理解できるだろう。

3 独立変数の操作とインパクト

　この節では，独立変数の効果が最大になるよう手続き化を工夫しようとする試みと，具体的手続きが被験者に対してもつ意味（インパクトという）を最大にしようとする試みを紹介するなかで，その2つの試みがしばしば対立することを示し，それらの間のバランスをとることの重要性を解説する。

| 独立変数の効果の最大化：強い操作 |

　実験的研究は，独立変数を操作し剰余変数を統制することによって，独立変数と従属変数との因果関係を明らかにするという論理構造をもっている。剰余変数の統制とは，従属変数で検出された効果が，たしかに独立変数のみによって生じたことを保証するために，つまり，その効果が独立変数以外の別の変数（剰余変数）によって生じたのではないことを保証するために，実験計画や具体的手続きにさまざまな工夫を凝らすことである。この剰余変数の統制については，第6章のすべての紙面が割かれ解説されている。

　この節では，独立変数の操作に焦点を当て，独立変数の効果を最大にするように手続き化を行う方法，つまり「強い」操作を行う方法を解説する。たとえば，ある独立変数が2つの水準をもつとしよう。独立変数の効果を最大にするためには，研究者は次の2つのことを考慮しなければならない。1つは，2つの水準の間の差を最大にすることであり，もう1つは，それぞれの水準のなかの同質性を最大にすることである。この2つを同時に達成することによって，

2つの水準の間の差が最も明確になるのである。

　独立変数がカテゴリーを扱う具体例で解説しよう。「きちんとした身なり」の実験では，この概念的独立変数がスーツ姿の条件とジーンズ姿の条件という2つの水準に手続き化されていた。水準間の差を最大にするということを理解するためには，かりにこの2水準がネクタイをしたスーツ姿の条件とネクタイなしのスーツ姿の条件とに手続き化されていた場合と比較すればわかるだろう。スーツ姿とジーンズ姿の条件づけの方が，ネクタイの有無のみによる条件づけよりも，水準間の差が大きいはずである。水準内の同質性を最大にするということを理解するためには，極端な例になるが，スーツ姿の条件が，比較的一般的なグレーのスーツの場合と，人によって好みが分かれるようなピンクのスーツの場合を比較すればわかるであろう。同じスーツ姿の条件でも，グレーの方がピンクよりも，その水準内の多くの被験者にとって同じように「きちんとした身なり」というカテゴリーを代表していると言えるだろう。このようにして，この実験例では，独立変数が従属変数に及ぼす効果を有効に検出できるように，ある特定のスーツ姿とある特定のジーンズ姿が採用されることになる。

| パイロット・テストの大切さ |

　独立変数の操作の強さに関するもう1つの実験例を紹介することによって，パイロット・テストの大切さを解説しよう。独立変数が心理変数のときには，独立変数の操作は，2つの水準の間で心理状態の差が最大になり，それぞれの水準内では心理状態が同一になるように行われる。たとえば，「自尊心」という心理的独立変数を試験成績のフィードバックを利用して手続き化して，まず，水準間の差を最大にしようとすることを考えよう。自尊心を高める条件と低める条件の間の差を大きくするためには，それぞれの水準で

60点と40点という成績を返却するよりも，90点と10点という成績を返却する方がよいだろう。しかし，本当に90点と10点が適切だろうか。被験者のなかには「自分はしくじったはずなのに……」と，あるいは逆に「かなりできたはずなのに……」と疑問に思う人はいないだろうか。もしそうならば，75点と25点くらいが適切かもしれない。しかし，この具体的数値では，今度は，水準内の同質性を最大にしようとする試みに問題が生じるかもしれない。90点は大半の被験者にとってよい成績だろうが，75点はある被験者にとってはよい成績でも別の被験者にとっては満足のいかない成績かもしれないからである。それでは，どのようにして具体的な数値を選定すればよいのだろうか。

　独立変数の最適な操作を達成する方法は，標準的な実験手続きが確立されている研究分野では，それを確立してきた先行研究がそのヒントを与えてくれる。しかし，多くの心理学実験では，それぞれの実験で創意工夫を凝らさなければならない。「自尊心」の実験では，試験の内容によって，被験者の属性によって，そのつど適切なフィードバックを決定しなければならないだろう。この決定を堅実なものにするためには，パイロット・テストが欠かせない。パイロット・テストとは，本実験を開始する前に，本実験と同じ属性の被験者に本実験と同じ手続きを実施して，その手続きの効果や問題点を検討することである。本実験の被験者と同じようにパイロット・テストの被験者も試験を受けてその成績のフィードバックを受けるが，本実験の被験者とは異なりパイロット・テストの被験者は，さらに自尊心を測定されたり，フィードバックに対する疑問を質問されたりするかもしれない。このようなパイロット・テストを通して，2つの水準間で自尊心の差を十分に確保しながら，それぞれの水準内での自尊心をできるだけ同程度にし，同時に，多くの被験者に疑

念を抱かれないようなフィードバックが選定されていくことになるのである。

> **独立変数の強い操作の問題点**

　独立変数の操作を強くすることが，独立変数のインパクトを損ねることがある。インパクトとは，具体的手続きが被験者１人ひとりに対して十分な意味をもつことである。独立変数の操作の強さとインパクトの強さはしばしば対立し，この両者のバランスをとることが必要になる。前述のように，独立変数の効果を最大にする１つの方法は，それぞれの水準内の同質性を高めることであった。すなわち，それぞれの水準内では，そこで施された特定の手続きがすべての被験者に対して同一の意味をもつように強く操作することである。このような操作は，具体的手続きの具体性を犠牲にして，手続きをより抽象的で一般的なものにすることによって達成されることが多い。なぜならば，具体的な事象は，それが具体的であるがゆえに，１人ひとりの被験者が独自にもっている具体的な経験や知識に直接結びつけられ，インパクトのある独自の意味を与えられるのに対して，抽象的で一般的な事象は，すでにその抽象化や一般化を通して，複数の具体的な事象に共通する特定の意味が抽出されており，被験者による独自の解釈や意味づけの余地を狭めているからである。

　例を挙げて説明しよう。「きちんとした身なり」の実験例では，実際に男性にスーツを着せて信号無視をさせていた。あなたがその横断歩道にいたとしよう。その男性はあなたの知っている誰かに似ていないだろうか。そのスーツはどこかでよく見かける色やスタイルではないだろうか。あなたはスーツ姿の人にだまされたり，裏切られたりしたことはないだろうか。ある特定の具体的なスーツ姿の男性は，それぞれの被験者にとって独自の意味をもつのである。極

端な例であるが,この手続きを次のように変更したとしよう。その実験では,あなたが被験者として実験室に到着すると1枚の紙を手渡され,そこにある質問に回答するよう求められる。その紙には「あなたが横断歩道で信号待ちをしていたとき,スーツ姿の男性が信号を無視して渡り始めました。あなたはどうしますか」とある。さて,あなたはその男性の顔やスーツの色,スーツ姿に関わる自分の体験を思い起こしたであろうか。もっと極端な例になるが,もしその質問文のなかの「スーツ姿の男性」という言葉が「きちんとした身なりの人」となっていたらどうだろうか。このように抽象的で一般的な手続きを用いることによって,具体的手続きの多重意味の問題を低減し,水準内の同質性を高めることができるのである。

このような操作は,たしかに独立変数の効果を大きくするであろうが,そのメリットと引き換えに,具体的手続きがもつインパクトを損ねることになる。スーツ姿の男性が目の前で信号無視をするのに直面するのと,実験室で配布される質問紙のなかで,スーツ姿の男性が信号無視をしたらという仮想的な状況(場面想定法)に置かれるのとでは,後者の方がインパクトが弱くなるのは明らかだろう。

> インパクトの重要性と操作の強さとのバランス

それでは,なぜ操作の強さをある程度犠牲にしてまでも,インパクトが必要になることがあるのだろうか。それは,インパクトの欠如には次の2つの問題が伴うからである。1つの問題は,研究の目的によっては,インパクトの欠如によってその研究目的が十分に達成できないことである。この例の研究者は,「きちんとした身なり」という概念を代表する現実に人が直面したときにどういう模倣をするのかに関心をもっていた。この研究者は,人が質問紙のなかの質問をどのように解釈してどのように回答するのかに関心をもっていたわけでもなく,また,「スーツ姿」や「きちんとした身な

り」という抽象的な概念そのものに対して人がどういう反応をするのかに関心をもっていたわけでもないのである。現実の日常生活では，人はインパクトのある刺激を受けて，それに反応している。もう少し正確に言うと，人は，刺激がもたらす意味に対して反応している。研究の目的が，このような人の行動を記述し，説明し，予測することであるのならば，実験のなかでも，十分なインパクト（すなわち，意味）が扱われなければならないことは言うまでもないだろう。

　第2の問題は，インパクトの弱い手続きは，研究の本来の目的以外の方法論的な問題の介入を許してしまうことがあるという欠点である。これは観察反応の問題である。実験室で質問紙を前にし，それに回答するように求められた被験者は，研究者が予想もしていなかったことを考え，実験の目的とは関係のない実験室のなかの事象に反応するだけの余裕がある。たとえば，被験者は，その実験の目的について思い巡らし，手続きに疑念を抱くこともあれば，実験者の些細な言動に注意を払い，それらの言動をヒントにして回答をすることもある。被験者は，研究者がその手続きによって扱おうとした概念（すなわち，意味）に基づいて反応しているのではなく，その概念とは関係のない疑念や別の刺激に含まれる意味に基づいて反応しているのである。なお，観察反応の問題は第9章でも詳細に解説されている。

　独立変数の操作の強さとインパクトの強さのバランスのとり方に関する，決まりきったやり方というものは存在しない。先行研究の操作方法を参考にし，また，パイロット・テストを重ねるという堅実な方法によって，適切なバランスを達成していかなければならない。そのバランスは，独立変数の操作が弱すぎたがために，独立変数の効果が検出できないということがないように，同時に，独立変

数のインパクトが弱すぎたがために，研究目的が十分に達成できなかったり，致命的な方法論的な問題を抱えたりすることにならないように配慮することによって達成されるのである。

4 手続きの標準化

　この節では，標準化の問題を，手続きの代表性という側面と手続きの一定化という側面から議論する。一定化された手続きの問題点を指摘し，標準的手続きの柔軟な変更の可能性と，その問題点を解説する。

標準的手続きの代表性　標準化の問題には2つの側面がある。代表性の側面と一定化の側面である。まず，代表性とは，1つの具体的手続きが，ある概念の標準的な代表であるかという問題である。たとえば，光源の明るさという概念を発光装置等の標準的な物理的手続きで代表したり，ハトの空腹という概念をハトの体重（満腹時の体重の75%体重など）という標準的手続きで代表したりすることはできる。しかし，多重操作の項で述べたように，研究者が概念的変数を扱うときには，その概念的変数を1つの決まりきった手続きで代表させることが困難なことが多い。たとえば，「きちんとした身なり」の標準的手続きを「スーツ姿」としてよいか，「自尊心の高低」の標準的手続きを「試験の成績のフィードバック」としてよいか尋ねてみれば，このことは明らかだろう。ある概念を代表する標準的手続きが研究者の間で合意できればそれにこしたことはないが，手続きの多重意味という本質的な性質のために，1つひとつの手続きは，ある概念の部分的な代表にしかなりえない。研究者が，標準的手続きがない概念を扱うときには，純化

と多重操作の論理に従って創意工夫を凝らしながら，地道にその概念の確からしさを追求していかざるをえないのである。

手続きの一定化とその問題点

標準化のもう1つの側面は，その標準的手続きの実施に関係する。すなわち，独立変数のそれぞれの水準のなかで手続きを一定にすることである。直接的独立変数のように，刺激と反応の関係が直接的に検討されるときには，ある水準の刺激は必ず一定でなければならないことは簡単に了解できるだろう。たとえば，光度が3 cd（キャンデラという光度単位）の条件では，この条件のすべての被験者に対して3 cdの光度で光源を呈示しなければならない。

しかし，概念的独立変数のときには，この手続きの一定化という問題は，独立変数の操作の強さという問題と関わり，それほど単純ではない。独立変数の操作の1つの方法が，独立変数のそれぞれの水準内の同質性を保つことであることは前述した。たとえば，「きちんとした身なり」の条件の被験者の全員にとって，1つの標準化された「スーツ姿」が，同じ「きちんとした身なり」のカテゴリーに該当し，さらに，その「きちんとした身なり」の程度も同じであることが望ましい。「自尊心が高い」条件では，1つの標準化された「試験の成績が80点というフィードバック」が，その条件のすべての被験者を同じ高さの自尊心にさせることが望ましい。しかし，手続きの多重意味のために，これらの手続きの一定化が，これらの概念の水準内での同一性を保証しないことはすでに述べてきた。つまり，手続きを一定にしても，必ずしも同一の独立変数を同じ程度に操作できるとは限らないのである。

心理的等価性

ここでの1つの選択は，手続きの標準化をかたくなに遵守するか，それとも，心理的等価性の考えを導入して，被験者に合わせて手続きをある程度柔軟

に変更するかである。具体的手続きは異なっていても，それらの異なる手続きが同じ概念を操作できていると推測できるときには，それらの手続きは心理的に等価であると言われる。たとえば，ある被験者にとってはビジネス・スーツがきちんとした身なりであり，別の被験者にとっては学生服がきちんとした身なりであるときには，これらの被験者に関してきちんとした身なりという点で，ビジネス・スーツと学生服は心理的に等価であると言われる。また，理系の学生にとっては数学の試験の成績が自尊心に影響し，文系の学生にとっては語学の試験の成績が自尊心に影響するとき，数学の成績と語学の成績は，これらの被験者の自尊心に影響するという点で心理的に等価であると言われる。

　これら2例は極端な手続きの変更を含む例であるが，実際にはもっと微妙な変更が必要なことはよくある。実験者から同じ説明を受けても，その理解が被験者によって異なることは容易に想像できるだろう。手続きの一定化にかたくなにこだわる実験者は，まるでテープレコーダーやビデオテープを再生するかのように同じ説明を繰り返し，被験者の理解できないという表情や被験者の口まででかかっている質問を無視して，実験を進めていくだろう。このようなやりかたは，研究者が意図した意味を被験者のなかにつくり出すことに失敗するばかりか，実験処置のインパクトを弱めることになる。実験者の言っていることが理解できていない被験者が，どのようなことを考えどのように行動するかは想像に難くないだろう。そして，このような画一的なやりかたは，かえって多様な理解や意味を被験者にもたらすことによって水準内の同質性を損ねてしまい，そもそも独立変数の効果が検出できないという事態を引き起こしかねないのである。

手続きの一定化を逸脱するときの留意点

第3章で述べられているように，手続きが標準化できるのであれば，それが望ましいのは言うまでもない。しかし，研究の領域によっては，手続きを標準化するあまり，独立変数のインパクトを欠くことによる観察反応の問題を招致したり，独立変数の操作の強さを欠くことによって，そもそも独立変数の効果が検出できなかったりするときには，手続きをある程度柔軟に変更することも考慮されてよいだろう。手続きの柔軟な変更は，それを適切に行えば，独立変数の操作の強さとインパクトの強さの両者を達成できるだろう。しかし，次の4点には最大限留意しなければならない。

第1点は，変更された手続きの心理的等価性を直接に保証する客観的方法がないことである。この等価性は，変更した手続きが変更前の手続きと比べて異なる結果を生み出さなかったことによって結果論的に保証されたり，操作チェックによって間接的に保証されたりするのみである。操作チェックとは，たとえば，実験のなかで「あなたはその男性をきちんとした身なりだと思いましたか」と聞いたり，自尊心テストを実施したりして，ある手続きがその概念を代表していたかを間接的にチェックする方法である。

第2の留意点は，手続きの調整が実験者の主観によって行われるということである。この問題については第9章で詳述することになるが，実験者バイアスを避けるための適切な措置が講じられていなければならない。

第3の留意点は，標準的手続きからの変更や逸脱を，研究者や実験者が詳細に正確に記録しておくということである。この記録によって，その変更や逸脱の妥当性を第三者が客観的に評価できるようにしておかなければならない。

第4の留意点は，あらかじめ標準的手続きからの変更や逸脱が予

想されるときには，その変更や逸脱までも含めて標準化し，第2の留意点で問題になるような実験者の主観を排除しておくということである。この予想はパイロット・テストを通して得られるだろう。このパイロット・テストでは，何人かの被験者に実際に実験手続きを経験させ，追加のインタビューやアンケートを通して，その手続きの問題点を明らかにし，その手続きを精緻に改良していくことになるだろう。

5 妥当性

これまでの議論では，独立変数をいかに妥当な手続きに翻訳するかという問題を，純化，操作とインパクトの強さ，標準化というそれぞれの観点から解説してきた。これらの観点は，妥当性のある手続き化を達成するための技術的な指針である。それでは，そもそもその手続きの妥当性はどのようにして評価されるのだろうか。妥当性の問題は，独立変数だけではなく，実験全体の計画や手続き化に関わる問題であるが，この節でまとめて解説する。

3つの妥当性 　実験的研究がおもに考慮しなければならない妥当性には，内的妥当性，外的妥当性，構成概念妥当性の3つがあると一般的に言われている（表4-2参照）。内的妥当性とは，従属変数で測定された結果が，たしかに独立変数を原因としている程度である。外的妥当性とは，その実験で確認された因果関係が，その実験が対象とした被験者や手続きを超えて，さまざまな集団や手続きに一般化できる程度である。構成概念妥当性とは，その実験の具体的手続きが，その研究が目的とした概念の適切な代表になっている程度である。

表 4–2　実験的研究の妥当性

内 的 妥 当 性	従属変数で測定された結果が，独立変数だけを原因としている程度
外 的 妥 当 性	実験で確認された因果関係が，その実験の被験者や手続きを超えて一般化できる程度
構成概念妥当性	研究者が目的とした概念が，その実験の手続きで代表されている程度

内的妥当性

　　実験的研究で最も重要な妥当性は，内的妥当性である。実験的研究の目的は，独立変数を人為的に操作することによって，その独立変数が原因となって，従属変数にその結果が現れることを確かめることだからである。従属変数に現れた結果が独立変数以外の原因によって生じているかもしれないという可能性は，実験的研究にとっては致命的な問題である。このような可能性には大きく2つある。1つは剰余変数であり，この変数の統制については第6章で詳述される。もう1つの可能性は観察反応（実験者バイアスを含む）である。独立変数の操作とインパクトの強さの問題や標準化の問題が，観察反応とどのように複雑に関わってくるかは，これまでのそれぞれの節で述べてきたとおりである。観察反応への具体的な対処方法は第9章で詳述される。

外的妥当性

　　外的妥当性とは，内的妥当性の高い実験で得られた因果関係が，その実験の被験者や手続きを超えて一般化できる程度である。実験によっては外的妥当性は，それがありさえすれば，その高さをあまり問題にしないものもある。たとえば，その実験の目的が，ある特定の因果関係が存在することを確認することであれば，その因果関係が存在している範囲さえ画定されていれば，その範囲がどのくらい広く一般的であるかはあまり問題にならない。また，その実験が，純粋に理論の検証

Column④ 心理学的実験の現実味

「その実験には現実味があり,すばらしい」ということがある。この「現実味」とは何であろうか。普通に考えれば,その実験が,現実の世界の忠実なシミュレーションになっているということである。つまり,実験状況が,日常の世界で普通に存在している状況を扱っているときに,それは現実味をもっているといわれる。しかし,次のような服従実験も,現実味の高い実験である。

その実験では,細工のあるくじびきで教師役を割り当てられた被験者が,生徒役になった被験者（じつは実験協力者）が単語学習を間違えるたびに電気ショックで罰を与える。生徒役が間違えるたびに,実験者は,教師役の被験者に,電気ショックのボルトを上げていくよう指示をする。電気ショックが上がっていくと,生徒役は,最初は不平を言っているが,しだいにうなったり,壁を叩いて暴れ出したり,最後には無反応になったりという迫真の演技をする。実験者は教師役の被験者に電気ショックのボルトを上げていくように指示を出し続ける。教師役の被験者は実験者の指示に従ってどこまで電気ショックのボルトを上げていくことができるかという実験である。

このような実験状況は,現実にはほとんど,あるいは日常の世界にはまったく存在していないと言ってよいだろう。それにもかかわらず,この実験の現実味が高く感じられるのは,それらの実験の被験者が,まさに現実に直面し,その現実を真剣に受け止め,その現実に深く巻き込まれているからである。その証拠に,教師役の被験者のなかには,冷や汗をかき,体の震えを抑えられず,ヒステリックな笑いを浮かべ,極度の緊張を示す人もいたのである。

現実味は,学術用語としては現実性（ないしは現実度）と呼ばれる。実験的研究の現実性の問題を考える材料は,この章だけでも,独立変数の操作とインパクトの強さ,手続きの標準化,内的妥当性と外的妥当性についての解説のなかに見出すことができるだろう。この章以外にも,その材料は,第9章の観察反応や研究倫理についての解説や,第15章の一般化についての解説のなかに見出すことができるだろう。

を目的とした検証実験であるときや，A理論とB理論のどちらが正しいかを決定するような決定実験であるときにも，それらの実験が対象とした被験者や手続きの範囲さえ画定されていれば，その実験結果がどこまで広く一般化できるかはあまり問題にならない。

　しかし，多くの実験では，1つの具体的な実例にすぎない実験結果が，その実例を離れて，どのくらい一般的かに関心が向けられる。1つの実験が，特定の被験者，特定の実験者，特定の場所・環境・状況，特定の時代・時間，特定の独立変数の水準，特定の手続き・条件・測定を超えて一般的であることは，それらの特定の要素が，どのくらい代表的であるかに依存する。しかし，このような代表性を保証する客観的で万能な方法は残念ながらない。読者のなかには，たとえば，被験者に関しては大きな母集団のなかからの無作為抽出にすれば代表性が保証できると考える人もいるだろう。しかし，そのような代表的なサンプルには多様な人々が含まれるため，個人差が大きくなる。この個人差を統制するためにはきわめて強い操作を行わなければならず，そのためには，「特殊な」実験状況や水準や手続きなどを採用しなければならないだろう。すなわち，被験者の代表性が，実験状況や水準や手続きなど，実験の別の側面の代表性を制限してしまうことになるのである。

　たとえば，「きちんとした身なり」の実験例で考えてみよう。大きな母集団からのサンプルには多様な服装習慣をもった人々が含まれるだろう。そのどの人にとっても「きちんとした身なり」に映る服装は，たんなるスーツ姿ではなく，式礼服であるかもしれない。たしかにそれは「きちんとした身なり」の代表の1つではあるが，どのくらい一般的な代表といえるだろうか。このように，1つの実験で外的妥当性を保証することは困難である。着実な方法は，実験の具体的要素をさまざまに変化させた多重操作や追試を繰り返すこ

とである。なお，この問題については第15章で，一般化の問題としてより詳細に議論される。

> **構成概念妥当性**

構成概念妥当性は，ある手続きが，どのくらい研究者が意図した概念（構成概念という）の代表になっているかという問題である。概念的独立変数の構成概念妥当性は，この章の第2節で述べた純化と多重操作の問題が直接に関わる。純化も多重操作も，手続きの多重意味という問題を克服する方法であった。手続きの多重意味とは，ある1つの手続きが，1つの概念だけでなく，複数の概念を同時に代表しうるということである。純化は，ある手続きが，研究が目的とした概念だけを代表するように，その手続きが同時に代表している他の概念を取り除くように手続きに工夫を凝らしていく過程であった。その手続きがその概念だけを代表しているという確からしさ（すなわち妥当性の高さ）は，取り除かれた別の概念に依存する。その手続きが，他の概念を代表していないという範囲で，その手続きは目的の概念だけを代表していることになるのである。多重操作も同じ論理であった。複数の手続きが同じ結果をもたらすときには，それらの手続きは，それらの手続きが共有していない概念を代表していないという範囲で，目的の概念だけを代表していることになるのであった。読者にとっては，構成概念妥当性を高めるためのこの論理はとてもまわりくどく，その実行には気の遠くなるような実験の積み重ねが必要に思えるであろう。しかしこれが王道なのである。

参 考 図 書

独立変数の手続き化の問題は，心理学研究法や実験計画に関する図書のなかの1つの章として論じられている。第1章で紹介した図書のうち

の2冊が参考になるであろう。それらは、ソルソとジョンソン（1999）と、ローゼンサールとロスノウ（1976）である。

小牧純爾　2000　『心理学実験の理論と計画』　ナカニシヤ出版
- 基礎心理学的研究を題材にして、独立変数の操作化の問題が比較的くわしく論じられている最近刊行された著書。本章の記述は社会心理学的実験に偏っているので、それを補う意味でも一読に値する。

末永俊郎（編）　1987　『社会心理学研究入門』　東京大学出版会
- 第2章で、概念的独立変数の手続き化に関わる比較的広範な問題が簡潔に解説されている。具体例は、社会心理学的実験である。

水原泰介　1984　『社会心理学入門——理論と実験』（第2版）　東京大学出版会
- 3部構成のうち第Ⅰ部で、社会心理学での理論の働き、実験の組み立て方が丁寧に解説されている。

第5章 従属変数の測定

結果をどうやって取り出すか？

　実験的研究では研究者が原因をつくり出し，その結果を取り出す。研究者がつくり出した原因は独立変数と呼ばれ，研究者が取り出した結果は従属変数と呼ばれる。この章では，従属変数をどのように工夫して具体的に取り出すかを解説する。この取り出すための作業や道具を手続き化という。独立変数に関する議論と同じように，最初に，さまざまな種類の従属変数があることを説明する。そのなかで，1つの従属変数にさまざまな手続き化があることを解説するが，次に，それらの手続き化のよしあしを評価するための基準として，測定の信頼性と妥当性という問題を考える。最後に，いくつかの具体的手続き化の種類ごとに，その利点と問題点を論じ，測定の妥当性を高めていく方法について考えていく。

1 従属変数の種類

　前章で解説した独立変数に3つの種類があったのと同様に，従属変数にも3つの種類を考えることができる（表5-1参照）。それらは，直接的従属変数，諸変数の代表として概念的従属変数，心理変数としての概念的従属変数である。どの従属変数を採用するかは，研究者の関心や研究の目的によって決まり，その手続き化にあたっては，それぞれの種類ごとに方法や留意点が異なる。

表 5-1　従属変数の種類

直接的従属変数：特定の反応や行動そのもの 　　　　　　　　（明るさの判断，選択，採否など）
概念的従属変数：あるカテゴリーに属する反応や行動 （諸変数の代表）　（模倣，攻撃，同調など）
概念的従属変数：直接には観察できない心理状態 （心理変数）　　（対人態度，愛情，自尊心，不安など）

直接的従属変数　　研究者は，ある独立変数と特定の具体的な反応との関係に関心をもつことがある。つまりその場合，研究者が関心をもっている従属変数は，具体的な反応そのものであり，研究者はそれを直接に測定するのである。前章の冒頭に例示した，就職面接場面でのアイコンタクトと採否の関係に関する実験で説明しよう。その研究者は，就職面接過程の研究と称して，2人のお互いに知らない被験者を実験室に集め，くじびきで面接者の役割と面接を受ける応募者の役割を決める。1人の被験者は本当の被験者であるが，もう1人の被験者は，実験協力者（サクラ）である。くじには細工がしてあり，本当の被験者が面接者の役割を，被験者を装った実験協力者が応募者を引き当てる。応募者役の実験協力者は，アイコンタクトの仕方をあらかじめ訓練されており，面接の最中でのアイコンタクトの程度が独立変数として操作されている。面接が終了すると，面接者はその応募者を採用するかどうかを決定する。この研究者が関心をもっている従属変数は就職面接での採否であり，それは，被験者が最後に下す採用か拒否かの決定という形で手続き化されている。ここでは，研究者が関心をもっている従属変数は，その具体的な測定手続きと直接に結びついており，ことさら特別な補助仮説を必要としないのである（補助仮説については，前章の第1節「独立変数の種類」および第3章を参照）。

| 概念的従属変数：諸変数の代表 |

研究者は，特定の具体的な反応や行動に関心をもつのではなく，より一般的で抽象的な反応や行動のカテゴリーに関心をもつかもしれない。たとえば，前章で例示したきちんとした身なりと模倣の関係に関する実験で説明しよう。そこでは，1つの条件では，横断歩道の赤信号でみんなが待っているときに，スーツ姿の男性が信号を無視して横断歩道を渡り始める。それにつられて何人の人が横断歩道を渡り始めるかを，研究者はこっそりと数えている。もう1つの条件では，その同じ男性がジーンズとジャンパーを着て信号を無視して渡り始める。この実験では，独立変数はきちんとした身なりかどうかということであり，スーツ姿とジーンズ姿という形で手続き化されている。従属変数は模倣であり，それは，被験者が信号無視をして横断歩道を渡り始めるかどうかで測定されている。この研究者は，「ある人が信号無視をして横断歩道を渡り始めるのを見た別の人が信号無視をして横断歩道を渡り始めるのは，模倣という反応の1つだろう」という補助仮説を立てているのである。

　この研究者が興味をもっている従属変数は，信号無視という具体的な行動そのものではなく，模倣という一般的なカテゴリーであり，その具体的手続き化はさまざまにできる。別の研究者は，別の補助仮説を立てて，この模倣というカテゴリーの代表として別の具体的行動を扱うだろう。たとえば，別の研究者は，「ある人が献血ルームに入っていくのを見た別の人が献血ルームに入っていくのは，模倣という反応の1つだろう」という補助仮説を立てて，あるモデル（サクラ）が献血ルームに入っていったときに，その場を通りかかった人が何人献血ルームに入っていくかを数えるかもしれない。このような具体的手続き化は，図書館で私語する，道路にごみを捨てる，集会でやじをとばす，物乞いに施しをする，道端で倒れている酔っ

払いを助ける,街頭募金に協力するなど枚挙にいとまがない。さらにこれらの模倣は,言葉による模倣,行動による模倣,実際には言動には出さないまでも想像されたり意図されたりする模倣など多岐にわたる。実験状況の設定,独立変数の処置など実験全体の流れのなかで,従属変数としてどの具体的手続きを採用するかが,研究全体の成否を左右することは言うまでもないだろう。

> 概念的従属変数:
> 心理変数

研究者の関心は,観察可能な反応や行動群を括る一般的なカテゴリーではなく,被験者の内部にあると想定されていて,直接には観察できない心理状態に向けられることがある。直接的従属変数の説明のなかで例として挙げたアイコンタクトの研究者が,アイコンタクトと「採否」という行動の関係ではなく,アイコンタクトと「対人態度」という内的状態の関係に興味をもっているとしよう。この態度とは,社会心理学では最も古い概念の1つであり,人々の心のなかにあって,特定の刺激に対して,特定の反応を方向づける心理的準備状態と定義されている。たとえば,ある政党に対して好意的な態度をもっている人は,選挙ではその政党の候補者に投票し,ある人物に対して非好意的な対人態度をもっている人は,その人物を誹謗中傷したり,その人を避けたりするだろう。アイコンタクトの研究者は,面接場面で応募者がアイコンタクトをすることが,その応募者に対する面接者の対人態度にどのように影響するかに関心をもっているのである。

この対人態度という心理的概念は,どのように手続き化されるだろうか。このアイコンタクトの研究者であれば,「面接者は自分が好意的対人態度を抱いている応募者を採用するだろう」という補助仮説を立てて,面接者による採否の決定として手続き化するかもしれない。別の研究者は「好意的対人態度は,好きかどうかという意

第5章 従属変数の測定

見として表明されるだろう」という補助仮説を立てて，面接の終わりに面接者に質問紙を配布するかもしれない。その質問紙には，「あなたはこの応募者をどのくらい好きですか？ 次の1から5の数字1つに○をつけてください。1. とても好き，2. 好き，3. どちらともいえない，4. 嫌い，5. とても嫌い」と書いてある。また別の研究者は「好意的対人態度は対人距離を縮めるだろう」という補助仮説を立てて，たとえば，実験者は応募者と面接者の2人に「実験参加への謝礼をとってきますが，この実験室には次の予約が入っているので隣りの部屋でお待ちください」と言い，出口に近い応募者の方を先に送り出すかもしれない。隣りの部屋には椅子が壁沿いに横一列に並べられている。応募者があらかじめ決められた位置に座り，後から入ってくる面接者がどこに座るかがひそかに観察されることになる。これらの研究者は，採否の決定や質問紙への回答や着席の位置という，個々の具体的手続きに関心があるのではなく，それらの具体的な手続きが測定を意図した対人態度という心理変数に関心があるのであり，それぞれの具体的手続きは，その対人態度という心理変数を適切に測定していれば十分なのである。とはいえ，心理変数は直接には測定できないので，どのような補助仮説を立て，どのような具体的手続きを採用するかが，とりわけ研究の成否を左右することは言うまでもないだろう。

2 測定の信頼性と妥当性

　研究者が直接的従属変数に関心を寄せているときには，その観察可能な具体的な反応を測定すればよい。しかし，研究者が概念的従属変数に関心を寄せているときには，その概念的従属変数はさまざ

まな形で具体的に手続き化できる。このことは，前節の具体例で示してきたとおりである。複数の手続き化が可能なときには，どの手続き化を採用するかという選択の問題が生じる。どういう手続き化がよいか，つまり，よい測度，よい測定とは何かという一般的な問題は信頼性と妥当性の問題として第12章で詳述されることになる。ここでは，実験的研究の従属変数に限って，その信頼性，表面的妥当性，基準関連妥当性，構成概念妥当性について簡単に解説する。

信 頼 性

どのような測定でも誤差はつきものである。このことは1mm単位で刻まれたプラスチックの定規で，紙に書かれた3.3mmの線分の長さを測るのを想像すればわかるだろう。人によっては3.2mmと報告したり，3.4mmと報告したりするだろう。同じ人でも時と場合によって少しずつ違ってくるだろう。このように同じものを同じ道具で測定しても，測定のたびに，あるいは測定者によって値が異なるのは，測定者の目の位置，部屋の明るさ，線分の明瞭さ，室温によるプラスチックの伸縮など，さまざまな要因が誤差として働くからである。信頼性が高い測定とは，このような誤差を少なくし，安定した測定値を返すことをいう。たとえば，温度の影響を受けにくい竹の定規を使用したり，目と定規との距離や位置関係を一定にするように測定者を訓練したりすることによって，より信頼性の高い測定になるだろう。

就職面接でのアイコンタクトと対人態度の関係に関する例を思い出そう。ある研究者は，「面接者は自分が好意的対人態度を抱いている応募者を採用するだろう」という補助仮説を立てて，採否という行動測度を採用していた。しかし，このような場面での採否の決定は，好意的対人態度の信頼できる測度だろうか。つまり，ある応募者に対して同じ好意的対人態度をもっていれば，どんな面接者も

いつでも同じ採否の決定を下すのだろうか。採否の決定は，対人態度以外のさまざまな要因の影響を受けることは想像に難くない。たとえば，面接者が，どういう職種や部署を想定しているか，自分の部下に配属されると想定しているのかどうかなどによって採否の決定は異なるだろう。これらの誤差要因を統制することによって，すなわち，職種や部署や配属条件を一定にすることによって，採否の決定という測度を対人態度の安定した測度にしていくことができるのである。

　この同じ研究で別の研究者は，「好意的対人態度は，好きかどうかという意見として表明されるだろう」という補助仮説を立てて，「あなたはこの応募者をどのくらい好きですか？」と面接者に尋ねていた。この測度は単項目評定尺度という。しかし，対人態度というものが，このような単純な質問で安定して測定できるのだろうか。面接者は，ある応募者を「好きですか？」と聞かれて，何を考えながら答えるだろうか。その人の容姿だろうか，人格だろうか，それとも能力だろうか。短時間の表面的な模擬面接場面では，容姿や外見などの身体的魅力が，「好きですか？」という質問に対する回答に大きな影響を及ぼすだろう。そこで，この評定尺度に追加して，「あなたはこの応募者を，どのくらい人柄がよいと思いますか？」と「あなたはこの応募者とどのくらい一緒に働きたいですか？」とさらに尋ねたとしよう。そして，これら3つの評定尺度への回答の合計点（ないしは平均点）を出すとしよう。この合計点には，外見，人格，能力などのさまざまな要素が反映されることになる。このような多重項目評定尺度が，単項目評定尺度よりも，対人態度のより安定した測度になっていることがわかるだろう。

妥当性

測定における妥当性の問題とは，研究者が測定したい変数をどのくらい的確に測定で

きているかという問題である。直接的従属変数を手続き化する場合には，研究者が測定したい変数は，特定の具体的反応であり，その反応以外の何ものでもないので，この妥当性の問題は発生しない。しかし，概念的従属変数を手続き化する場合には，妥当性の問題が考慮されなければならない。概念的従属変数がカテゴリーの場合には，妥当性の問題は，研究者が測定した具体的な反応が，そのカテゴリーをどのくらいよく代表しているかが問題になるが，心理変数を手続き化する場合には，代表性の問題に加えて，本当にその観察不可能な心理変数を測定しているのかが問題になる。ここでは，従属変数の測定にとくに関わる妥当性として，表面的妥当性，基準関連妥当性，構成概念妥当性の3つを解説する。

(1) **表面的妥当性**　表面的妥当性とは，何を測定しているように「みえる」かに関わる概念である。つまり，測定したものが，測定しようとしているものの代表であるかどうかに関わる妥当性である。この妥当性は，概念的従属変数がカテゴリーであるときに，とくに考慮されなければならない。きちんとした身なりと模倣に関する実験例では，違反行動の模倣を測定するために，モデルが示した信号無視という同じ違反行動を被験者が示すかどうかを観察することは，表面的妥当性が高いだろう。しかし，実際に被験者に信号無視をさせるのは，危険も伴い倫理的な問題が生じる。そこで，モデルが信号無視をしたのを目撃した被験者を実験者が引き止めて，「あなたはあの人をまねようと思いますか？」と質問したとしよう。この質問によっても，きちんとした身なりの影響は検討できるだろうが，それが本当に「模倣」への影響であるかどうかについては確信がもてないだろう。

(2) **基準関連妥当性**　基準関連妥当性とは，ある手続き化による測定が，別の独立した（可能であればできるだけ客観的な）基準とな

る手続き化による測定とどのくらい整合的に対応しているかという問題である。基準関連妥当性は，並存的妥当性と予測的妥当性に分けられることがある。アイコンタクトと対人態度に関する例で，「あなたはこの応募者をどのくらい好きですか？」という単項目評定尺度の直後に「あなたはこの応募者を採用しますか？」という採否の決定が質問されていたとしよう。もし，面接者が好きだと評定した応募者を採用する傾向が確認されたとすれば（すなわち，この両測度が相関すれば），この単項目評定尺度は，対人態度を反映すると考えられる採否の決定という基準に照らして並存的妥当性があると言われる。またこの例で，面接者が単項目評定尺度に回答した後で，別室で待つ応募者に対する面接者の着座位置が観察されたとしよう。もし，面接者が好きだと評定した応募者に近づいて座る傾向が確認されたとすれば（すなわち，この両測度が相関すれば），この単項目評定尺度は，対人態度を反映すると考えられる将来の行動を予測しているので，予測的妥当性が高いと言われる。

なお，ある手続き化の妥当性を評価するための唯一絶対の客観的基準は心理学研究ではほとんど存在しない。したがって，ある従属変数の妥当性を評価するときに，何をどのような根拠で基準として採用したのかを明確にしておく必要がある。

(3) **構成概念妥当性**　測定における構成概念妥当性とは，ある具体的な手続き化による測定が，その測定が意図した心理的な概念的従属変数を適切に測定しているかどうかという問題である。たとえば，アイコンタクトと対人態度の例の「好きですか？」という単項目評定尺度が，その尺度が測定を意図した「対人態度」を適切に測定しているかどうか，つまり，その具体的尺度が概念的従属変数の妥当な代表であるかどうかという問題である。さて，この単項目評定尺度が，たしかに対人態度を測定していると言うためには，ど

ような手続きが必要だろうか。概念的従属変数の構成概念妥当性の確認には，次の2つの条件が必要である。第1に，その概念的従属変数を測定していると考えられるさまざまな具体的手続き化による測定がお互いに相関していることであり，第2に，その概念的従属変数に影響を及ぼすと考えられているさまざまな独立変数が，第1のさまざまな測定と相関していることである。

　具体的に説明しよう。アイコンタクトという独立変数が対人態度という心理状態に影響を与え，その対人態度が「好きですか？」という単項目評定尺度によって測定されると考えられていた。まず，「好きですか？」という単項目評定尺度への回答が，対人態度を測定していると理論的または経験的に考えられているその他の手続き化での測定（採否の決定や着座位置）と相関していれば，これらの具体的手続き化は，同じ概念的従属変数を測定していると考えてよいだろう。すなわち，ある応募者を好きだと評定した面接者が，その応募者を採用する決定を下し，後で別室で待たされるときにはその応募者の近くに座るという傾向があれば，これらの手続き化は，同じものを測定していると考えられる。しかし，これだけでは，これらが同じものを測定しているとは言えても，それが「対人態度」であるとは言えないだろう。そこで，これが対人態度であり，それ以外のものではないと言うためには，対人態度に影響すると理論的ないしは経験的に考えられているさまざまな独立変数が，従属変数のさまざまな手続き化による測定と相関することが必要になる。たとえば，「人は自分と類似した人に好意的対人態度を抱きやすい」ということ，また「人は自分を高く評価する人に対して好意的対人態度を抱きやすい」（好意の返報性）ということが多くの研究で明らかにされている。応募者のアイコンタクトの有無という独立変数の操作も，応募者と面接者の類似・非類似という独立変数の操作も，ま

Column⑤ テイラー・メイドの測度

　研究者は，信頼性と妥当性が確立された測度を求めて，『心理測定尺度集』（堀洋道監修，2001-2011，サイエンス社）の6巻本を渉猟する。自分の研究に使えそうな測度が見つからないときには，*Mental Measurements Yearbook*（最新刊は2014年の第19号）や*Directory of Unpublished Experimental Mental Measures*（最新刊は2008年の第9巻）にまで手を伸ばす。それでも自分の研究にぴったりとした測度が見つからないと，それらの本に収録された測度のなかで自分の研究に役立ちそうな測度に目をつけて，いくつかの項目を抜き出したり，質問文の表現を少し変えたり，尺度につけられた言葉づかい（ワーディング）や段階の数を変えたり，日本語に翻訳したりして，自分の研究にお誂え向きの測度を仕立てることになる。しかし，それらの変更によって，そのテイラー・メイドの測度の信頼性と妥当性がどのような影響を受けたかには無頓着な場合がある。テイラー・メイドの測度は，自分にとってはお誂え向きかもしれないが，その信頼性と妥当性が実証的に検討されていなければ，他の人から見れば，まだ仕立て上げられていない布切れにすぎない。

た，応募者が面接者を高く評価するか低く評価するかという独立変数の操作も，これらがすべて同じように，「好きですか？」という単項目評定尺度や採否の決定や着座位置に影響を与えているとすれば，これらの手続き化によって測定されているものが「対人態度」であり他の何ものではないという確からしさは高まるだろう。

3　さまざまな手続き化と選択

　前節で述べたように，信頼性と妥当性が高い手続き化が望ましいのは言うまでもない。概念的従属変数は，言語測度，行動測度などさまざまな種類に手続き化をすることができるが，それらの手続き

化のなかには一般的に言って信頼性や妥当性の高いものはあるのだろうか。ここでは，それぞれの種類の手続き化についてその特徴を解説する。

手続きの非標準性　実験心理学のなかでも感覚・知覚心理学や認知心理学には，独立変数の効果を検出するための測定方法が比較的標準化されている分野がある。感覚・知覚研究では調整法，極限法，恒常法などの精神物理学的方法，マグニチュード推定法，一対比較法など，認知研究では記憶の再生法，再認法，反応時間測定法など，それぞれの研究分野で頻繁に利用される標準的な測定方法が考案されている。これら測定方法の理論と実際については，章末に挙げた図書を参照されたい。

　一方，心理学のなかでも社会心理学や教育心理学では，このような標準的な手続きが存在せず，研究者が扱おうとする現象や問題ごとに創意工夫を凝らした手続き化を達成しなければならないことが多い。きちんとした身なりと模倣の実験例やアイコンタクトと対人態度の実験例で示したように，1つの従属変数を測定するためにさまざまな手続き化が可能であり，そのどれ1つをとっても確実で十分なものがないことがわかるだろう。以下では，さまざまな手続き化のなかでも，言語測度と行動測度の2つをとくに取り上げて，それぞれの手続き化の利点と問題点を論じながら，より高い妥当性を達成するための方法について考える。

　なお，本書では触れられない生理的測度や間接的測度（投影法，情報誤差テスト，反応潜時などさまざまに工夫された測度）についても章末に示した図書を参照されたい。

言語測度　言語測度では，被験者は自分自身の心理状態や行動を内観し，それらを言葉を介して報告する。たとえば，アイコンタクトと対人態度の実験例では，被

験者は「あなたはこの応募者をどのくらい好きですか？」と尋ねられたり，「あなたはこの応募者を採用しますか？」と尋ねられたりすることになる。被験者は自分がこの応募者をどのくらい好きなのか，あるいは自分はこの応募者を採用しようと思っているのかと自問自答してから，「とても好き」から「とても嫌い」までの5段階評定尺度や「採用する」「採用しない」という二者択一式の尺度に回答することになる。これらの質問と評定尺度は，あらかじめ質問紙として，紙に書かれてあり，実験者は被験者にその質問紙を配り，被験者が鉛筆で回答する場合もあれば（質問紙法），実験者が被験者に口頭で質問をし，被験者も口頭で回答する場合もある（面接法）。後者の面接法では評定尺度が用意されていないことが多い。面接法については第10章の一部と第13章の全部がそれを詳説しているので，この章では質問紙法を中心に解説する。なお，質問紙法については第10章と第13章でも触れられる。

(1) **言語測度の利点**　　言語測度の第1の利点は表面的妥当性が高いことである。このことは対人態度の測度として「あなたは好きですか？」という言語測度と着座位置のような行動測度を比べてみればわかるだろう。言語測度では，研究者は，概念的従属変数を言語化している。その言語化された概念を，直接に被験者に尋ねることができる言語測度は表面的妥当性が高いのである。

　言語測度の第2の利点は，行動測度と比べて感度が高いことである。行動測度の例として，行動測度の多くが，（たとえば後で一緒に作業をしてもらうと教示された面接者が）応募者を実際に採用するかしないかというように，ある行為をするかしないかの二者択一であるのに対して，それを言語測度にすることによって，「どのくらい採用しようと思うか？」を「絶対にそう思う」「かなりそう思う」「少しだけそう思う」などの細かい分類で測定できるようになる。もち

ろん行動測度でも3つ以上の細かい分類は可能である。たとえば、対人態度の測度として、応募者の隣の椅子に座るか、1つあけて座るか、2つあけて座るかなどである。しかし、行動測度は、部屋の大きさなどの物理的制約のために、おのずからその選択肢の数は限られてくるだろう。これに対して、「どのくらい好きですか？」という言語測度では、標準的な5段階や7段階から、たとえば101段階（好意度を100点満点で回答する場合）まで、自由に感度を変えることができる。

　言語測度の第3の利点は、1つのことをさまざまな側面から測定できることである。応募者の採否という行動測度が、その応募者を採用するかしないかという1回限りの現象を測定し、採否の情報しか得られないのに対して、これを言語測度にして、「採用するか？」だけでなく、たとえば、「一緒に働きたいか？」「自分の部下にしたいか？」「仕事ができそうか？」「人柄はよさそうか？」などさまざまな側面から測定することによって採否の決定の理由や動機を分析することができるのである。

　言語測度は一般的に容易に実施できるが、とくに紙に書かれた質問に被験者が鉛筆で回答するだけという質問紙法には、一定化という利点がある。前章の独立変数に関しても一定化の利点と問題点を解説したが、従属変数の一定化とは、すべての被験者に対して同じ説明、同じ言葉づかい、同じ尺度を用いる、つまり、まったく同じ手続きで測定することである。いくつかの線分の長さを比較しようとするときに、同じ定規で測らなければ比較ができないことを想像すれば、この一定化がいかに重要であるかは理解できよう。質問紙法には、同じ言語測度ではあるが面接法や後述する行動測度と比べて、被験者にかかる負担が少なくてすみ、いっせいに集団で実施することができ、必要であれば被験者の匿名性を確保することができ

るなどの利点がある。また，質問紙法では，サーストン法（等現間隔法），リカート法（評定加算法），ガットマン法（尺度分析法），SD法（セマンティック・ディファレンシャル法）など，標準的な尺度法を利用できるという利点もある。これらの尺度法については，章末の図書を参照されたい。

(2) **言語測度の問題点**　　言語測度のこれらの利点は，同時にその問題点や限界ともなる。第1の問題は，言語の理解可能性である。このことは，被験者が子どもであったり，留学生であったりする場合を想像すれば明らかだろう。十分な言語能力をもった大人が被験者の場合にも，たとえば，研究者が言語測度の表面的妥当性の利点を生かそうとして，研究用の概念をそのまま被験者に使ったらどうだろうか。たとえば，「あなたはこの応募者が好きですか？」と聞くかわりに，「あなたはこの応募者に対して好意的対人態度をもっていますか？」と聞くとしよう。日常用語では「態度」は「姿勢」や「行儀」や「ふるまい」を意味している。この質問に対する被験者の回答が，研究者が意図したものでないことは明らかだろう。

第2の問題は，一定化の利点の裏腹である。第1の問題とも関連するが，同じ言葉が必ずしも同じように解釈されないことがある。「あなたはこの応募者をどのくらい好きですか？」という質問をするときに，たとえば，応募者が同性の場合と異性の場合で「好き」という言葉の解釈が異なってしまうかもしれない。もしこの解釈が異なっていれば，一見すれば同じ定規で適切に測っているようでも，じつはまったく別のものを測っていたということになる。言語測度のこれらの問題を解決するためには，十分なパイロット・テスト（本実験をはじめる前に，何人かの被験者に対して実際に実験を実施して問題点を探り出し，実験材料や手続きを改良するためのテスト；第4章参照）を実施して，なるべく多くの被験者が同じように正確に解釈するよ

うに言葉づかいを工夫することになる。

　言語測度の第3の問題は，そしてこれが最大の問題の1つでもあるが，言語測度は自己報告に頼るために観察反応によるバイアスを受けやすいということである。観察反応は第9章で詳述されるので，ここでは2つの側面のみを解説しよう。まず第1に，言語測度，なかでも質問紙法は，前章の用語を使えば「インパクト」に欠けている。何ページにもわたっていくつもの質問が並んだ冊子に回答を書き込んでいく被験者の頭には「退屈だなあ」という感想や「いったいこの研究の目的は何だろうか？」という疑問が浮かんできたり，そして，ときどき顔を上げ辺りを見まわしたりしないだろうか。このような被験者の思考や行動が，研究者が測定を意図したものを取り出すのに障害となることは明らかだろう。第2には，被験者は，自分の信じていないことを言うことがあるという問題である。きちんとした身なりと模倣の研究例では，きちんとした身なりの人が横断歩道を信号無視した後に，その近くで信号待ちをしていた人が同じように信号無視をするかどうかが観察されていた。これは行動測度である。かりにこの研究者がこの行動測度のかわりに，信号無視を目撃した人を呼び止めて，「あなたはあの人のまねをしようと思いますか？」と尋ねたとしよう。その人は「とんでもない，そんな悪いことをまねするわけがない」と言うだろう。その人の右足はすでに車道に差し掛かっていてもである。言語による自己報告が抱えるこれらの問題は，観察反応の問題としてだけでなく，内観の限界という問題としても，第9章で詳述される。

行動測度

　行動測度では，被験者が外に表した行動（外顕的行動）が直接に観察され，記録される。たとえば，きちんとした身なりと模倣の研究例では，横断歩道で信号待ちをしていた人が信号無視して渡るか渡らないかが（もの

かげに隠れた)観察者によって記録されることになり，アイコンタクトと対人態度の研究例では，面接者が実際に応募者を作業のパートナーとして採用するかしないか，別室で待機中に応募者の近くに座ったか遠くに座ったかが（マジック・ミラーや監視カメラを通して）記録されたりすることになる。前者の従属変数である模倣行動は，研究者が直接的にその行動のカテゴリーに関心を抱いているので，外顕的行動測度自体が表面的妥当性を兼ね備えた直接的な測度である。しかし，後者の従属変数である対人態度では，研究者はその外顕的行動を通して推測することのできる心理状態に関心を抱いているので，この外顕的行動測度はその心理状態の間接的測度である。

(1) **行動測度の利点**　行動測度の利点の第1は，言語測度と比べて，その測度が観察反応によるバイアスの影響を受けにくいことである。前節で言語測度の限界として述べたことが，そのまま行動測度の利点である。まず第1に，行動測度にはインパクトがあり，被験者は測定事態に深入りさせられる。言語測度では，「あなたはこの応募者をどのくらい採用するつもりですか？」と書かれた紙を前にして，無責任にあれこれと思考をめぐらしていた被験者が，行動測度で測定されることによって，採用した後での応募者との作業に備えて，真剣に応募者について思考し決定を下すのである。このような真剣さは，被験者が自分の行動が測定されているのに気づいていたとしても，被験者に余計な感想や疑問を起こさせる余裕を与えないだろう。

第2には，行動測度は工夫を凝らすことによって，観察されているという被験者の意識を取り除くことができる。被験者は，誰かに観察されていることに気がついていると，自分の本心を隠して，自分の言動だけを変えることがある。前項で述べたように，まさに信号無視をしようとしており，実験者が呼び止めなかったらそうして

いたであろう被験者でも,そんなことはけっしてしないと口で言うことはよくあることである。かりに実験者に呼び止められなかったとしても,その被験者が,たとえば近くに警察官がいて自分の方を見ているのに気がつけば,やはり一歩踏み出した足を引っ込めるだろう。これが警察官でなくて,カウンターを手にした実験者でも同じだろう。このように被験者の言動は,その言動が観察され測定されているという意識によって影響を受けるのである。言語測度は,被験者に対して直接に言語で質問を発するので,被験者のこの意識を取り除くことはできない。しかし,行動測度の場合には,ものかげやマジック・ミラーや監視カメラを用いることによって,この意識を完全に取り除くことができるのである。

(2) **行動測度の問題点**　行動測度の問題の1つは,1つの行動がさまざまな要因の影響を受けるために生じる。そのために,研究者が統制しきれなかった多くの要因が偶然誤差として介在することによって,測定の信頼性を損ねてしまう。たとえば,きちんとした身なりと模倣の実験では,人につられて信号無視をするかどうかという行動は,自動車の交通量,横断歩道の長さ,まわりにいる人の数,横断歩道の向こう側にたまたま子どもがいること(「よいお手本にならなければ」と思えば)など,さまざまな要因が行動に影響するだろう。

　行動測度のもう1つの問題は,感度が低いことである。行動測度は,ある行動をするかしないかという二者択一として測定されることが多い。研究者が,感情や態度などの心理変数に関心をもっているときに,行動測度は,これらの心理量の微妙な違いを敏感に検出しないかもしれない。たとえば,アイコンタクトと対人態度の実験例に戻ると,アイコンタクトの有無によって生じるような対人態度の微妙な違いは,「どちらかといえば少し好き」と「どちらかとい

えば少し嫌い」といった微妙な言語的な表現では検出できるかもしれないが，この応募者を採用するかいなかという行動では検出できないかもしれない。もちろん，ある行動をするかしないかだけではなく，その行動の頻度や程度や強度や持続時間やその行動にとりかかるまでの潜時を測定することができる場合もある。たとえば，アイコンタクトと対人態度でもう1つの行動測度を採用した研究者ならば，別室での待機時に面接者が応募者の近くに座るかどうかを観察するだけでなく，どのくらい近くに座るか（程度），どのくらいすばやくその席につくか（潜時），どのくらい長くその席にとどまるか（持続時間）までも観察することによって，行動測度の感度を高めるかもしれない。

測度の選択：パイロット・テストと多重測定

この章を通して，概念的従属変数がさまざまに手続き化できることを説明してきた。しかし，1つの実験では，1つの手続き化を採用しなければならない。どの手続き化を採用すればよいかの判断の基準として，この章では，信頼性，表面的妥当性，基準関連妥当性，構成概念妥当性，標準化された測度（一定化された測度），測度の感度，実施コスト（実施の容易さ），観察反応バイアスの影響の受け難さ，インパクト，理解可能性と理解の一義性，複数実施の可能性などを挙げてきた。これまでに述べてこなかったが，これらの基準に，研究の目的や研究者の関心，先行研究からの連続性，実施の倫理的問題が含まれることは言うまでもない。先行研究からの連続性とは，その研究分野での標準的な測定法がある場合も含むが，先行研究と同じ測度を採用することによって，研究結果を先行研究と比較することが可能になることを言う。また，実施の倫理的問題については第9章で詳述される。

このようにさまざまな基準はあるが，これらの基準をすべて満た

すような手続き化は残念ながら存在しない。それどころか，同じ概念的従属変数を測定していると研究者が考えていた複数の測度が，異なる結果を生み出すこともまれではない。同じものを測定しているつもりでも，前項で述べたように，言語測度と行動測度はいつも一致した測定結果を生み出すとは限らない。どの測度が適切かがあらかじめ予測できないときには，パイロット・テストと多重測定が役立つだろう。

パイロット・テストとは，言語測度の項でも述べたが，何人かの被験者に実際に実験を実施して，本実験では行わないさまざまな質問や確認を行っておくことによって，実験手続きの問題点を探り出し改良を加えていき，その測度に十分な妥当性，感度，インパクト，理解可能性などをもたせるようにすることである。なお，パイロット・テストの重要性については第4章でも解説されている。

多重測定とは，1つの実験で複数の種類の測度を用いることである。しかし，一般に複数の種類の測度を実施すると，最初の測度の実施が，その次の測度での被験者の反応に影響を与えるという問題が生じる。たとえば，アイコンタクトと対人態度の実験例では，同じ被験者に「あなたはこの応募者がどのくらい好きですか？」と尋ね，そのあとで採否の決定をさせたとしよう。この被験者は，「好きだと言ってしまったのだから，採用しなければならないだろう」と自分の言行を無理やり一致させようとしたり，逆に，「この実験者は，好意と採用の関係を研究しているのだろう。面接では，好きか嫌いかではなく，仕事ができそうかどうかで人を選ぶべきだろう」と考えて，2つの測度で異なる反応をしたりするかもしれない。しかし，複数の測度も組み合わせ方によってはこのような問題は生じない。たとえば，「好きですか？」という言語測度と，面接中の面接者の前傾姿勢という行動測度（好きな相手に対して前傾する傾向

が確かめられている）を組み合わせることができるだろう。前傾姿勢は面接者に気づかれないように監視カメラで録画しておけば，この2つの測度が影響しあうことはない。組み合わせることが不可能な測度は，もっと積極的に実験条件に組み込むこともできる。半分の被験者には「好きですか？」という質問をし，残りの半分の被験者では「採否」という行動を観察するのである。もし2つの測度が整合的な結果を生み出せば，お互いの測度は並存的妥当性を確認しあうことになり，もし2つの測度が異なる結果を生み出せば，その違いは概念変数や研究仮説の洗練のための重要な情報を与えてくれることになるだろう。

参 考 図 書

　従属変数の手続き化の問題も，前章の独立変数の手続き化の問題と同様に，心理学研究法や実験計画に関する図書のなかの1つの章として論じられている。第1章の参考図書に掲げたソルソとジョンソン（1999）と，ローゼンサールとロスノウ（1976）や，第4章の参考図書に掲げた小牧（2000），末永（1987），水原（1984）が参考になる。

大山正（編）　1973　『心理学研究法2　実験Ⅰ』　東京大学出版会
　●知覚・感覚心理学の基本的で古典的な研究法が解説されている。古い図書であるが，標準的な方法論が早くから確立された分野であり，その中核を知るには十分である。

苧阪良二（編）　1973　『心理学研究法3　実験Ⅱ』　東京大学出版会
　●古典的な生理心理学的実験法がくわしく解説されている。この分野は，科学技術の進歩とあいまって発展が著しいが，その発展のもととなった考え方や技術が紹介されている。

苧阪良二・大山正（編）　1973　『心理学研究法4　実験Ⅲ』　東京大学出版会
　●知覚・感覚心理学よりも，より高次の思考，情意，言語などに関する萌芽的心理学の実験法が解説されている。標準的な方法論のない

これらの分野で，どのような測定方法が芽生えてきたかの歴史に触れることができる。

続有恒・村上英治（編） 1975 『心理学研究法 9 質問紙調査』 東京大学出版会
- ●調査法に関する基本的で古典的な問題を網羅している。本章では，とくに質問紙法との関係で参照されたい。

市川伸一（編） 1991 『心理測定法への招待──測定からみた心理学入門』 サイエンス社
- ●実験的研究だけではなく，心理学のほぼ全部の領域にわたって，それぞれの領域で用いられているさまざまな測定法がくわしく解説されている。

第6章　剰余変数の統制

原因を見誤らないために

　実験的研究によって因果関係を見極めようとするとき，剰余変数をきちんと統制できるかどうかは，その実験が成功するかどうかのカギになる。観察的研究においても，因果関係の解明を目指す場合には，剰余変数にあたる共変数（第2章を参照）をできるだけきちんと統制しなければならない。剰余変数の統制は非常に難しい場合もある。しかし，それだけに，研究者にとっては，腕のふるいどころでもある。

　この章では，まず，統制の基本的な原理を説明する。つづいて，統制すべき剰余変数の種類ごとに，具体的な統制方法を解説する。剰余変数の問題から見えてくる科学的研究の性質についても考えてみる。コラムでは，独立変数が2つ以上ある場合に，それぞれの効果を混同せずに見極めるためには，剰余変数の統制と同じ原理に従わなければならないことを示す。

1　統制の原理

●なぜそしていかに？

統制は必須　　因果関係を見極めるための基本的な方法は，独立変数の操作である。原因ではないかと思われる変数 X（独立変数）を人為的に動かしてみて，結果ではないかと思われる変数 Y（従属変数）がそれにつれて動くかどうかを

調べてみる。もし，変数XとYとの間に本当に因果関係があるのなら，変数Yも動くはずである。動かなければ，因果関係はないということになる。

　これが，実験の基本的なロジックである。しかし，現実はそう単純ではない。独立変数Xを動かしたとき，まったく別の変数Zも一緒に動いてしまったとしよう。つまり，剰余変数Zが独立変数Xと「交絡」していた，という場合である。そうなると，従属変数Yが動いたとしても，その原因が独立変数Xなのか，それとも，剰余変数Zなのか，わからなくなってしまう。したがって，従属変数Yが動いたというだけでは，「独立変数Xと従属変数Yとの間に因果関係がある」とは結論できないことになる。

　剰余変数は，いまの場合のように，独立変数と従属変数の間に見せかけの因果関係をつくり出してしまう「生成」の働きをするだけではない。逆に「抹消」の働きをすることもある。

　たとえば，「独立変数Xの値が大きくなると，従属変数Yの値も大きくなる」という正比例的な因果関係があったとしよう。同時に，「剰余変数Zの値が大きくなると，従属変数Yの値は小さくなる」という反比例的な因果関係もあったとする。ある実験で，独立変数Xの値を増加させて，従属変数Yの値に変化が生じるかどうかを調べたとき，実験者が気づかないところで，剰余変数Zの値も増加していたとしよう。実験結果を見ると，従属変数Yの値は変わっていなかったとする。当然，実験者は，「独立変数Xと従属変数Yとの間には因果関係はない」と結論するだろう。しかし，この結論は誤っている。従属変数Yの値に変化が生じなかったのは，独立変数Xの効果が，逆の効果をもつ剰余変数Zによって打ち消されてしまったためなのだから。

　このように，因果関係があるのかどうかを見極めるためには，独

立変数を操作しただけでは十分ではないのである。第1章では，「他の因果的説明を排除しなければならない」というミルの原理を紹介した（表1-2）。その「他の因果的説明」の原因にあたるのが剰余変数である。剰余変数の統制というのは，「他の因果的説明を排除する」ための方法にほかならないのである。

剰余変数を統制するということは，独立変数の操作と一緒に剰余変数の値が変わってしまうことがないように，剰余変数の値を一定に保つということである。そうすれば，剰余変数の効果を独立変数の効果と見誤る心配はなくなる。

剰余変数そのものを取り除いてしまえば，当然，その値は一定（つまり，ゼロ）になる。しかし，取り除くことができない場合でも，値が変化しないようにしさえすれば，それで，統制という目的は十分に達成することができるのである。

**統計的統制
実験的統制**

剰余変数を統制する方法は，2種類に大別することができる。統計的な統制と実験的な統制である（図6-1）。

統計的な統制を行う場合は，剰余変数として働くのではないかと思われる変数を測定する。その測定値を使って，重回帰分析，共分散分析といった統計的な分析を行う。これらの分析では，数学的な方法で剰余変数（または共変数）の値を一定にしたうえで，独立変数の変化に伴って従属変数が組織的に変化しているかどうかを調べる。いまでは，コンピュータ用の統計パッケージ（SAS, SPSSなど）が普及しているので，自分で複雑な計算をしなくても，こうした統計的分析は手軽に行うことができる。この章では，統計的な統制については，これ以上，立ち入った説明はしない。第16章「統計的分析」を水先案内として，適切な書物や講義を選んでいただきたい。

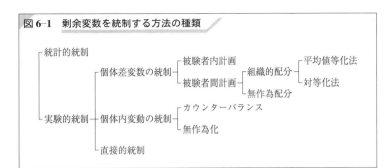

図 6-1 剰余変数を統制する方法の種類

　統計的な統制では，共変数の値が一定だとどうなるかを数学的に推定している。しかし，そこで使う数学的なモデルが現実と合っていない場合には，推定は不正確になり，誤った結論に到達してしまうおそれが出てくる。測定誤差が大きい場合も，やはり推定は不正確になる。そうした可能性を考えると，できることなら，推定に頼るのではなく，剰余変数に直接働きかけて，その値を一定にした方が確かだということになる。それが実験的な統制である。この章では，この実験的な統制の方法をくわしく説明する。

　そのための具体例として，次のような記憶実験を考えてみよう。「ニワトリ／スキー」というような単語対をたくさん憶えるとき，「ただ一生懸命に暗記するよりも，ニワトリがスキーをしている情景をイメージした方がよく憶えられるのではないか」という仮説を立てたとする。この仮説を検証するために，一生懸命に暗記をしてもらう「暗記条件」と，イメージをつくって憶えてもらう「イメージ条件」を設けたとしよう。この2つの条件の間では，記憶方法という独立変数を操作したことになる。

　さて，実験的な統制は3種類に大別することができる（図6-1）。まず，すぐに思いつくのは，剰余変数を直接統制するという方法である。たとえば，いまの記憶実験の場合，単語対を憶えるための時

間が長ければ，当然，記憶テストの成績はよくなるだろう。つまり，記憶時間が剰余変数になると考えられる。この剰余変数は，直接統制することができる。単語対を憶えるためにかける時間を，暗記条件とイメージ条件とで同じにすればよいのである。

ところが，直接統制することができない剰余変数もある。

実験では，複数の実験要素を使うことが多い。ある実験では，複数の被験者を調べる。ある実験では，複数の単語を記憶してもらう，というように。実験要素の間には違いがあるのが普通である。ある被験者は記憶力がよいが，ある被験者は記憶力が悪い。ある単語は憶えやすいが，ある単語は憶えにくい，というように。

こうした実験要素の違い，すなわち個体差は，直接統制することができない。記憶力のよい被験者と悪い被験者がいたとき，彼らの記憶力を同じにしようとしても，それは無理な相談である。

しかし，たとえば，イメージ条件の方には記憶力のよい被験者が多く，暗記条件の方には記憶力の悪い被験者が多かったとしたら，どうなるだろう？　それだけで，記憶テストの成績には差が生じてしまうに違いない。そうなると，たとえイメージ条件の方が成績がよかったとしても，それがイメージの効果なのかどうかはわからなくなってしまう。

しかし，記憶力のような個体差変数は，直接統制することができない。では，どうすればよいのだろうか？　因果関係の推定を確実に行うためには，実験条件の間で，個体差変数の値が一定になるようにすればよい。すなわち，暗記条件とイメージ条件のどちらかに，記憶力のよい被験者が集まってしまうということが起こらないようにすればよい。そのためには，記憶力のよい被験者と悪い被験者を両方の条件にうまく配分することが必要になる。この均等配分が，個体差変数を統制するための基本的な方法なのである。次の節では，

この均等配分の方法を考えてみよう。

2 個体差変数の統制
● 異なる人々を比べるには

　心理学が研究の対象とする人間は，みな個性をもっている。誰もが，あらゆる点で，他の人と少しずつ，ときには，非常に大きく異なっている。心理学は，人間ではなく，動物を研究対象にすることもあるが，その動物にも個性はある。個性をもっているのは生き物ばかりではない。心理学で使われるいろいろな材料も，しばしば個体差をもっている。たとえば，記憶の実験で使われる単語は，1つひとつ憶えやすさが違う。

　前節で述べたように，こうした実験要素の個体差は，剰余変数として作用する危険性をつねにはらんでいる。この節では，均等配分による個体差変数の統制方法を検討する。はじめに実験計画による統制の方法を解説する。実験計画の種類によっては統制ができない場合に使われる方法として，組織的配分と無作為配分を紹介する。「実験の王道」と呼ばれる無作為配分がなぜ優れているのかを説明した後で，その限界も明らかにしておく。

被験者内計画
被験者間計画　個体差変数を統制するための理想的な方法は「被験者内計画」と呼ばれる実験計画である。この被験者内計画では，同じ被験者が独立変数の異なった値をすべて体験する。さきほどの記憶実験の場合なら，どの被験者も，暗記条件とイメージ条件の両方で単語対を記憶し，記憶テストを受けることになる。いわば，同じ被験者を両方の条件に配分するわけだから，2つの条件の間に記憶力の差が生じないことは明白だろう。この実験で記憶テストの成績に差が見

られたとすれば,「その原因は,記憶力のような個体差変数ではなく,暗記かイメージかという独立変数の方だ」と確信をもって推定することができる。

　しかし,残念ながら,多くの実験では,この理想的な被験者内計画が使えない。というのも,被験者内計画は,1つ大きな欠点をもっているからである。それは,「残留効果」(後述)に弱いという欠点である。

　記憶の実験で,まず先にイメージ条件を行い,次に暗記条件を行ったとしよう。暗記条件では,「イメージをつくってください」とは言わないわけだが,被験者はイメージをつくらないで暗記だけに頼ろうとするだろうか？　前の試行でイメージをつくったのだから,たんに「できるだけたくさん憶えてください」と言われただけでも,イメージをつくってしまうのではないだろうか。

　では,積極的に「イメージはつくらないでください」と言ってみてはどうだろう？　だが,被験者がそれに従うという保証はない。たとえ従いたいと思っても,前の試行でイメージをつくったせいで,自然にイメージが浮かんできてしまい,自分でもそれを抑えることができないかもしれない。

　このような前の試行から後の試行への影響を「残留効果」という。これも剰余変数の一種である。実際に残留効果が生じて,暗記条件でも被験者がイメージをつくっていたとしたら,独立変数の操作は無効になってしまうかもしれない。それでも,イメージ条件の方が記憶テストの成績がよければ,「イメージ条件では,イメージをつくった回数が多かったので,イメージの効果が大きく出たのだろう」という推定が成り立つ。しかし,イメージ条件と暗記条件との間で差が出なかった場合は,はたしてイメージの効果がなかったからなのか,それとも,暗記条件でもイメージをつくったからなのか,

判断がつかなくなってしまう。

「それなら，どの被験者についても，暗記条件をイメージ条件より先に行うことにすればよいではないか」という案が出てくるかもしれない。しかし，そうすると，今度はまた別の問題が生じる。時間に関連する剰余変数が独立変数と交絡してしまうのである。これについては，次の節でさらにくわしく述べるが，1つだけ例を挙げておこう。

たとえば，単語対をたくさん憶えて記憶テストに答えるという試行を2度行うと，2度目には練習効果が出て，それだけで成績が上がってしまう，ということになるかもしれない。暗記条件がつねにイメージ条件より先ということになると，練習効果はイメージ条件の方がつねに大きいことになる。これでは，実験の結果，イメージ条件の方が記憶テストの成績がよいということがわかったとしても，それがイメージの効果なのか，それともたんなる練習効果なのか，判別できなくなってしまう。それを避けるためには，暗記条件を先に行う被験者とイメージ条件を先に行う被験者とを半々にせざるをえない。そうすると，どうしても残留効果の問題が出てきてしまうのである。

心理学の実験では，残留効果が否定できない場合が多いので，被験者内計画が使えない場合も多くなる。被験者内計画が使えないとなると，被験者間計画を使わざるをえない。すなわち，独立変数の値それぞれに，異なる被験者を割り当てることになる。たとえば，暗記条件を20人の被験者で行い，イメージ条件は別の20人の被験者で行う，というように。

しかし，そうなると，記憶力のよい被験者がどちらかの条件に片寄ってしまうという懸念が出てくる。そうならないようにするためには，各条件に被験者を配分する方法を工夫しなければならない。

組織的配分
無作為配分

　その配分の方法には，組織的な方法と無作為な方法の2種類がある（図6-1）。

　組織的配分の場合は，あらかじめ，個体差変数を測定しておく。たとえば，実験に入る前に，別の記憶テストを行って，各被験者の記憶力を調べておくのである。その測定値を使って，暗記条件とイメージ条件を均等にする。その方法も2種類ある（図6-1）。

　第1の「平均値等化法」では，記憶力の測定値を平均したとき，その平均値が暗記条件とイメージ条件で同じになるように被験者を配分する。

　第2の「対等化法」では，記憶力の測定値が同じ被験者を2人選んで対をつくる。その対をたくさんつくって，対の片方を暗記条件に，もう片方をイメージ条件に配分するのである。この対等化法では，記憶力の平均値も自動的に等しくなる。条件が3つ以上あるときは，測定した個体差変数の値が同じ被験者を，条件の数だけ見つけなければならない。そういう被験者の組をいくつもつくって，それぞれの組のなかで，各被験者を各条件に配分する。

　この2つの方法のなかでは，対等化法の方が統制の精度は高い（その理由は，少し複雑になるので，ここでは触れないが，興味のある読者は，第3章の参考図書に掲げた『実践としての統計学』を参照していただきたい）。

　一方，組織的配分と対比される無作為配分の方では，記憶力の測定は行わない。ただ，暗記条件とイメージ条件に，複数の被験者を無作為（ランダム）に配分するというだけである。

　無作為に配分するための具体的な方法はいろいろある。たとえば，40人の被験者を2つの条件に配分する場合は，まず，「0」または「1」と書いたカードをそれぞれ20枚ずつ，計40枚用意する。「0」

を暗記条件,「1」をイメージ条件と決めておく(むろん,逆でもよい)。そのカードをよくきって,「0」と「1」の順序が無作為になるようにする。かりに,「1, 0, 0, ……」という順序になったとしよう。そうすると,最初の被験者はイメージ条件,2番目の被験者は暗記条件,3番目の被験者も暗記条件……という具合に割り当てていくことになる。カードをきるかわりに,コンピュータで「0」と「1」の乱数を発生させてもよい。ほかにも,方法はたくさんある。

無作為配分はなぜ優れているのか?:経済性と実現性

こうしてみると,無作為配分は非常に簡単な方法に見えるが,じつは,この無作為配分が「実験の王道」と呼ばれるほど強力な統制方法なのである。それがなぜなのかを知るためには,組織的配分と対比しながら無作為配分の特色を考えてみる必要がある。

まず,経済性という点で,無作為配分は組織的配分にまさっている。組織的配分を行うためには,はじめに,剰余変数となりそうな個体差変数を測定しておかなければならない。無作為配分を行うためには,測定は必要ない。ただ被験者を無作為に配分すれば,それだけですんでしまう。

また,平均値等化法を実行するためには,かなりの数の被験者が必要になる。40人の被験者をうまく2等分したら,ちょうど個体差変数の平均値が等しくなった,というようなことは滅多にないだろう。平均値が等しくなるように20人ずつの被験者を選ぶためには,最初に80人の被験者が必要かもしれない。200人の被験者が必要かもしれない。それでもまだ足りないかもしれない。

対等化法の場合は,個体差変数の測定値がちょうど同じ被験者の対を20つくらなければならないのだから,もっと大変である。20対を用意するためには,最初に何百人の被験者を測定しなければならないか,見当もつかない。厳密に同じ測定値をもつ被験者ではな

く，似たような測定値をもつ被験者を対にしてもいいのだが，その分，統制が甘くなることは避けられない。

一方，無作為配分の場合は，はじめから40人だけ被験者を用意しておいて，それを20人ずつに分ければよいのだから，平均値等化法や対等化法に比べればはるかに経済的である。

次に，実現性という点でも，無作為配分は組織的配分にまさっている。剰余変数となりうる個体差変数は1つだけとは限らない。記憶実験の場合，「憶えるときに手がかりをたくさんつけておいた方が，後で思い出すときに有利になる」という事実が知られている。たとえば，「スキー」という単語を憶えるとき，ただ「スキー，スキー，スキー……」と心のなかで唱えているより，「ゲレンデ・スキーとクロスカントリー・スキーの2種類がある」とか，「今年のスキーでは，顔面から転倒して痛かった」とか，他のいろいろな知識と関連させた方が，後で「スキー」という単語を思い出しやすくなるのである。つまり，憶えてもらう単語に関連のある知識の量が剰余変数として作用する可能性がある。となると，その知識の量も測定しておかなければならない。

では，どうすれば測定ができるだろうか？　実験で憶えてもらうどの単語についても，あらかじめ，そこから連想する事柄をすべて書き出してもらうことにしてはどうだろう？　しかし，実験の前にそんなことをしたのでは，どの条件の被験者も，単語の記憶が良くなりすぎて，条件間に差が出なくなってしまうかもしれない（これを「天井効果」という）。あるいは，「スキー」から「顔面」を連想した被験者にとっても，逆に，「顔面」から「スキー」は連想しにくいかもしれない。このように連想が非対称だとすれば，「スキー」から連想される知識の量を測定したのでは，「スキー」を思い出す手がかりとなる知識の量を測定したことにはならないだろう。

つまり，個体差変数の測定は，つねに正確に行えるとは限らないのである。測定が正確にできなければ，組織的配分も正確には行えないことになる。

　かりに，適切な知識の量を正確に測定する方法が見つかったとしよう。では，それで問題が解決したかというと，そうはいかない。記憶テストの成績に影響を及ぼす可能性のある個体差変数は，記憶力と知識の量だけではないからである。たとえば，知能が高いほど，憶える単語と知識の関連づけはうまくできるかもしれない。そうすると，知能も測定しなければならないことになる。

　このようにして，いくつもの剰余変数を測定したとすると，その測定値を使って，今度は，すべての剰余変数について，組織的配分を行わなければならないことになる。しかし，いくつもの剰余変数のどれについても平均値が等しくなるような配分がはたして可能だろうか？　剰余変数の数が増えていくと，すぐに実現が不可能になってしまうだろうということは容易に想像がつく。すべての剰余変数について測定値が等しい被験者の対を用意しなければならないとなれば，なおさらである。

　「実験者が思いもつかなかった個体差変数が実際には剰余変数になっている」という可能性も忘れてはならない。思いつかなければ，当然，測定することもできない。

　これに対して，無作為配分の場合は，はじめから測定をしないのだから，測定の問題はいっさい生じない。被験者を各実験条件に無作為に配分するだけだから，いつでも実現可能である。しかも，無作為に配分するだけで，すべての個体差変数を，いわば一網打尽に統制することができるのである。

> **無作為配分はなぜ優れているのか？：妥当性**

このあたりまで読んできた読者の頭のなかには、きっと次のような疑問が湧いてきているに違いない——「いくら経済的で実現が容易だとしても、剰余変数の統制がきちんとできなければ無意味だろう。はたして、無作為配分できちんとした統制ができるのだろうか？」。

じつは、その肝心の妥当性という点でも、無作為配分は組織的配分より優れているのである。これは、ちょっと考えると、変な気がするかもしれない。無作為配分は無作為に行うのだから、配分の結果、複数の実験条件の間で個体差変数の平均値が等しくなることは保証されていない。むしろ、等しくなれば僥倖で、等しくならない方が普通だろう。かなり大きな差が生じる場合も少なくないはずである。それに比べて、組織的配分なら、平均値が等しくなることは確実である。だとすると、なぜ無作為配分の方が妥当だということになるのだろう？

「統計的検定の威力を最大限に利用することができるから」——これが答えである。

統計的検定というのは、一言で言えば、偶然の数学的な性質を利用して、偶然と必然を見分ける方法である。「イメージをつくると記憶成績がよくなる」という因果関係が実際にあるとすれば、それは必然的な効果である。一方、実験データには偶然誤差がつきものである。偶然誤差だけでイメージ条件の記憶成績の方が高くなる、という可能性もある。実験の結果、イメージ条件の方が成績が高かった場合、それが偶然の結果なのか、それとも、独立変数を操作したことの必然的な結果なのかを見分けるのが、統計的検定の役割なのである。

無作為配分によって被験者を各実験条件に割り当てれば、それぞ

れの被験者の個体差変数は，偶然に配分されることになる。記憶力であれ，知識量であれ，個体差変数はすべて一緒に，みな偶然に配分される。結果的に，個体差変数の平均値は実験条件の間で等しくならないかもしれない。しかし，無作為配分を行った以上，そこに生じる差は，あくまでも偶然の結果である。偶然に生じたものであれば，統計的検定によって見分けることができる。

　比較のために，偶然に生じたのではない剰余変数の差を考えてみよう。たとえば，被験者を募集して，最初にやってきた20人をイメージ条件，後からやってきた20人を暗記条件に割り当てたとする。最初にやってきた被験者はやる気に溢れた人たちかもしれない。やる気十分な被験者ほど，おしなべて記憶成績はよくなるだろう。そうすると，イメージ条件の成績がよかったとしても，それは，イメージの効果ではなく，やる気の効果にすぎなかったのかもしれない，という可能性が出てくる。しかし，やる気の差は，偶然に生じたものではない。最初にやってきた，やる気に溢れた被験者をみなイメージ条件に割り当てた，という配分手続きの必然的な結果なのである。これを「系統誤差」という。偶然の結果ではない以上，統計的検定では，この差を独立変数の必然的な効果と見分けることはできない。検定にかければ，「統計的に有意（偶然に生じた差ではない）」という結果が出て，実験者は，「イメージをつくると記憶成績が向上する」と結論するだろう。しかし，その結論は誤っているかもしれないのである。

　まとめてみよう。無作為配分をすると，統計的検定の威力を利用して，すべての個体差変数を一網打尽に統制することができる。もう少しくわしくいえば，個体差変数に由来する偶然的な差とは別に，独立変数の操作に由来する必然的な差があるかどうかを見分けることができる。対照的に，組織的配分をした場合には，測定した個体

差変数についてしか統制ができない。そういう意味で,無作為配分は,組織的配分より妥当性が高いと言えるのである。

無作為配分の対象は被験者だけではない。被験体としてネズミ(ラットやマウス)を使う場合には,ネズミが無作為配分の対象になる。単語のリストを記憶する実験では,単語が無作為配分の対象になる。個体差のある実験要素は,すべて無作為配分の対象になりうるのである。

無作為配分の限界

「実験の王道」とはいっても,無作為配分も万能ではない。無作為配分を上手に利用するためには,その限界もわきまえておく必要がある。

無作為配分の第1の問題は,偶然誤差が大きくなりすぎると,それに埋もれて,独立変数の必然的な効果が見分けられなくなってしまうということである。誤差を小さくするためには,実験をできるだけ精密に行わなければならない(第15章を参照)。ほかに,組織的配分と組み合わせるという方法もある。従属変数に大きな影響を及ぼすことがわかっている個体差変数のうち,正確に測定でき,かつ,被験者対を簡単につくることができる変数があれば,それについては対等化法を行う。そうすれば,その個体差変数に由来する誤差は減らすことができる。さらに,対のどちらの被験者をどちらの条件に割り当てるかを無作為に決めれば,無作為配分の利点も享受することができるのである。

無作為配分の第2の問題は,無作為配分ができない場合も少なくないということである。とくに,既存の集団を比較したいという場合には,無作為配分は使えない。たとえば,日本人とアメリカ人のそれぞれについて独立変数を操作し,その結果を比較するという研究では,被験者を日本人とアメリカ人に無作為配分するというわけにはいかない。このような場合は,準実験計画を利用して,できる

だけ因果関係の推定が確実になるよう，工夫を凝らすことになる（第7章「さまざまな実験法」を参照）。

　無作為配分の第3の問題は，無作為配分をした後になって，実験条件の間に異質化が起こった場合，無作為配分の効果が無効になってしまうという問題である。たとえば，ネズミに水路を学習させる実験で，はじめに，ネズミを実験条件と統制条件に無作為配分したとしよう。ところが，実験条件では，訓練が厳しかったために，実験が終わるまでにネズミが3割ほど死んでしまい，データは残る7割のネズミからしかとれなかったとする。そうなると，実験条件のデータを提供したネズミは，総じて，統制条件のデータを提供したネズミよりタフなネズミだったという可能性が出てくる。この違いは，実験条件と統制条件の手続きの違いから生まれた系統誤差である。したがって，統計的検定にかけても，独立変数の効果と見分けることはできない。かりに，実験条件の方が，水路学習の成績がよくて，統制条件との差が「統計的に有意」だったとしても，その差は独立変数の効果ではなくて，「タフなネズミは，つらい課題でもよい成績を収めることができる」という事実を物語っているだけかもしれないのである。

3 個体内変動の統制

●人はいつも同じではない

個体内変動　これまでは個体差の話をしてきた。個体差変数を統制するためには，同じ個体がすべての実験条件に参加する被験者内計画が理想的であるということも述べた。しかし，被験者内計画では統制できない種類の剰余変数もある。それが個体内変動である。

図6-2 ミューラー・リヤー錯視図形

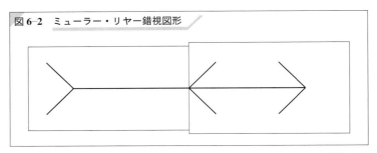

　図6-2は，有名なミューラー・リヤー錯視図形である。斜線が外側を向いた左の図形を「外向図形」という。斜線が内側を向いた右の図形を「内向図形」という。外向図形の主線（水平な線分）と内向図形の主線は，物理的には長さが等しい。しかし，外向図形の主線の方が長く見える。これがミューラー・リヤー錯視である。

　図6-2には，錯視量を測定するための装置が描いてある。外向図形を描いた板は，内向図形を描いた板の背後にスライドして，外向図形の主線の長さが調節できるようになっている。実験では，そういうふうに調節をして，外向図形の主線が内向図形の主線と同じ長さに見えるようにする。錯視のせいで，被験者は，普通，外向図形の主線が物理的には内向図形の主線より少し短くなるように調節する。その短くなった分が錯視量ということになる。

　さて，この装置で錯視量を測定するとき，明らかに長いところから縮めていく下降試行と，明らかに短いところから伸ばしていく上昇試行とでは，錯視量が異なることが多い。「長い」あるいは「短い」という最初の判断に固執する傾向のある被験者は，下降試行では短くしすぎて錯視量が大きくなり，上昇試行では長くしすぎて錯視量が小さくなるのである。つまり，同じ被験者だからといって，つねに同じ判断をするとは限らないのである。

　この固執効果に由来する測定条件間の違いは個体内変動の一例だ

が，個体内変動はこれだけではない。たとえば，被験者によっては，視野の右側を過大視するという「異方性」が強い場合もある。そういう被験者の場合，図6-2のような位置で測定すると，短く見えるはずの右側の主線が過大視されるので，錯視量を過小評価してしまうことになる。

カウンターバランス こうした個体内変動を統制するためには，「カウンターバランス」という方法を使う。たとえば，固執効果に由来する個体内変動を統制する場合には，上昇試行と下降試行の両方で測定を行う。測定値を平均することによって，錯視量が過小になる傾向と過大になる傾向を相殺しようというのである。

では，上昇試行で1回測定し，次に下降試行で1回測定すれば，それでよいのだろうか？ そう簡単にはいかない。時間に関連する剰余変数が絡んでくるからである。錯視の実験では，同じ錯視図形を繰り返し見ているうちに錯視量が小さくなっていくことが知られている。慣れの効果である。この効果が現れて，1回目より2回目の方が錯視量が少し小さくなったとしよう。そうすると，2回目の下降試行で生じる過大評価は，この慣れの効果で減殺されてしまうので，1回目の上昇試行で生じた過小評価をうまく相殺することができなくなってしまう。つまり，固執効果に由来する剰余変数の統制が不十分になるのである。

時間に関連する剰余変数は，慣れの効果のほかにも，練習効果，疲労効果など，さまざまなものが知られている。これらの時間変数以外の剰余変数（固執効果，異方性など）を統制するためには，複数の試行を行わなければならない。だが，複数の試行は同時に行うわけにはいかず，どうしても時間的な前後が生じるので，時間変数が絡んできてしまうのである。したがって，個体内変動を統制すると

きには，時間変数をそれ以外の変数と一緒に統制しなければならないことになる。

　そのために，カウンターバランスは，「上昇，下降」という1回ずつの測定によってではなく，「上昇，下降，下降，上昇」という2回ずつの測定によって行うことになる。異方性も同時に統制するためには，カウンターバランス系列は，「右・上昇，左・下降，左・上昇，右・下降，左・下降，右・上昇，右・下降，左・上昇」というものになる（「右」「左」は，内向図形の位置である）。統制する剰余変数が増えれば，カウンターバランス系列はもっと複雑になる。

　では，そういう複雑なカウンターバランス系列はどのようにつくればよいのだろうか？　いまのカウンターバランス系列では，上昇，下降，右，左，がどれも4回ずつ出てきている。「上昇と下降，右と左で，それぞれ同じ回数だけ測定しているので，平均すれば剰余変数は相殺されるだろう」という理屈である。

　しかし，これだけでは，時間変数は統制できない。時間変数を統制するためには，平均順位を同じにするという仕掛けがしてある。たとえば，上昇試行は，1, 3, 6, 8回目に行っている。平均順位は，$(1+3+6+8)/4=4.5$ となる。下降試行は，2, 4, 5, 7回目である。平均順位は，$(2+4+5+7)/4=4.5$ となり，上昇試行の場合と等しい。内向図形が右にある試行と左にある試行も，平均順位は，やはり4.5である。「平均順位が同じであれば，時間変数の効果は，上昇と下降，右と左の間で同じになるだろう」という理屈である。

　しかし，実際には，つねにそう期待どおりになってくれるとは限らない。測定の順位と時間変数の効果との間の関係が線型，つまり，直線で表される関係（図6-3の(a)）になっている場合は，（紙幅の関係でくわしい説明は省くが）平均順位を等しくすれば，時間変数の効果の平均値も等しくなる。ところが，時間変数の効果は，多くの場

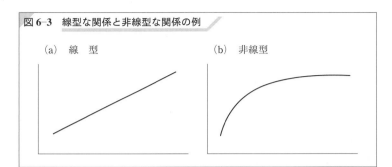

図 6–3　線型な関係と非線型な関係の例

(a) 線　型　　　　　(b) 非線型

合，線型ではないことがわかっている。練習効果がそのよい例である。練習を続けていくと，はじめのうちはどんどん上達していくが，ある程度の技量に達すると，いくら練習しても，それ以上はほとんど上達がみられないようになる。

すなわち，練習時間と練習効果の関係は，どこまでも効果が大きくなっていくような線型の関係ではなく，どこかで効果が頭打ちになる非線型の関係なのである（図6-3の(b)）。非線型の場合には，（やはりくわしい説明は省くが）平均順位を等しくしても，時間変数の効果は等しくならない。つまり，統制は不十分になる。

この問題に対処する方法は2つある。第1は，裏返しのカウンターバランス系列をつくるという方法である。さきほどの系列の上昇と下降，右と左をそれぞれ入れ替えて，「左・下降，右・上昇，右・下降，左・上昇，右・上昇，左・下降，左・上昇，右・下降」という裏返しの系列をつくる。これをもう1人の被験者にやってもらって，2人の平均値をとれば，上昇と下降，右と左の間で，それぞれ時間変数の効果を等しくすることができる。

しかし，実際には，練習効果には個人差があるので，これだけでは完全な統制はできない。そこで，第2の方法を組み合わせることになる。それは，被験者の数を増やすという方法である。表と裏の

系列に割り当てる被験者の数をそれぞれ増やすのである。数が多くなればなるほど、個人差はしだいに薄められていって、時間変数の効果の差は、ゼロにはならないまでも、無視できるほど小さくなっていくと期待することができる。

無作為化

カウンターバランスは、測定順位を、上昇・下降、右・左という条件に規則的に割り当てる方法なので、時間変数を統制するために組織的配分を行っていることになる。個体差変数の場合と同じく、この配分を無作為に行うという統制法もある。上昇・右、上昇・左、下降・右、下降・左という4種類の試行をそれぞれ同じ回数だけ行うことにし、1回目はどの試行、2回目はどの試行という割り当てを無作為に決めていくのである。試行（条件の組み合わせ）に測定順位を無作為に割り当てるのだから、この無作為化による統制は、原理的には、無作為配分と変わらない。ただし、この方法では、固執効果や異方性の統制には組織的配分（カウンターバランス）を使い、時間変数の統制には無作為配分を使っていることになる。

では、時間変数を統制するためには、カウンターバランスと無作為化のどちらが有利なのだろうか？　個体差変数を統制する場合は、組織的配分より無作為配分の方が有利だった。しかし、個体内変動の場合は少し事情が違う。個体差変数を統制するために組織的配分を行おうとすると、剰余変数になりそうな個体差変数をすべて特定したうえで、1つひとつ精密に測定しなければならなかった。これが、組織的配分を不利にするおもな理由だった。ところが、時間変数の場合は、測定順位を統制すれば、練習効果であれ疲労効果であれ、時間変数はすべて一網打尽に統制できてしまう。個別に測定をする必要はない。したがって、この面では、カウンターバランスと無作為化のどちらが有利ということは言えないのである。

実際にどちらを選ぶかを決めるときには，試行数が目安になる。

　たとえば，抽象的な単語（例：「真実」）と具体的な単語（例：「狼」）のどちらが憶えやすいかを調べるという記憶実験を考えてみよう。それぞれ10語ずつ，計20語を次々に提示して，最後に，憶えている単語を再生してもらうことにする。単語は，それぞれ憶えやすさが違う。また，はじめの方に提示した単語と最後の方に提示した単語は再生しやすい，ということも知られている。したがって，可能なすべての順序で単語を提示するというカウンターバランスが理想的な統制方法だということになる。しかし，単語が20個あるとき，可能なすべての順序は20の階乗通り，すなわち，約243京通り（「京」は兆の1万倍）になってしまう。これでは，一生かかっても実験が終わらない。

　このように試行数が膨大になってしまうときには，無作為化が効果を発揮する。毎回20個の単語を無作為に並べ替えて，何回かの試行を行う。あるいは，何人かの被験者に憶えてもらう。こうすれば，完全な統制にはならないにせよ，剰余変数の効果は，統計的検定で対処できる程度にまで減らすことができる。

　一方，無作為化は，数が少なすぎると効果が出ない。無作為誤差が大きくなりすぎるからである。たとえば，コインを投げたとき，表が出る割合と裏が出る割合は，どちらも50%になるはずである。しかし，1回しか投げなかったときには，表と裏が半分ずつ出るということはない。表が出たとしたら，表の割合は100%，裏の割合は0%ということになる。いわば，理論的な値との間に50%もの無作為誤差が生じたわけである。2回投げても，2回とも表が出るかもしれない。しかし，100回投げれば，表が出た割合と裏が出た割合は50%ずつに近くなるだろう。投げる回数が多いほど，実際の値は理論的な値に近くなると期待できる。これを「大数の法則」

という。統計的検定は大数の法則を基礎にしているので，試行数が少ないうちは，独立変数の効果は，大きな無作為誤差に埋もれてしまい，「統計的に有意ではない（独立変数の効果はない）」という結論になってしまう。

　こういうわけで，試行数が多くなりすぎる場合は無作為化，少なくなりすぎる場合はカウンターバランス，というのが使い分けの目安になるのである。

4 直接的な統制

●統制は創造的な行為

環境変数と個別変数　　ここまではおもに，被験者や測定順位の割り当てを工夫することによって，間接的に剰余変数を統制する方法を説明してきた。しかし，多くの剰余変数は，もっと直接的な方法で統制することができる。あるいは，しなければならない。

　たとえば，従属変数として，反応時間を1秒の1000分の1という精度で測るような実験では，部屋の外で物音がしたり話し声がしたりすると，注意がそれて，反応時間が長くなってしまうことがある。つまり，騒音が剰余変数になるのである。騒音は，防音室のなかで実験を行えば，シャットアウトすることができる。騒音のほかにも，明るさや気温などの環境変数は，どれも剰余変数になりうる。そうした環境変数の影響は，いずれも，適切な設備を備えた実験室を利用することによって，直接統制することができる。

　騒音がすると反応時間が延びることぐらいは常識でも見当がつく。しかし，何が剰余変数になりうるかを予想するためには，心理学的な専門知識が必要になる場合も少なくない。たとえば，暗いところ

では，視野の周辺の方が中心よりも感度が高くなる。こんなことは，常識では見当がつけられない。なにしろ，視野の周辺では色を見分けられないことにすら，普通は気づかないぐらいなのだから。しかし，これが事実である以上，暗室で視覚の実験を行う際には，視覚刺激の重要な部分を視野の中心で見ているのか周辺で見ているのかは，決定的な違いになる。したがって，視野のなかの位置は，統制しなければならない剰余変数になるのだが，そうした個別変数を統制しなければならないということに気づくためには，専門的な知識が不可欠なのである。

科学的研究の特性

実験によって因果関係を解明するためには，剰余変数を的確に統制しなければならない。ところが，その剰余変数を特定するためには専門知識が欠かせないのである。このことは，科学的研究というものの特性に関して，2つの重要な事実を示唆する。

第1の事実は，剰余変数の統制は創造的な仕事だということである。無作為配分やカウンターバランスの場合は，標準的な手続きが決まっているので，その手続きを習得してしまえば，それを機械的に適用することによって統制を行うことができる。しかし，対等化法などを行うために測定すべき剰余変数を特定したり，あるいは，直接統制すべき剰余変数を特定したりするためには，専門的な知識や常識を総動員して，その実験で何が剰余変数になりうるかを考えてみなければならない。さらに，同じ知識をもっていても，ある変数が剰余変数になりうることに気づく人と気づかない人がいるという事実は，そこに創造的な思考過程が絡んでいることを暗示している。

また，特定した剰余変数を統制する標準的な方法が知られていない場合は，専門的な知識を駆使して，適切な方法を自分で考案しなければならない。これもまた創造的な仕事である。

第2の事実は，どれだけ妥当な実験が行えるかは，そのときの学問全体の水準に依存しているということである。いま計画している実験に関連のある研究の水準が全般的に低いと，重要な剰余変数を見逃してしまうおそれが大きい。剰余変数を特定できたとしても，適切な統制方法を考え出すことができないかもしれない。どれほど優秀な研究者が，どれほど精密な実験計画を立てたとしても，その分野の研究水準がまだ低いうちは，妥当性の高い実験はできない可能性が強いのである。

　最後に，はじめて自分で実験計画を立ててみようとしている初心者にも，1つ示唆がある。それは，先行研究の有用性である。初心者は専門的な知識をまだ十分にもっていないので，自分で一から新しい実験をデザインしようとすると，重要な剰余変数を見逃してしまったり，うまく統制できなかったりする可能性が高い。だが，同じような問題を研究している専門家がいる場合には，その人の実験計画のなかでは，剰余変数の統制が適切に行われていることが多い。その実験計画を下敷きにして自分の実験をデザインすれば，あまり重大な過ちは犯さずにすむかもしれない，という示唆である。

Column⑥ 要因計画

　ここまでの話では，独立変数は1つしかなかった。しかし，心理学では，2つ以上の独立変数について，その効果を同時に調べたいという場合が少なくない。

　そういう場合には，当然，2つ以上の独立変数を操作しなければならない。このときの操作は，剰余変数の統制と同じ原理で行う。すなわち，2つ以上の独立変数が交絡しないように操作するのである。統計学では，このような実験計画を「要因計画」という。

　もう少し具体的に説明しよう。話を簡単にするために，独立変数が2つの場合を考える。要因計画では，独立変数を「要因」と呼ぶ。操作によって決まる独立変数の値は「水準」と呼ぶ。やはり話を簡単にするた

めに，2つの要因AとBは，それぞれ，2つずつの水準A_1とA_2，および，B_1とB_2から成っているとしよう。

たとえば，要因Aは記憶の仕方で，水準A_1はただひたすらに暗記する暗記条件，A_2はイメージをつくって憶えるイメージ条件としよう。要因Bは憶える単語の種類で，水準B_1は「暖炉」「絵本」のような具象語，水準B_2は「知識」「正義」のような抽象語としよう。

もし，暗記条件では抽象語だけを憶えてもらい，イメージ条件では具象語だけを憶えてもらうということにすると，2つの要因は交絡していることになる。つまり，要因Aの値が変化するとき，要因Bの値も一緒に変化している。

交絡していると，2つの要因の効果を分けて調べることができない。たとえば，実験の結果，正しく再生した単語の数はイメージ条件の方が多かったとしても，記憶の方法として，イメージの方が暗記より効果的だったとは必ずしも結論できない。イメージ条件で憶えた具象語の方が暗記条件で憶えた抽象語より憶えやすかったのかもしれない。といって，具象語は抽象語より憶えやすいと結論できるわけでもない。イメージの方が暗記より効果的だったのかもしれない。これでは，せっかく実験を行っても，何も結論できないことになってしまう。

そこで，2つの要因を設定するときには，一方の要因の値を固定しておいて，他方の要因の値を変化させる。たとえば，表6-1のように，「記憶の方法」という要因の値は「暗記」という水準に固定しておいて，「単語の種類」という要因の値を「具象語」，「抽象語」と変化させる。次に，「記憶の方法」を「イメージ」に変えて，今度はそれは固定しておき，「単語の種類」の方を「具象語」，「抽象語」と変化させる。

こうすれば，「単語の種類」という要因の値を「具象語」から「抽象語」に変化させたとき，たとえば，「暗記」という「記憶の方法」要因の値は一定に保たれているので，「記憶の方法」の効果と混同せずに，「単語の種類」の効果を調べることができる。

これが要因計画である。ある要因の値を変化させるときには，剰余変数の値を統制するときと同じように，別の要因の値を一定にしておくのである。こうすれば，2つの要因が交絡せずにすみ，それぞれの要因の単独の効果を調べることができる。

表6-1では，それぞれの要因の水準を分ける線（表では点線で示して

表 6-1 要因計画の例

ある）は，互いに直角に交わっている。そこで，このような要因計画では，複数の要因が「直交している」という。直交しているということは，交絡していないということである。

表 6-1 では，2×2＝4 つの条件ができている。同じ被験者がすべての条件で実験を行う場合もあれば，各条件にそれぞれ別の被験者を配分する場合もある。

また，一方の要因についてだけ，各水準に別の被験者を配分する場合もある。たとえば，本文で述べたように，同じ被験者が暗記条件とイメージ条件の両方に参加することは，残留効果が予想されるので，具合が悪い。しかし，同じ被験者が具象語と抽象語の両方を憶えることにしても，とくに問題が生じるとは考えられない。この場合には，「暗記条件とイメージ条件には別の被験者を配分し，それぞれの条件内では同じ被験者が具象語と抽象語の両方を記憶する」という要因計画が適切だろう。このような計画では，別の被験者を使う「記憶の方法」要因を「被験者間要因」，同じ被験者を使う「単語の種類」要因を「被験者内要因」と呼ぶ。

要因計画の利点は，「2 つ以上の独立変数それぞれの効果を同時に調べられる」ということだけではない。それらの独立変数の間の関係も調べることができるのである。つまり，ある独立変数の効果が，別の独立変数の値によって変わるかどうかを調べることができる。

たとえば，実験の結果，正しく再生された単語の数が図 6-4 の (a) のようになったとしよう（架空のデータ）。暗記条件よりもイメージ条件の方が成績がよい。さらに，注目すべきことは，憶え方を暗記からイメージに変えたとき，成績の上がり方は，抽象語でも具象語でも変わらないことである。つまり，イメージの効果は，記憶材料が抽象語か具象語かに左右されないのである。「記憶の方法」要因と「単語の種類」要因

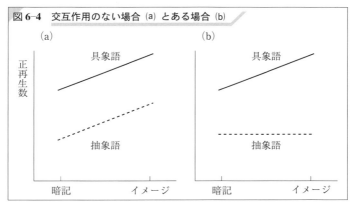

図 6-4　交互作用のない場合 (a) とある場合 (b)

とは，互いに影響を受けていないという意味で，独立しているということができる。統計学では，こういう場合には，2要因間に「交互作用がない」という。

次に，実験結果が図 6-4 の (b) のようになったとしよう（架空のデータ）。今度は，暗記からイメージに変えたとき，具象語では成績が上がっているが，抽象語では上がっていない。つまり，記憶材料がどちらなのかによってイメージの効果は違っているのである。「記憶の方法」要因の効果は，「単語の種類」要因の値に依存している。したがって，記憶材料を抜きにして，「イメージの効果」一般について語ることはできないことになる。こういう場合には，2要因間に「交互作用がある」という。

交互作用がないときには，図 6-4 の (a) のように，図の中の線は平行になる。交互作用があるときには，図 6-4 の (b) のように，図の中の線は平行にはならない。ただ，実際のデータには誤差がつきものなので，本当は交互作用がない場合でも，線が完全に平行になることは滅多にない。多少なりとも，平行からずれているのが普通である。

そうしたデータについて，本当のところ交互作用があるのかないのかを調べるためには，分散分析などの統計的検定を使う（分散分析については，第16章の参考図書に掲げた『心理学のためのデータ解析テクニカルブック』などを参照）。分散分析で交互作用が「有意」になれば，本当に交互作用があると推定できる。一方，「有意」にならなければ，

平行になっていないのは誤差のせいだと考えることができる。

　要因が2つ以上あるとき，1つひとつの要因がそれぞれ従属変数に及ぼす影響を「主効果」という。たとえば，「記憶の方法」の主効果，「単語の種類」の主効果というように。分散分析では，それぞれの主効果が「有意」かどうか（つまり，偶然の結果ではないかどうか）を検定することができる。

　しかし，主効果は，他の要因との関係を無視した効果だという点に注意をしなければならない。そのため，交互作用が有意になった場合には，主効果が有意かどうかということだけでは，その要因の本当の効果を判断することはできないのである。

　たとえば，図6-4の(b)のような結果になった場合，具象語か抽象語かを区別せずに全体としてみれば，イメージ条件の方が暗記条件よりも記憶テストの成績は高い。したがって（誤差があまり大きくなければ），「記憶の方法」の主効果は有意になるだろう。しかし，だからといって，「イメージをつくって憶えた方が暗記をするよりも効果的だ」という一般的な結論を引き出すわけにはいかない。図6-4の(b)を見ればわかるとおり，記憶材料が抽象語の場合は，イメージの効果は現れないのだから。

　交互作用が有意になった場合は，ある要因の本当の効果を見極めるためには，主効果は役に立たない。他の要因の水準別に（たとえば，具象語の場合と抽象語の場合とに分けて）検討をしなければならない。統計的検定も，水準別に行うことになる。

　最後に，もう1つ。要因が3つ以上ある場合，分散分析では，高次の交互作用の検定が行われる。たとえば，要因A，B，Cの3要因がある場合，要因AとBの交互作用，BとCの交互作用，AとCの交互作用のほかに，要因ABCの間の2次の交互作用の検定が行われる。この2次の交互作用が有意だということは，1次の交互作用（たとえば，AとBの交互作用）の大きさが第3の要因（たとえば，要因C）の値によって異なっているということを意味しているのである。

参 考 図 書

南風原朝和・市川伸一・下山晴彦（編） 2001 『心理学研究法入門——調査・実験から実践まで』 東京大学出版会
- ●全体としては，本書と重なる部分もあるが，観察的研究や統計的分析に重点が置かれており，本書と併読することによって，理解をさらに深めることができるだろう。

佐伯胖・松原望（編） 2000 『実践としての統計学』 東京大学出版会
- ●統計学を実際に使用するときに考えなければならないさまざまな問題について論じた本。第3章「因果関係を推定する——無作為配分と統計的検定」には，無作為配分についての最もくわしい解説が載っている。

ソルソ，R. L.・ジョンソン，H. H.（浅井邦二監訳） 1999 『改訂 心理学実験計画入門』 学芸社
- ●心理学の実験計画を解説したアメリカの教科書。実例の分析が非常に充実していて，抽象的な原理を具体的に理解することがきる。ただし，誤植が非常に多いので，正誤表を入手してから読む必要がある。

第7章 さまざまな実験法

現実の制約のなかで

　第6章では，因果関係を見極めるうえで実験が重要であることを述べた。実験は，「独立変数を操作」したり，「無作為配分」などによって「剰余変数を統制」して，独立変数と従属変数の間にある因果関係を明らかにしようとしており，実際に，心理学の研究においては，主要な研究法である。

　一口に実験と言っても，さまざまな種類がある。実験は，たんに因果関係を明らかにすればよいというのではなく，「そこで得られた知見の現実的な意味が大きくなければならない」「実験に参加する被験者の負担を小さくしなければならない」など多くのことが，しばしば求められる。これらの「現実の制約」のどの側面をとくに克服しようとするかによって，それぞれ異なった実験の方法が考えられ，その結果，さまざまな種類の実験が生み出されてきたのである。

　本章では，このうち，いくつかの代表的な実験法を紹介する。まず，実施の機会が豊富で，心理学ではさかんに行われている「実験室実験」「質問紙実験」について述べる。次に，現実性の高さを追求した「現場実験」「自然実験」を紹介し，そして，因果関係の解明をやや犠牲にしても「現実の制約」を十分に克服しようとする「準実験」について説明する。その後で，「単一事例実験」について簡単に触れ，最後に，このようにさまざまな実験があるなかで，それらに対して，どのように取り組んでいくべきかについて述べる。

1 実験室実験

　心理学では，大学や研究機関などにある実験室に被験者を呼び出して行う実験を，実験室実験と呼んでいる。1人ずつ呼び出すことが多いが，複数を呼び出す場合もある。実験室実験は，心理学では，実験のなかでもとくにさかんに行われており，心理学で実験と言ったら，ふつうは実験室実験のことを指すと言ってもよいであろう。

　実験室実験は，実験室さえあれば，いつでも実施できるものであり，「実施の機会」が豊富な，利便性の高い方法であると言える。しかし一方で，実験室実験には，いくつかの限界もある。

　まず第1に，実験室実験には「現実性」が乏しい。たとえば，テレビの暴力シーンに関する研究では，実験室に来た被験者は，慣れない場所なので，かなり緊張して暴力シーンを見るかもしれない。しかし，現実には，被験者は自宅でそれをリラックスして見ている。そのため，実験室実験でどのような結果が得られても，それは，被験者が現実的にテレビから受けている影響を反映していないかもしれない。なお，ここで言う現実性とは，実験の状況が日常的な状況と同様なものになっているかどうかを意味しており，「日常的現実性」と呼ばれるものである。現実性については，第4章 *Column*④「心理学的実験の現実味」で説明しているので，参照されたい。

　第2に，「倫理」的な理由で，実験室実験は実施が困難な場合がある。たとえば，「テレビゲーム遊びに没頭することによって，他者とつきあう意欲や技能を失い，社会的不適応になる」という可能性を検討するとする。この影響は，テレビゲームに長い時間，没頭することによってはじめて生じるものに思われる。しかし，そのた

めに，被験者を長い時間，実験室のなかに拘束し，テレビゲーム遊びを強制し続けることはできない。このように，被験者を長く拘束したり，危害や不快感を与える実験はできない。こうした倫理的な問題については，第9章でくわしく解説されている。

　第3に，「被験者の代表性」を高めにくい。実験室実験ではふつう，被験者を大学のなかにある実験室に呼び出す必要がある。したがって，その被験者は，実験室に来ることができる人に限られる。大学から離れたところに住んでいたり，会社に勤めたりして時間がとれない人は被験者とはならない。実際に，実験室実験では，大学生を被験者とするものが多い。また，実験室実験には，1人ひとりを隔離して作業させられることに利点があるが，この場合，複数の被験者を同時に扱う場合と比べて，被験者を1人増やすたびに大きな手間がかかり，被験者の数を増やすことはそれだけ難しいと言える。被験者の数が少なければ，さまざまな被験者を対象にすることはできない。一般に，実験室実験は，被験者の収集に関する制約が強く，その分，広い範囲の人を代表する被験者を選びにくいという問題がある。

　現実性や被験者の代表性に関する限界は，心理物理学や認知心理学などに比べ，社会心理学や臨床心理学などの分野で深刻なものとなる。現実性の問題が，こうした分野で深刻になるのは，そこで扱われている対人行動，集団行動，不適応行動などが，社会的状況や文脈によってその機能や意味が変化するものであり，そうした状況や文脈を考慮する必要性が高いと考えられているからである。この分野では，実験室の状況や文脈で得られた知見が，現実の場面でもそのまま成立することが必ずしも保証されていないのである。また，被験者の代表性の問題が，社会心理学や臨床心理学などで深刻になるのは，そこで扱われる評価，態度，価値観，社会的行動などが，

心理物理学や認知心理学で扱われる知覚，感覚，認知などに比較して個人差が大きいものと考えられ，それだけ被験者の知見が一般化しにくいからである。

2 質問紙実験

　実験室実験は，結果が必ずしも状況に左右されない心理物理学や認知心理学ではさかんに行われている。しかし，前節で述べた事情から，社会心理学や臨床心理学では，文脈や代表性の課題を克服する必要がある。「質問紙実験」ないし集団実験は，倫理性や手間の問題を避けるために，ときとして用いられる方法である。これは，複数の条件の質問紙を配って実験を行う。そのため，一度に多くの被験者からデータを集められるので，手間を省くことができる。質問紙を郵送すれば，遠隔地の被験者からもデータが得られるので，機動性が高く，それだけ偏りの少ない被験者を得ることができる。

　また，質問紙実験ではしばしば「場面想定法」が用いられる。これは，実験室実験のように，被験者を実際にある場面のなかに入れて，そこでの行動を観察するのではなく，被験者がそうした場面にいることを被験者自身に想定させて，そうしたときにどのように行動を取るかを推測させ，その回答を分析する方法である。この場合，被験者に与える強制は，より小さいので，倫理的な問題は発生しにくい。しかし，場面想定法を用いた質問紙実験では，実験室実験に比べても，現実性はますます低くなると考えられる。実験室実験では，被験者が現実に直面している状況を再現しようとし，再現した状況に被験者を実際に直面させている。それに対して，場面想定法を用いた質問紙実験では，被験者に自分が直面する状況を想定させ

るだけであり，実際にはその状況に被験者を直面させてはおらず，現実の状況とはまったく異なったものになっている。

このように，質問紙実験では，実験室実験がもっている，現実性の問題は解決されない。そこで，現実性を確保するために，しばしば使われる方法として，現場実験や自然実験がある。次に，それらについて説明する。

3 現場実験と自然実験

実験室実験では，被験者を実験室に招く。これに対して，現場実験や自然実験は，被験者の現実的な生活のなかで実験をしようとする。現場実験と自然実験の違いは，独立変数の操作や，剰余変数の統制の仕方にある。

現場実験とは何か　　研究者が，独立変数の操作や，無作為配分などによる剰余変数の統制を，「人為」的に行うものが「現場実験」である。たとえば，「テレビにおける暴力シーンの視聴が人間の攻撃性に及ぼす影響」について，現場実験で検討するとすれば，典型的なものとして，以下のような研究が考えられる。まず，生徒や学生（の一部）が寮生活をしており，それぞれの部屋にテレビがある学校を見つける。もし，テレビが部屋になくても，研究費が十分にあれば，テレビを購入したり，貸し出し業者から借りて，部屋に入れることもできる。そして，一部の部屋を無作為に選んで，その部屋のテレビでは，暴力シーンの多い番組が映らないようにする。たとえば，暴力シーンが多い番組をとくによく放送しているチャンネルがあれば，そのチャンネルの番組が映らないようにする。その部屋の生徒や学生には，「テレビの故障な

どによるものであり，たまたま故障したテレビにあたってしまった」と説明しておく。また，逆に，個別に契約するチャンネルなどで，暴力シーンの多い番組をとくに頻繁に放送しているものがあれば，無作為に選ばれた部屋では，それが視聴できるようにしておいてもよい。

そして，寮生の日常的な行動を観察し，暴力シーン条件の被験者（暴力シーンの多いチャンネルの番組が視聴できる部屋の寮生）の方が，非暴力シーン条件の被験者（そうしたチャンネルの番組が視聴できない部屋の寮生）よりも，頻繁にケンカをするなど，攻撃的な行動や言動を示しているかを調べる。もし，そうした傾向があるようであれば，「暴力シーンの視聴は攻撃性を高める」と考えられることになる。

このように，現場実験ではあくまで，独立変数の操作や，無作為配分などによる剰余変数の統制を，研究者が人為的に行う。暴力シーンをより多く視聴できる部屋とそうでない部屋を，研究者が決めている。これは，被験者の同意のないまま，被験者の直接的な利益というよりも，研究のために，被験者の生活に影響を与えており，倫理的な問題に触れうるものである。一方の自然実験は，この点を回避できる方法である。

自然実験とは何か

社会のなかに「もともと存在している」独立変数の操作や無作為配分などを利用して行われる実験が「自然実験」である。たとえば，上述した学校ではもともと，暴力シーンを多く視聴できるテレビとそうでないテレビがあって，そのどちらが部屋に設置されるかについては，寮生の全員に対する抽選によって決定されていたとする。これは事実上，それぞれの寮生が，暴力シーン条件と非暴力シーン条件に無作為配分されているのと同じである。しかし，研究者は，被験者に与えるテ

レビの決定には関わっていない。もともと存在していた振り分けを利用しただけであり，倫理的な問題は，現場実験の場合と比べて，より少ないと言える。

　この倫理的な問題の解決がもっと顕著な例がある。「大学院生に与える奨学金が，その大学院生が研究者として成功することに寄与するか」という問題を検討したいとする。これをもし，現場実験で実施しようとすれば，一定の数の大学院生を無作為に選び出し，その大学院生に奨学金を与え，その後の研究業績や職歴などを，奨学金が与えられなかった大学院生と比較することになる。もちろん，研究のために，奨学金の授与を無作為に行うというのは，倫理的な問題があまりに大きい。アメリカで行われた研究では，自然実験によって，こうした問題が生じない形で奨学金の効果を検討している。アメリカの，ある奨学金では，上位5%の成績をとっている学生を第1グループと呼び，無条件に奨学金を与えている。そして，次の10%の成績をとっている学生を第2グループとして，その半数に奨学金を与えている。そしてその半数は，ほぼ無作為と考えられる仕方で選ばれている。それゆえ，第2グループだけを見るのであれば，学生が奨学金条件と非奨学金条件に無作為配分されているのと同じであり，両者の研究業績や職歴の比較によって，奨学金の効果が検討できる。そして，この場合，倫理的な問題は，現場実験の場合に比べ，ずっと小さい。

　このように，自然実験では，部屋の割り振りや奨学金の授与を無作為に決定するなど，社会にもともと存在している独立変数の操作や無作為配分などを利用するが，「研究の目的に合致した，独立変数の操作や無作為配分などが行われている場をなかなか見出せず，実験実施の機会が乏しい」ことに自然実験の問題点がある。自然実験は，倫理的な問題に対処できる有効な方法であるが，この点の制

約が強く，実際にさかんに行われているとは言えない。

> **有用性と限界**

以上のように，現場実験と自然実験は，実験室実験がもっている非現実性を克服する方法であり，そこに有用性があるが，現場実験には倫理的な問題があるという点で実行可能性は高まらず，そこに限界がある。自然実験もまた，実験実施のための適切な機会が得られにくいことから，実行可能性が低い。これらに対し，現実性を保ちながら，さらに実行可能性も高い方法として，準実験がある。次節では，それについて説明する。

なお，被験者の代表性については，実験室実験では，実験室に来ることができる被験者しか利用できないのに対し，現場実験や自然実験では，その制約がない分，広い範囲の被験者を集めて，代表性を高められる場合があると考えられる。ただし，そうした現場実験や自然実験の実施は容易ではない。また，より実施が容易な質問紙実験に比べれば，現場実験や自然実験における被験者の代表性は低くなると言える。

4 準実験

●横断的比較

これまで述べてきた，実験室実験，質問紙実験，現場実験，自然実験は，無作為配分などによって剰余変数の統制を十分に行おうとする。それゆえ，独立変数と従属変数の間にある因果関係の特定が確実になる。しかし反面，これらは，「現実性が低い」「倫理や実施機会の問題によって実行可能性が低い」「被験者の代表性を高めにくい」という問題点のいずれかをもっている。ここで紹介する「準実験」は，剰余変数の統制をやや犠牲にし，その代わりに，それら

の問題点を克服する方法である。準実験は，無作為配分が困難であり，そのため，もともと剰余変数の統制が十分にできない場合，とくに有効な方法となる。

じつは，準実験には，さまざまな種類がある。ただし，おおまかに言えば，横断的比較を行うものと，縦断的比較を行うものの2つに分けられる。前者は，実験室実験や現場実験などと同じように，複数の条件を比較し，その違いを検討するものである。後者では，同一の条件の継時的な変化が検討される。本節ではまず，横断的比較の準実験について扱い，縦断的比較の準実験については，次節で扱うことにする。

横断的比較を行う準実験とは何か

これまで現場実験と自然実験について説明するために，学生寮におけるテレビの設置の例を用いてきた。研究者がテレビの振り分けを無作為に決定すれば，現場実験であり，その振り分けの決定がもともと学校によって行われていれば，自然実験になることを述べた。学校による振り分けが無作為であるためには，寮生全員に対して抽選を行い，その結果にそのまま従って，テレビを振り分ける必要があるが，実際には，まず寮生の希望を調べ，希望された台数が，供給できる台数を上まわった（たとえば，暴力シーンを視聴できるテレビに対する希望台数が，学校が所有している台数よりも多かった）場合，そこではじめて，希望者に対する抽選を行う方法がふつうであるように思われる。また，寮生全員に対して抽選を行い，それによって振り分けをしようとしても，寮生間で交換するなど，抽選の結果がそのまま振り分けに結びつかない可能性もある。

こうした振り分けが行われた場合，それは無作為的と言えず，暴力シーンを視聴できるテレビが与えられた寮生と，そうでない寮生の同質性を保証しない。暴力シーンを視聴できるテレビが与えられ

た寮生の多くは，それを希望したのに対し，そうでないテレビが与えられた寮生には，抽選に落ちて，そちらにまわった寮生がいるとしても，暴力シーンを視聴できるテレビを希望しなかった寮生が含まれると考えられる。これは，「暴力シーンを視聴できるテレビが与えられた寮生のグループの方が，そうでない寮生のグループよりも，全体として暴力シーンを好んでいる」という個体差があることを示唆する。それゆえ，もし，テレビにおける暴力シーンが人間の攻撃性に及ぼす影響を検討するために，現場実験や自然実験と同じように，暴力シーンを視聴できるテレビが与えられた寮生（暴力シーン条件の被験者）と，そうでない寮生（非暴力シーン条件の被験者）のテレビ設置後の攻撃性を比較するとすれば，かりに，両者の条件間に違いが見られたとしても，それが「暴力シーンの視聴に起因する」とは言えないことになる。暴力シーンを好む被験者は，もともとより攻撃的な傾向をもっており，その個体差がテレビ設置後の攻撃性においても見られただけかもしれないからである。

　この研究は，無作為配分が十分に行われておらず，そのため，因果関係が特定できないものになっている。しかし，後述するように，「1回ないし複数回の事前テスト」「複数の対照条件」「不等価従属変数の導入」などの工夫をこれに加えることによって，因果関係の特定はかなり可能になる。このように，「無作為配分は行われていないが，そうした工夫によって，ある程度に確からしく因果関係を特定できる」実験を，一般に「準実験」と呼んでいる。ただし，この場合はとくに，条件間の比較をするものであり，「横断的比較の準実験」ということになる。さまざまな工夫を行っても，因果関係の特定は確実にはならないが，準実験は，現場実験や自然実験に比べて実行可能性が高く，そこに準実験の利点がある。

　この利点はしばしば，非常に重要になる。たとえば，学校現場に

おける新しい教育方法や教育環境が学力に与える効果（近年では，学校においてコンピュータやインターネットなど情報技術の導入が進んでいるが，その導入の効果についてでもよい）を調べたいとき，もし，現場実験を行おうとするのであれば，一定数の生徒や学生を，新しい教育方法や環境が実現されている学校と，そうでない学校に無作為に配分して，教育を受けさせるなどの必要がある。これは実際にはほとんど不可能である。自然実験を行おうとしても，生徒や学生が抽選などによって新しい方法や環境が実現されている学校とそうでない学校に無作為に配分されている場を見出すことは困難であろう。準実験であれば，それらの学校でもともと教育を受けている生徒や学生をそのまま被験者にして，学校間の比較をすればよいので，はるかに実行可能性は高い。「準実験が存在しなければ，こうした研究は進みえない」と言ってもよいであろう。

1回の事前テスト

上述したように，準実験においては，さまざまな工夫によって因果関係を特定する確からしさを高められる。以下，横断的比較の準実験における，代表的な工夫を述べていく。まず，事前テストの実施がある。

これまでに，暴力シーンの視聴と，学校における新しい教育方法や環境の導入の例を挙げてきたが，どちらについても，かりに，条件間の違いがあったとしても，それが独立変数に起因するか，それとも，個体差変数に起因するかが判別できず，そのため，因果関係が特定できなかった。これは，従属変数となる攻撃性や学力が，テレビの設置あるいは新しい教育方法や環境の導入の後だけに測定されていることによる。こうした事後テストに加えて，事前テストを実施し，設置や導入の前における被験者の個体差を調べておけば，条件間の違いが個体差変数に起因するかどうかを確認できることになり，その結果，因果関係についての議論も可能になってくる。

もし，事前テストの結果，暴力シーン条件の被験者の方が非暴力シーン条件の被験者よりも攻撃性が低い，あるいは，両者の攻撃性が等しかったのに対し，事後テストでは，前者の方が後者よりも攻撃性が高かったとすれば，その事後テストにおける違いは，もともとの条件間の個体差では説明されず，「独立変数（暴力シーンを視聴できるテレビが設置されたかどうか）の影響である」という議論が確からしくなる。また，もし，事前テストの結果，暴力シーン条件の被験者の方が，非暴力シーン被験者よりも，攻撃性が高かったとしても，事後テストでその違いが拡大していれば，事後テストにおける違いは，個体差変数では説明しきれないことになり，この場合も，独立変数の影響を支持する議論が強められる。いずれの場合も，両条件の間で，事前テストから事後テストまでの伸びに違いがあるかどうかが検討され，それに基づいて因果関係の議論が行われることになる。

　このように，事前テストを含めれば，因果関係の特定がある程度は可能になってくる。こうした研究の形式は，同質性が保証されない，複数の不等価な群に対して，事前テストと事後テストを行うことから，「不等価群事前事後テスト計画」と呼ばれ，準実験の1つとされている。これに対して，事前テストを行わず，その結果，因果関係がほとんど特定されない研究の形式は，「不等価群事後テスト計画」と呼ばれ，準実験ではなく，「偽実験」とされている。独立変数の影響を明らかにするためには，ここでの事前テストのように，何らかの基準を設け，それとの比較を行う過程が必要であるが，偽実験は一般に，そうした比較基準をもたず，その結果，因果関係がまったく特定されないものを言う。

複数回の事前テスト

事前テストは1回だけでなく，複数回にわたって行う方が望ましい。これについては，

情報技術の導入の例で説明しよう。ある地域では、情報技術が導入される中学校とそうでない中学校があり、その導入校での導入は、ある年の9月に行われるとする。不等価群事前事後テスト計画を用いるのであれば、たとえば、中学校2年生を被験者にして、その導入年の4月に事前テストを行って学力を調べ、翌年の4月（被験者は中学校3年生になっている）に事後テストを行い、導入校と非導入校の学力の伸びを比較すればよい。導入校の方が非導入校よりも伸びが大きければ、「情報技術の導入が学力を伸ばす」という因果関係の推定が強められることになる。

　しかし、その因果関係の特定には弱い面もある。事前テストから事後テストまでの伸びを検討することによって、個体差変数による影響の可能性を、ある程度に排除できたとしても、両条件間の伸びの違いは、情報技術の導入のほかにも、長期的変化の傾向（「トレンド」と呼ばれる）によっても説明されてしまうからである。たとえば、導入校の校区では、新しい住宅地がつくられており、そこに学力の高い生徒が次々に入居し、導入校の生徒の学力を押し上げていたかもしれない。また、導入校では、授業改革が進んでおり、それが徐々に効果を上げてきたのかもしれない。こうしたトレンドがあるとすると、事前テストから事後テストまでの伸びも、それによって説明される。

　複数回の事前テストを行うことは、この代替説明を排除するのに寄与する。たとえば、中学校1年生の4月と2年生の4月の、2回にわたって事前テストを行っておく。2年生の9月に導入があり、3年生の4月に事後テストを行う。もし、導入校と非導入校のいずれでも、2回の事前テストにおいて学力の伸びがあまり見られず、そこから、事後テストの段階になってはじめて、「導入校の方が非導入校よりも学力の伸びが大きい」という結果が見られれば、それ

は，トレンドによる説明を弱めるものとなる。もし，トレンドが存在するのであれば，2回の事前テストの間でも，導入校の方が非導入校よりも学力の伸びが見られてもよいからである。このように，トレンドによる代替説明が弱められれば，それだけ，「情報技術の導入が学力を伸ばす」とする因果関係は確からしくなる。

複数の対照条件

以上のように，1回ないし複数回の事前テストによって，因果関係を特定する確からしさは高められるが，他の手段として，複数の対照条件を置くこともできる。実験条件と対照条件の同質性が保証されないとき，もし，対照条件が1つだけであれば，その同質性の問題点は最も深刻になる。不等価群事前事後テスト計画は，この問題点を，事前テストの実施によって克服しようとし，実験条件と対照条件の，従属変数（先述してきた例では，攻撃性や学力）における違いが，その元来の個体差によって説明される可能性を排除しようとするものであった。しかし，実際には，実験条件と対照条件の違いは，攻撃性や学力だけとは限らない。たとえば，情報技術が導入される中学校の生徒（実験条件の被験者と見なせる）は，そうではない中学校の生徒（対照条件の被験者と見なせる）よりも，導入前の学力は低かったが，学習意欲は高かったかもしれない。その場合，もし，導入条件の被験者の方が，非導入条件の被験者よりも，事後テストにおける学力が高かったとしても，それはたしかに，条件間における元来の学力の個体差に起因するとは考えにくいが，もともとの学習意欲の違いに起因することはおおいにありそうである。そうであれば，導入条件と非導入条件の間に，事前テストから事後テストまでの学力の伸びの違いがあっても，「情報技術の導入が効果をもった」とは言い切れないことになる。

こうしたとき，非導入条件すなわち非導入校が複数あって，それ

らが一致して学力が伸びていないのに対し,導入条件すなわち導入校がそれよりも学力が伸びていれば,情報技術の導入の効果は確からしいものとなる。複数の非導入校の間では,被験者のさまざまな側面での個体差（たとえば,学習意欲）があるかもしれない。しかし,非導入校の間で,学力の伸びに違いがないということは,そうした個体差が学力に影響を与えないことを意味する。そのうえで導入校における学力の伸びが非導入校のそれよりも大きければ,その伸びの大きさはさまざまな側面での個体差では説明されず,「情報技術の導入が効果をもった」とする議論が強まることになる。

実験条件を「挟む」　このように,複数の対照条件を設け,その間で従属変数の変化が一致していることを確認することは,因果関係を特定する確からしさを高めるものになる。そして,この複数の対照条件は,元来の従属変数の水準（事前テストで測定された攻撃性や学力の程度）が実験条件のそれにできるだけ近いものが望ましい。実験条件と対照条件はできるだけ同質的なものが望まれるのであり,従属変数の水準が近ければ,その同質性が保証されやすいからである。しかし,従属変数の水準が完全に一致することはまずないので,実験条件と対照条件の従属変数の水準は,どちらかが上になり,どちらかが下になる。複数の対照条件を設ける場合,対照条件の従属変数の水準を,実験条件のそれを「挟む」形で配置できる。すなわち,対照条件の一部は,実験条件の上にあり,残りは,実験条件の下にあるようにする。これは,因果関係の推定を確からしくする。

　実験条件の水準がすべての対照条件の水準よりも上にあった場合,たとえ実験条件の方が対照条件よりも攻撃性や学力が伸びていたとしても,それは元来の水準の違いによって説明されてしまう。たとえば,「攻撃的な人物は,相手から攻撃を受け,それに応じるため,

ますます攻撃性が高まる」「学力が高い人物は，勉学を好意的にとらえるので，その動機づけが強く，ますます学力が高まる」などの説明が可能である。逆に，実験条件の水準がすべての対照条件の水準よりも下にあった場合も，「非攻撃的な人物は，日常的に攻撃欲求を満たしていないので，それを満たすために，むしろ攻撃性が高まる」「学力が低い人物は，自分の位置を向上させたいという意欲が強くなり，むしろ学力が高まる」など，元来の水準の違いによる説明が可能である。このとき，実験条件よりも上の水準にある対照条件と，下の水準にある対照条件の両方があって，それらが一致して変化しており，実験条件だけが異なった変化を示していれば，それらの代替説明は否定され，独立変数の効果が確からしいものになってくる。

このように，複数の対照条件を設け，しかも，その元来の従属変数の水準が実験条件のそれに近く，さらに，その水準が実験条件のそれを挟む形で配置されている場合，因果関係を特定する確からしさはおおいに高まると言える。

不等価従属変数

因果関係の推定を確からしくするために，不等価従属変数を設ける手段もある。不等価群事前事後テスト計画では，実験条件と対照条件の間で，事前テストから事後テストまでの伸びに違いがあれば，独立変数の効果は確からしいと考える。たとえば，小学校における，情報技術の導入の効果を検討しようとするとき，情報技術の導入校の方が，非導入校よりも，国語や算数などの学力の伸びが大きければ，「その伸びの違いは情報技術の導入に起因しており，導入の効果は確からしい」と考えることになる。しかし，このとき，国語や算数などの学力の伸びに影響しているものは，情報技術の導入だけには限らない。導入校では，情報技術の導入と同時に，「たまたま，熱心な教員が

赴任した,新しい校舎ができた,給食がおいしくなったなど,何らかの理由で学習環境が向上した」ために,非導入校に比べて,生徒の学習意欲が高まるなどして,学力が伸びたのかもしれない。もし,そうであれば,導入校の方が非導入校よりも国語や算数などの学力が伸びていたからといって,それは,情報技術の効果を意味するものとは言えない。

　このようなとき,従属変数を工夫して,そうした代替説明に対処できる。たとえば,体育や図工などの技術的教科の能力を,国語,算数,理科,社会の学力とは別に測定し,その変化を調べる。小学校の技術的教科では,相対的に情報技術が利用されにくいと考えられるので,情報技術の導入は,国語や算数などの学力を伸ばすことはあっても,技術的教科の能力にはあまり影響を与えないように思われる。一方,さきほどのような一般的な学習環境の向上は,国語や算数などの学力だけでなく,体育や図工などの技術的教科の能力も上昇させると考えられる。それゆえ,事前テストから事後テストまでの間に,導入校では,非導入校に比べて,国語や算数などの学力だけでなく,体育や図工などの技術的教科の能力も上昇しているかどうかを調べることによって,学力を伸ばした原因が情報技術の導入であったのか,それとも,一般的な学習環境の向上であったのかが検討できる。もし,技術的教科の能力の伸びに差がなく,国語や算数などの学力については,導入校の方が非導入校よりも伸びが大きいのであれば,一般的な学習環境の向上による説明はあまり成立しそうになく,それだけ,情報技術の導入の効果が確からしいということになる。

　このように,研究者が関心をもっている独立変数とは別の要因がありうるとき,「関心をもっている独立変数によっては影響されないが,別の要因によって影響されそうな従属変数を設けておく」と

Column⑦ ますます必要とされる評価研究

　行政，産業，教育，医療などあらゆる分野において，さまざまな施策や方策などが行われているが，それらが実際に効果的であるかについて実証的に検討し，そうした施策や方策などが適切であるかどうかを評価することは重要である。たとえば，「死刑によって本当に凶悪犯罪は抑止されているか」「教育改革によって新しく定められた教育課程は本当に生徒の生きる力を伸ばしているか」「ゼロ歳児保育によって子どもの心身の発達に影響を与えているか」などについて実証的に検討し，死刑，新しい教育課程，ゼロ歳児保育などを評価する。こうした評価の対象は無数にあるであろう。

　このように施策や方策の有効性を検討しようとする研究を「評価研究」と呼んでいる。評価研究では，施策や方策などの効果を検討することが主たる目的であるため，実験を行うことになるが，そのなかでも，「準実験」が主要な方法となっている。こうした準実験を，「社会実験」と言うこともある。

　評価研究は，施策や方策の開発，決定，実行などが「直観や勘に頼って行われるのではなく，できるだけ客観的な科学的根拠に基づいて行われるべきである」という考え方によるものであり，アメリカでは古くからさかんに行われてきた。最近では日本でもこの考え方が浸透しつつあり，評価研究に対する関心が高まっているように見える。

　心理学は，評価研究に適用できる方法論を成熟させており，心理学の研究者はその方法論に習熟している。今後，心理学が社会に貢献していく方途の1つとして，評価研究に対する取り組みが有力で現実的なものと考えられる。

よい。そのような従属変数は，研究者がもともと関心をもっていた従属変数とは異なるものであり，「不等価従属変数」と呼ばれる。

　以上のように，1回ないし複数回の事前テスト，複数の対照条件，不等価従属変数の導入などの工夫はそれぞれ，因果関係を特定する確からしさを高める。それらの工夫は同時に行うことも可能であり，それらを重複して実施するほど，因果関係の特定は確からしくなる。

「工夫に工夫を重ねればそれだけの見返りがある」のである。

5　もう 1 つの準実験

●縦断的比較

　前節で述べてきた「横断的比較を行う準実験」は，同一の時点において，複数の条件を横断的に比較するものであった。これに対して，さまざまな時点における，同一の条件の変化を検討して，因果関係の特定を行おうとする準実験もあり，これを，ここでは「縦断的比較を行う準実験」と呼んでいる。さきほどに，横断的比較の準実験の性質として「無作為配分が行われていないため，剰余変数の統制は不完全であるが，さまざまな工夫によって，ある程度に確からしく因果関係を特定できる」ことを述べ，「実行可能性が高い」ところに利点があることを指摘したが，これはそのまま縦断的比較の準実験にも当てはまるものである。ただし，縦断的比較の準実験の場合，もともと被験者を配分する対照条件が設けられておらず，無作為配分というよりも，配分そのものが行われない点で，横断的比較の場合と異なっている。本節では，この縦断的比較の準実験について説明する。

> 縦断的比較を行う
> 準実験とは何か

「横断」的比較の準実験は，実行可能性が高い方法であるが，それでも実施がやや困難な場合がある。たとえば，コンピュータやインターネットなどの情報技術を導入した学校とそうでない学校を比較する場合，情報技術を導入した学校からは，実験の実施に対する承諾を得られるとしても，非導入校からは承諾を得にくい場合がある。この準実験においては，非導入校では，導入校に比べ，学力が伸びないことが想定されており，非導入校のスタッフは，「こ

れを実際に行えば，自分の学校では生徒の学力が伸びていないことが実際に明らかにされてしまう」と考えることになる。情報技術を導入しないという不利があるとしても，他の学校に比べて，自分の生徒の学力が伸びていないことが明確に示されるのは，学校としては抵抗感のあることである。

　このように，現実には，対照条件すなわち非導入校を用いることはできず，実験条件すなわち導入校だけを用いて，情報技術を導入する効果を検討しなければならない場合がある。こうしたときに，縦断的比較を行う準実験が重要になる。因果関係を見極めるためには一般に，無作為配分が重要であるが，このように対照条件を設けられない場合は，無作為配分どころか，被験者の配分そのものも不可能である。縦断的比較を行う準実験は，こうしたとき，さまざま工夫によって，ある程度に確からしく因果関係を特定していくものである。

　最も単純な縦断的比較は，1つの条件の被験者に対して，事前テストと事後テストを行い，その間の伸びを調べることである。たとえば，「情報技術の導入校だけを対象として，導入の前後で学力が伸びたかどうか」を検討する。これは，「1群事前事後テスト計画」と呼ばれるが，因果関係の特定には問題点が大きく，準実験ではなく，偽実験にしかすぎない。もし，事前テストから事後テストまでに学力が伸びていたとしても，「事前テストが被験者にとって練習になっており，その結果として，事後テストの得点が向上した」「学力の伸びは，情報技術の導入によるものではなく，その時期における，被験者の自然な成長によるものであった」「情報技術の導入の時期にたまたま，別の要因（たとえば，熱心な教員の赴任など他の学習環境の向上）が生じており，そのために，学力が伸びた」などの有力な代替説明が排除できず，情報技術の効果は明らかにはなら

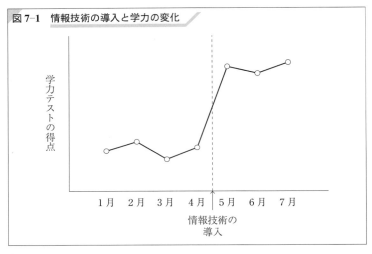

図 7-1 情報技術の導入と学力の変化

ない。

　このとき，もし，事前テストや事後テストが多くの時点にわたって行われており，導入の直前から直後の時期だけで，学力の顕著な上昇が見られているようであれば，情報技術の導入が学力を伸ばすという因果関係は確からしくなる。たとえば，図 7-1 には，事前テストを 4 回行った後に，情報技術の導入があり，その後に事後テストを 3 回行った例を示している。情報技術の導入の時期においてのみ，学力の上昇が見られている。この場合，まず，「事前テストが練習になって，事後テストの得点が向上した」という代替説明については，図 7-1 に見られるように，テストは繰り返し行われているにもかかわらず，導入の時期を除いては，得点の上昇が見られておらず，テストが練習になって，それ以降のテストの得点を向上させるとは考えにくいと言える。また，「学力の伸びが被験者の自然な成長によるものであった」とする代替説明についても同様に，導入の時期だけで，テストの得点が上昇していることから，確からしく

見えない。自然な成長があるのであれば，導入の時期だけでなく，他の時期においても，得点が上昇していてもよいと考えられるからである。

ただし，「情報技術の導入の時期にたまたま，他の学習環境の向上があり，そのために学力が伸びた」という説明については，これはあまり排除できない。この説明には，横断的比較の場合と同様に，不等価従属変数を利用して対応する手段があるが，もし，事前テストや事後テストの回数が多く，それぞれにおいては，学力の変化がないことが示されれば，この説明を弱めることはできる。事前テストの期間や，事後テストの期間においても，学力に影響しうる要因がさまざまに生じていると考えられるが，それにもかかわらず，学力の変化はないということは，「そうした要因の影響が小さく，導入と同時に生じた要因も学力には影響していないのではないか」とする議論を確からしくするからである。

このように，事前テストと事後テストを繰り返し行い，それらの得点を縦断的に比較することによって，準実験が可能になる。これは「中断時系列計画」とも呼ばれる。事前テストの結果を対照条件の結果のように見なして，事後テストの結果を評価する方法であるとも言える。

> 工夫を重ねる

以上に述べた準実験はあくまで，情報技術の導入が1回だけあり，その前後の変化を検討している。これに対して，いったん導入を行った後に，それを撤去し，それに伴う変化を検討することもできる。これは，導入だけの場合よりも強力な方法である。たとえば，「情報技術の導入の後に学力が伸び，それを撤去した後には学力が下がる」という結果が得られたとする。実際に「情報技術を導入しておく資金がなくなった」「もともと試用のために，情報技術が導入されており，その

第7章　さまざまな実験法

試用期間が終了した」などの理由によって撤去される場合はありうる。また，情報技術の撤去が学習意欲を低めるとすれば，それが学力の下降に及ぶことも十分に考えられる。

このような結果が得られれば，事前テストが練習になるという説明にしても，被験者の自然な成長があるという説明にしても，情報技術の撤去の後に学力が下がることとはまったく一致せず，これらはほとんど成立しないと言える。また，導入だけの方法では，情報技術の導入の前後で，他の学習環境の向上など別の要因が生じたとする説明をあまり排除できないが，導入と撤去を用いる方法では，もし，情報技術の導入の後に学力が伸び，それを撤去した後にそれが下がるのであれば，導入のときに別の要因が生じ，なおかつ，撤去のときにはその要因が消えるというように，偶然が重なることはそれだけ考えにくいことから，別の要因による説明を弱められる。さらに，もし，導入と撤去を「繰り返し」行えれば，それだけそれに伴って偶然に別の要因の生起と消失が起こることは考えにくくなるので，その説明の排除は強力になる。その強力さは，繰り返しの回数が増えるほど，顕著なものになる。

このように，縦断的比較の準実験は，因果関係の特定については，横断的比較の場合と同様に，それは完全ではないが，テストの回数を増やしたり，導入だけでなく撤去を行ったり，不等価従属変数を利用するなど，工夫を重ねればそれだけ因果関係の特定は確からしくなる。また，これは，情報技術の導入などを行った被験者だけを対象にすればよく，そこに大きな利点がある。多くの学校で，学期ごとに定期的に学力試験を行っているが，もし，そうした試験の得点が利用可能で，研究の目的に合致している場合は，とくに実行が容易であり，有用な方法である。

なお，対照条件を設けることができるのであれば，因果関係の特

定はさらに強力になる。これは、横断的比較と縦断的比較の両方を行う準実験ということになるが、それぞれの根拠から代替説明を排除できる。たとえば、「事前テストが練習になる」という説明についても、「被験者の自然な成長がある」とする説明についても、縦断的比較からは、テストを繰り返しても得点は伸びないことに基づいてそれを否定し、横断的比較からは、実験条件の方が対照条件よりも余分に得点が伸びていることに基づいてそれを否定できる。2つの異なる根拠から代替説明を否定できれば、その議論はそれだけ強力である。

6 単一事例実験

　前節で、縦断的比較を行う準実験の1つとして、導入と撤去を行うものを紹介したが、これに類似したものとして、「単一事例実験」ないし少数 n 計画がある。これもまた、導入と撤去を繰り返して、因果関係を特定しようとするものである。主として、行動分析という分野で用いられ、準実験の場合とは異なって、ふつう実験室のなかで行われる。また、人間だけでなく、動物もよく対象になる。そうした被験者や被験体は単一か少数であることが多く、それゆえ、単一事例実験ないし少数 n 計画と呼ばれている。

　単一事例実験ないし少数 n 計画では、縦断的比較を行う準実験と同様に、導入と撤去を行い、さらに、それを数多く繰り返すこと、また、対照条件を設けることなどによって、因果関係の推定が確からしくなってくる。また、この方法では、被験者や被験体が単一か少数であり、それらの被験者や被験体がたまたま特殊であるという可能性があるため、そこで得られた知見をただちに一般的なものと

はとらえられないという問題がある。これは，被験者や被験体に個体差があることから生じるものであり，そうした個体差が少ないと前提できる場合に，単一事例実験ないし少数 n 計画の有効性が高くなってくる。

　この実験の方法論は成熟しているが，心理学全体のなかでは，やや限定された分野で用いられているように思われるので，ここではくわしくは述べない。章末の参考図書をご覧いただきたい。

7 最後に
●現実の制約のなかで

　これまで，実験室実験，質問紙実験，現場実験，自然実験，準実験などについて説明してきた。それぞれに「一長一短」がある。実験室実験や質問紙実験には，因果関係の特定が確実であるという利点があるが，現実性は低い。また，実験室実験については，それが倫理的な理由によって実行できない場合がある。さらに，現場実験や自然実験は，因果関係の特定は確実であり，しかも，現実性は高いが，それぞれ倫理と実施機会の問題のため，実行可能性は高くない。一方，準実験は，現実性や実行可能性は高いが，因果関係の特定に弱みがある。また，被験者の代表性については，実験室実験はそれが非常に低いのに対し，質問紙実験は代表的な被験者を得やすい。現場実験，自然実験，準実験は，それらの中間的な位置にあるように思われる。こうした実験それぞれの特徴を表 7-1 にまとめた。

　これらの実験に対して取り組むうえで，次の3つが重要である。第1に，「それぞれの実験の特徴をよく理解し，研究の目的に合った実験を選択する」ことである。「因果関係の特定が何よりも重要であるか」「現実性や被験者の代表性が高くなければいけないか」

表 7-1　それぞれの実験の特徴

	因果関係の特定	現実性	実行可能性		被験者の代表性
			倫理	機会	
実験室実験	強い	低い	低い	高い	非常に低い
質問紙実験	強い	非常に低い	高い	非常に高い	高い
現場実験	強い	高い	低い	高い	低い
自然実験	強い	高い	高い	低い	低い
準実験	弱い	高い	高い	高い	低い

「どれだけの労力がかけられるか」などである。それらによって，どの方法を選択すべきかが変わってくる。

　第2に，1つの実験を選択するとしても，「その実験の改善を考慮する」ことである。準実験は，「現実性や実行可能性が高い反面，因果関係の特定が甘い」という問題点がある。しかし，それなりの工夫を行ったり，労力を投じたりすることによって，因果関係を特定する確からしさを高め，よりよい成果を上げることができる。実験室実験や質問紙実験についても，現実性や被験者の代表性を少しでも高めたり，現場実験や自然実験についても，被験者の代表性を高めたりする工夫はさまざまにありうるであろう。工夫や労力によって，それだけよい成果が上げられることを忘れてはならない。

　第3に，「それぞれの実験には欠点があり，相補的であることを理解しておく」ことである。できるだけ多様な実験を行い，それらを総合して議論することで，それぞれの実験が互いの欠点を補い，強い議論が可能になる。これは，実験だけの問題ではなく，他の章で紹介される「観察」「調査」「パネル調査」なども含めるべき問題である。それぞれの研究方法に精通し，それぞれの特徴を理解し，それらを適切に併用できる技量が重要である。

　これまで見てきたように，理想的で絶対的な研究方法はない。い

ずれにも現実的な制約がある。そうした「現実の制約のなか」で，いかにして理想的なものを実現できるかが，研究者に問われるのである。

参考図書

- Shadish, W. R., Cook, T. D., & Campbell, D. T. 2002 *Experimental and quasi-experimental designs for generalized causal inference.* Houghton Mifflin.
    - ●準実験を本格的に扱っている図書は，残念ながら，日本ではまだ見られない。この英語の本は，準実験について非常にくわしく書かれており，世界的にも最も重要な図書である。
- 田中潜次郎　1989　「フィールド研究における準実験──単一事例実験の関連方法」『医事学研究』4, 105-188.
    - ●これは，図書ではなく，専門家向けの論文であり，やや難解であるかもしれないが，日本語で読める，準実験に関する充実した文献である。
- 岩本隆茂・川俣甲子夫　1990　『シングル・ケース研究法──新しい実験計画法とその応用』　勁草書房
    - ●単一事例実験について，研究例を紹介しながら，基本的なところから応用まで，いろいろな問題を解説しており，参考になる図書として推薦できる。
- 南風原朝和・市川伸一・下山晴彦（編）　2001　『心理学研究法入門──調査・実験から実践まで』　東京大学出版会
    - ●図書そのものは，心理学の研究法を広く解説したものであるが，南風原朝和による第5章「準実験と単一事例実験」は，それぞれの実験について要領よく書かれている。

第8章 コンピュータ・シミュレーション

モデルによる心理研究って何？

　コンピュータ・シミュレーションとは，簡単にいうと，たとえば人間の記憶に関する理論をコンピュータに組み込み，動作を確認することである。憶えたり，思い出したりするための情報処理手続きをコンピュータのプログラムにしてみる。理論を組み込んだコンピュータは，人間のように忘れたり，思い出す順序が憶えたときの順序と違ったりする。その忘れ方や間違い方が人間と同じかどうかを調べることによって，コンピュータに組み込んだ理論が人間の記憶の理論として適切なものなのかどうかを検討することが，コンピュータ・シミュレーションである。

　心理現象を理解するために，心理学においてさまざまな理論やモデルが考案されてきた。心理現象を説明するこのような理論やモデルは，近年コンピュータ・シミュレーションによってその妥当性が検証されることが多くなった。理論やモデルが複雑になり，詳細になるほど，コンピュータ・シミュレーションの重要性が増している。それは，コンピュータ・シミュレーションをするために，理論を具体化したり精緻化したりする過程が，新たな洞察を得るきっかけになる可能性が高いからである。さらに，コンピュータ・シミュレーションにおけるプログラム的な記述が心理学的理論の共通の表現になりうるかもしれない。このように，心理学研究を行う道具として，心理実験とは異なった視点で，コンピュータ・シミュレーションを位置づけることができる。

|フローチャートから
シミュレーションへ|

あいまいな言葉や文章で表現される理論では，実際の実験データと本当に一致しているのかどうかを判断することは難しい。そこで，さまざまな理論を表すため，図8-1のようなフローチャート・モデル（ボックス・アンド・アロー・モデル）が頻繁に使われる。フローチャートは通常，プログラマーがソフトウェアを開発するための第1段階として，次段階で具体的なプログラミングをする準備のために作成する。フローチャートは，最終的なプログラムほどの明確さをもっているわけではないが，言語的な記述の羅列よりも明確なものである。たとえば，実験結果が2つのプロセスの存在を支持していたとすると，フローチャートでは2つのボックスを加える。さらに，そのプロセスが並列的か系列的に働くかにより，2つのボックスをつなげる矢印を付け加える。これだけでも，実験結果を説明するモデルである。

しかしながら，実験結果をフローチャートだけで説明すると，このボックスでは何が起こっていて，何が矢印を伝わっていくのかというような点が明らかにされず，批判にさらされることがある。それぞれのボックスが，いわゆるブラックボックスにすぎないという批判である。たとえば，ボックスは表面的に見れば正しいように見えるかもしれないが，本当はそれらの内容がさらに詳細に記述されたときに矛盾が出てくるかもしれない。同様に，正確にどのような情報が矢印を伝わっていくのかは重要であり，本来もっと特定しなければ，モデルの妥当性は評価できないはずである。

図8-1　フローチャート・モデルの例

フローチャートで表されたすべての理論がこのような問題点をもっているわけではない。しかしながら，理論やモデルをもっと詳細なレベルであるコンピュータ・プログラムとして実行すること（すなわち，コンピュータ・シミュレーション）は，隠された仮説やあいまいな仮定を可能な限り排除できる利点がある。すなわち，プログラム化するには，データ入力形式などさまざまなレベルで詳細な記述をしなければならない。

　コンピュータ・シミュレーションを利用し，認知過程をシミュレートする方法に関しては，上述のような利点とともに，多くの課題がある。シミュレーション・プログラムが完成するまでには，理論の言語的・数学的記述やフローチャートの作成などたくさんのレベルに分解して検討しなければならない。このとき，分解されたあるレベルまではすべてのことが心理学的に説明できたり，理論上の意味をもっていたりする反面，それ以下ではそのような意味づけができないかもしれない。このように，プログラムの心理学的な側面を別の側面から切り離すことは，使用される特定のプログラム言語やプログラムを実行するコンピュータによる特殊性を切り離すことでもある。たとえば，画面上でさまざまな出力を示し，プログラムが何をしているかを確認するために，プログラムにディスプレイ表示命令を与える必要がある。しかしながら，誰もそのようなプログラマーの気紛れな表示命令が心理学的モデルの一部であるとは考えない。さらに，プログラムの実行と人間が被験者となる行動との関係では，被験者から集められる反応時間と，それをシミュレートするようなプログラムの絶対的なスピードが一致するとは限らない。なぜならば，プログラムの実行速度は，各コンピュータの1回の処理命令にかかる時間に左右されるなど，心理学的には無関係な要因によって決定されることがあるためである。

コンピュータ・シミュレーションでは，通常いくつかのパラメータを与える。心理実験における独立変数にあたるものである。シミュレーションでは，このパラメータを操作して，実験結果が再現できるかどうかにより，モデルの妥当性が確認される。さらに，心理実験では操作していない範囲にパラメータを設定することにより，実験結果を新たに予測したり，これまでの実験結果を補完したりすることができる。このような予測が，コンピュータ・シミュレーションにおいて最も重要である。心理実験では測定できない状況下での現象の変容を予測することも，コンピュータ・シミュレーションでは可能である。このように，コンピュータ・シミュレーションの大きな目的は，心理現象の機序に対する説明とともに，新たな予測を与えることである。

　心理現象のメカニズムと新たな予測を与えるコンピュータ・シミュレーションは，われわれの知識構造や情報処理過程をどのようにとらえるかによって，さまざまな方法がある。ここでは，フローチャートのレベルではなく，プログラミングに近いレベルでのコンピュータ・シミュレーションを伴うモデルを取り上げる。いずれも，コンピュータ・シミュレーションが心理学研究を先導する多くの役割を果たしたモデルである。具体的には，意味ネットワーク，プロダクション・システム，コネクショニスト・ネットワークの3つのモデルを順に紹介していきたい。

意味ネットワーク　　われわれの知識をモデル化する問題を考えてみよう。このとき，すべての知識が連想の形式で結びついているというアイデアに基づく認知モデルが，意味ネットワークである。意味ネットワークでは，概念をネットワーク状にリンクされた節点で表す。すなわち，節点は1つの概念を表す。節点を結ぶリンクにはさまざまな種類があり，"である（is a）"

図8-2 意味ネットワークの例

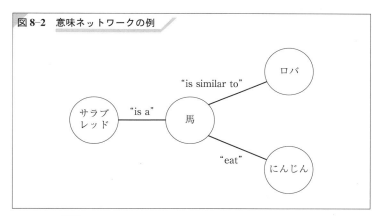

のような単純なリンクから，遊ぶ，打つ，持つのような複雑なリンクまでを表すことができる。

　節点それ自身と節点間のリンクは，お互いの概念の類似性や関連性によってさまざまな活性化の強さ（活性化値）をもつことができる。たとえば，馬とサラブレッドの節点は活性化値 0.5 でリンクされる一方，馬とロバは強さ 0.1 でリンクされるかもしれない。学習は，ネットワークに新しいリンクや節点を加えたり，節点間のリンクの活性化値を変えたりすることによって達成される。たとえば，類似している 2 つの概念の学習においては，それらの間のリンクの活性化値を増加させる。

　さまざまな現象（たとえば，情報検索や真偽判断）は，与えられた節点または節点の集合からネットワークを通して広がる活性化値によって表現される。活性化がネットワークを通して広がる方法は，さまざまな要因によって決まる。たとえば，活性化したリンクの数や，活性化からどれくらい時間が経ったかに影響される。

　このような影響が人間と同様であるかどうかを調べることにより，両者の知識構造の類似性を確かめることができる。たとえば，文の

真偽判定を行う課題で,判定する際に意味ネットワークにおいて通らなければいけない節点の数に比例して,反応時間が長くなる結果が得られている。また,単語"サラブレッド"が先行して提示されたときに後続して提示される単語"馬"が早く認識されるという実験結果（意味プライミング効果）は,意味ネットワークにおける活性化の伝播によって簡単に説明できる。このように,意味ネットワークは柔軟で優れたモデルであり,人工知能や認知心理学の分野において多くのモデルが提案されてきた。

プロダクション・システム

思考や記憶のモデルとして,プロダクション・システムが提案されている。プロダクションとは「もしも……ならば,……せよ」という規則（IF...THEN 規則）のことである。典型的なプロダクション・システムでは,多くの IF...THEN 規則の集合をもつ長期記憶や作業記憶を扱うことが多い。プロダクション・システムは,IF 部分の規則と作業記憶の内容を照合し,THEN 部分を実行する。プロダクション・システムの基本的な考え方は単純ではあるが,規則が増えるにつれて規則間の相互作用が複雑になる。たとえば,作業記憶内のいくつかの情報が数多くの規則の IF 部分と一致するならば,最もよい規則の 1 つを選ぶ必要がある。このようなプロセスを競合解消と呼び,プロダクション・システムにおいて非常に重要な役割を果たす。

　われわれのさまざまな知識を IF...THEN 規則の集合として表すことができるだろうということは,直観できる。たとえば,チェスの知識は,クイーンが脅かされたら,安全な場所に動けというような規則に基づいたプロダクションの集合として表される。このような方法において,チェスに関する基本的な知識は,獲得されたプロダクションの集合として整理できる。一方,知識の空白はプロダク

ションの不足と見なすことができる。プロダクション・システムの有用性は，問題解決の際の思考過程を検証する過程で確立した。すなわち，問題解決過程のコンピュータ・シミュレーションにおいて，人間が問題を解くまでのさまざまな方略を組み込む。たとえば，「手段－目的分析」という方略では，もし実行可能な行為があれば，それを実行する。もし問題を解く直接的な方法がないならば，現在の状態とゴールの差を減らす，もしくは実行を妨害している制約を取り除くといったサブゴールを作る。手段－目的分析は，プロダクション・システムの連続的適用過程で実現できる。このような問題解決過程のコンピュータ・シミュレーションでは，人間と同じような誤りを犯しながら，問題を解決していく。すなわち，コンピュータ・シミュレーションと人間の行動との類似性が，人間の思考過程を知る重要な情報となる。

プロダクション・システムは広い応用分野をもっており，人間の技能学習をモデル化し，さらにネズミの強化行動や意味記憶をモデル化するのにも使われてきた。

コネクショニスト・ネットワーク

コネクショニスト・ネットワークは，ニューラルネットワーク，並列分散処理モデルなどさまざまに呼ばれる。コネクショニスト・ネットワークは，自分自身である程度プログラム変更ができる。すなわち，ある入力が与えられたとき特定の出力が出るように学習することができる。また，明確な規則や記号を操作せず，ネットワークの活性化パターンという分散表現で各概念を表すところに特徴がある。

コネクショニスト・ネットワークは，お互いに結合する神経細胞のようなユニットからなり，1つのユニットは別のユニットと多くのリンクをもつ。ネットワーク全体は，ユニットの性質や結合方法

Column⑧ コネクショニスト・ネットワークと心理学

ニューラルネットワークの学習に関する初期の理論的提案は，1940年代に行われた。しかしながら，パーセプトロンと呼ばれる初期の代表的ニューラルネットワークはさまざまな限界が指摘された。最近になってコンピュータのハードウェアとソフトウェアの目覚ましい発展が，これらの限界に打ち勝つネットワークを構築できる可能性を生じさせた。1980年代になり，2人の心理学者（ラメルハートとマクレランド）が中心になってPDP研究グループをつくり，並列分散処理に関する多数の先駆的研究を行った。このグループから誤差逆伝播学習則も生まれているが，これはそもそも，ラメルハートとマクレランドが単語認知に関する心理現象の説明を検討している過程で，コネクショニスト・ネットワークの潜在的な優れた能力を発見したことに端を発している。彼らは著書のなかで，2人は認知心理学者であるので，過去に認知心理学に君臨してきたものに代わる新しいモデルとして，コネクショニスト・ネットワークを提供したいと述べているが，実際には認知心理学にとどまらず，人工知能や計算機科学，神経科学など多くの分野に影響を与えた。

やユニット間の結合強度の変化に使われる規則によって特徴づけられる。ネットワークはさまざまな構造や階層をもつことができる。階層とは，入力層，中間層（隠れ層とも呼ばれる），出力層である。

コネクショニスト・ネットワークが活性化するときにそれぞれのユニットがいかに動作するか考えてみよう。与えられたユニットはいくつかの別のユニットと結合している。これらの別のユニットはそれぞれ最初のユニットに興奮もしくは抑制の信号を送ることができる。このユニットは一般にすべての入力の荷重和がとられる。もしこの荷重和がしきい値を超えたならば出力を出す。

このようなネットワークは，プロダクション・システムのような明確な規則なしに認知行動をモデル化できる。ネットワークに，さまざまな入力からある出力を連想するような活性化パターンを蓄え

ておくことによって，モデル化できるのである。モデルは複雑な行動を扱うためにいくつかの階層を利用する。1つの層は，刺激を活性化パターンとして符号化する入力ユニットからなる入力層である。別の層は出力層であり，活性化パターンとして反応を生み出す。ネットワークが入力層の特定の刺激に対する出力層の特定の反応を生み出すように学ぶとき，IF...THEN 規則を習得したかのような行動をシミュレートすることができる。しかしながら，そのような規則がネットワーク内に明示されるわけではない。規則もしくは概念の表象はネットワークにおける活性化パターンとして分散されて蓄えられる。

　ネットワークはさまざまな入出力間の連想も，ネットワーク内のユニット間のリンクの荷重を修正することによって学習する。他のユニットの活性化と同様に，ユニットへのリンクの荷重がユニットの反応を計算するための重要な役割を果たす。さまざまなリンクに対する学習の規則（学習則）が組織的に荷重を修正する。そのような学習則をネットワークに適用するとき，リンクの荷重はネットワークが与えられた入力パターンに対して必要とされる出力パターンを生み出すまで修正される。この荷重の修正過程を，ネットワークの学習と考える。そのような学習則の1つに誤差逆伝播学習則があるが，これは次のようなものである。学習の最初の段階では，ネットワークは，ユニット間のリンクにランダムな荷重を与えておく。学習の初期段階では，入力パターンが提示された後，出力ユニットはしばしば誤ったパターンもしくは反応を生み出す。誤差逆伝播学習則では，不完全なパターンを既知の必要とされるパターンと比べ，誤差とする。ネットワークを通じて活性化が逆伝播し，ユニット間の荷重が必要とされるパターンを生み出すように調整される。このような調整過程（すなわち，学習過程）は特定の刺激パターンで，ネ

ットワークが必要とされる反応パターンを生み出すまで繰り返される。

　コネクショニスト・ネットワークのコンピュータ・シミュレーションにより，さまざまな心理現象を再現することに成功している。たとえば，アルファベット1文字を正しく認知するためには，その文字がランダムな文字列のなかにあるときより，単語のなかにあった方が正しく認知できるという単語優位効果に関して，類似した単語の集合がお互いにリンクして相互活性化することにより，単語内の文字の方が正確に認知できるという心理現象が説明できた。さらに，動詞の活用形の学習と言語発達の比較などにおいて，興味深い結果を生み出してきた。

方法論としてのコンピュータ・シミュレーション　意味ネットワーク，プロダクション・システム，コネクショニスト・ネットワークの3つのモデルを順に紹介したが，それぞれに特質がある。意味ネットワークは知識や概念そのものを節点として明示するし，プロダクション・システムは知識や概念を規則として埋め込み，コネクショニスト・ネットワークは知識や概念を明示せず，内部構造のなかに形成させる。このように，人間が行っている情報処理を理論的にどう考えるか，どのような理論的前提のもとに実施するかによって，シミュレーションの仕方自体も変わってくる。したがって，心理学的な方法論としてのコンピュータ・シミュレーションは，理論的枠組みと不可分である。コンピュータに高速で大きな記憶容量をもたせることが可能になったいま，複雑で，詳細な理論やモデルを具体化し，精緻化するために，ますますコンピュータ・シミュレーションの重要性は増している。

参 考 図 書

高野陽太郎（編） 1995 『認知心理学 2 記憶』 東京大学出版会
- ● 第 6 章の「長期記憶Ⅱ 知識の構造」で意味ネットワーク，第 12 章の「記憶のコンピュータ・シミュレーション」でプロダクション・システムが紹介されている。

御領謙・菊地正・江草浩幸・伊集院睦雄・服部雅史・井関龍太 2016 『最新 認知心理学への招待――心の働きとしくみを探る』（改訂版） サイエンス社
- ● 認知心理学における意味ネットワーク，プロダクション・システム，コネクショニスト・ネットワークがきちんと評価され，紹介されている。

ラメルハート，D. E.・マクレランド，J. L.・PDP リサーチグループ（甘利俊一監訳） 1989 『PDP モデル――認知科学とニューロン回路網の探索』 産業図書
- ● コネクショニスト・ネットワーク研究のバイブルといえる存在である。

第9章 心理学に特有な問題

自分も相手も生身の人間となると……

　心理学の実験は，人間を2つの立場ないしは役割に分ける。観察する人間と観察される人間である。観察する人間は，研究者であり実験者である。観察される人間は，被験者である。被験者は，実験への参加者と呼ばれたり，協力者，回答者と呼ばれたりすることもある。人間が人間を観察するという心理学の実験は，物質科学のように，たとえば鉱物や植物を人間が観察するという実験と比べて，どのような特有の問題を内在しているのだろうか。この章ではまず，観察反応という，人間が人間を観察するという行為に伴って生じる特有な問題を解説する。次に，内観法の限界と対策として，人間が自分の心を観察することができるかどうかという問題を扱う。最後に，人間が人間を相手に実験を行う際に生じる倫理的な諸問題を議論する。

1 観察反応

　この節では，観察反応と呼ばれる心理学に特有な問題を解説する。観察反応は，反応性とも呼ばれる。この問題は，被験者が自分の行動や心が観察され研究されていることを自覚していると，自然な日常生活のなかにいるときに示す反応とは異なる反応を示すという問題である。ここではまず，観察反応がどのように問題になるのかを

心理学研究の人工性と非日常性の観点から議論し，次に，観察反応の具体的な問題として，要求特性と実験者効果について，それらの問題への対策を交えながら解説する。

> 心理学研究の人工性・非日常性と生態学的妥当性

心理学研究は，人々の自然な日常生活での心理事象を扱おうとする。しかし，その心理事象はさまざまな要因が交錯する現実の複雑さのなかに紛れ込んでいて，はっきりとその姿を現してこない。そこで研究者は，現実世界の複雑さのなかから，自分の扱いたい心理事象だけを取り出して実験室のなかで再現することによって，その心理事象を確認するとともに，その事象を引き起こす原因や過程を明らかにしようとする。

このような心理学実験では，この実験に参加する被験者にとっても，そして実験者にとっても，実験室という空間，実験者や被験者という役割を演じるという経験，実験課題の内容，これらすべてが人工的につくり出された状況のなかでの非日常的な体験である。このような人工的な非日常性のなかで生み出された実験結果が，人々の自然な日常世界の理解に役立つのだろうか。これは，生態学的妥当性の問題と呼ばれる。生態学的妥当性とは，心理学の理論や実験が人々の日常的な自然な状況における心理事象を扱っているかどうかという問題である。その詳細な議論は第15章で解説されることになるので，この章では，心理学実験では，生態学的妥当性を兼ね備え，実験の非日常性や人工性の問題への注意を忘れないようにすることが大切であることを確認するにとどめる。

心理学実験にとって生態学的妥当性は大切ではあるが，それは必要条件ではなく，十分条件である。つまり，実験の人工性や非日常性は，それらが生態学的妥当性を脅かしているという理由だけでは，実験にとって致命的な問題となりえない。なぜなら，そもそも心理

学実験は,日常的な自然の状況では見えにくい心理事象を取り出して非日常的な実験室のなかで人工的に再現するものだからである。心理学実験に日常性や自然を導入することによって,その心理事象を見えにくくしてしまうようであれば,わざわざ心理学実験を行う必要はないだろう。それだけでなく,心理学実験では,積極的に非日常性や人工性を導入することによって,日常性や自然が理解できることもある。たとえば,ストラットンの逆転視実験では,上下左右が逆転して見える逆転メガネを利用することによって,正立像の知覚にとって網膜上の倒立像が必要条件ではないことが実証されている。逆転メガネという非日常的で人工的な装置を使うことによって,人々が自然に行っている正立視の仕組みの一端が明らかになったのである。

　実験状況の非日常性や人工性は,その実験が目標としている心理事象を適切にとらえてさえいれば,それが生態学的妥当性を脅かしているというそれだけの理由で致命的な問題になることはない。それが致命的な問題になるのは,その非日常的な人工性が,その実験が目標とした心理事象や心理過程に重大な影響を及ぼしていながら,研究者がその影響にまったく気づいていなかったり,あるいは,その影響に気づいていたとしても,その影響の中身を適切に査定することができないために,実験の結果から事後的にもその影響を排除することができなかったりするときである。この節では,このような人工性と非日常性の問題の代表として,古くから指摘され,またその解決法がさまざまに考案されている観察反応の問題を,まず,観察されている被験者に焦点を当て,次に,観察する実験者に焦点を当てて取り上げていく。

> 要求特性①：社会的に望ましい被験者

人々は、いったん心理学実験の被験者になると、自然に反応するのではなく、その研究が要求するように反応する。実験室のなかにあって、ある特定の反応を被験者に要求する圧力をもたらすものは、要求特性と呼ばれる。

たとえば、担任の先生から配布された記名欄つきのアンケート用紙のなかの「あなたはタバコを吸ったことがありますか」という質問に、高校生がどのくらい正直に回答するだろうか。このアンケート調査の状況は、タバコを吸ったことのある高校生に「いいえ」と回答するよう圧力をかけてしまっているのである。この圧力は、アンケートの実施者が担任の先生であることとアンケートに自分の名前を書かなければならないことから生じている。このアンケートの実施者が、学校とは独立した外部の調査機関から派遣された研究者であったり、アンケートが無記名式で行われたりしていれば、これらの要求特性の圧力が弱まることは想像に難くないだろう。

一般に人々は、人から見られているときには「よい子」になろうとする。被験者も実験者に観察されるときには、「よい被験者」になろうとする。被験者は自分の本当の意見や行動を示すのではなく、社会的に受け入れられている望ましい意見や行動を示しやすいのである。社会的望ましさとは、このように、人々が自分自身に対しても、また他の人に対しても、自分をよく見せようとする傾向である。社会的望ましさの傾向の影響は、上例で示したように、被験者の匿名性を保証するように実験状況をつくり上げたり、被験者の回答を守秘することを強調したり、あるいは実験状況や被験者の反応の測定方法をさまざまに工夫したりすることによって小さくすることができる。

> 要求特性②：実験者にとって望ましい被験者

被験者，とくにボランティアで協力している被験者は，自分が科学的な研究の対象となっており，自分の回答や行動が観察されてデータとなり，そのデータに基づいて科学的な知識が生み出されることを自覚している。このような被験者は，実験室に到着すると，できるだけ「よい被験者」になり，できるだけよいデータを提供したいと望むだろう。「よい被験者」は，実験者の説明をよく聞くだけでなく，実験者の行動やその実験状況をつぶさに観察して，自分がその状況でできる最も適切で正しい反応は何かを考え，その考えに基づいて反応するだろう。実験が始まると被験者は自問するのである。「正解は何だろうか？」「実験者は私に何を要求しているのだろうか？」「実験者の仮説は何だろうか？」と。

ほとんどの心理学実験では，あらかじめ，あるいは実験の最中に被験者に正解や仮説がわかってしまうと，それだけで被験者の自然な反応は得られない。多くの場合，被験者は「よい被験者」を演じて，実験者の仮説どおりの実験結果を生み出そうとする。たとえば，内発的動機づけの実験を例にとって説明しよう。人は自分が興味をもって取り組んでいる活動に外的な報酬が与えられると，その活動は報酬を得るための手段になり，その活動自体に対する内発的な動機づけが低下する。このことを実験で確かめるために，実験者は被験者にパズルを解かせ，パズルが解けると実験者が被験者に報酬を与える条件と報酬を与えない条件とを独立変数としてつくり分けることになる。パズルを解くセッションが終わると，被験者は何をしてもよい自由時間が与えられる。その自由時間の間に，被験者がどのくらい自発的にパズルに取り組んだかが従属変数として観察されることになる。実験者の仮説は，「報酬を与えられた被験者は，報酬を与えられなかった被験者よりも，自由時間の間にパズルに取り

組む時間が短いだろう」というものである。

　この内発的動機づけの被験者が、あらかじめその実験の内容と仮説を知っていたらどうだろう。その被験者がパズルを解いて報酬が与えられれば、その被験者にとっての正解は、自由時間にパズルに取り組まないことであり、報酬が与えられなければ、その被験者にとっての正解は、自由時間にパズルに取り組むことである。このような状況で実験者の仮説どおりの結果が得られたとしても、その原因は、被験者の内発的動機づけが変化したからではなく、被験者が「よい被験者」を演じたからであることは容易にわかるだろう。そこで、このような心理学実験では、被験者はあらかじめ正解や仮説を教えられない。そうすると、被験者は五官を総動員して実験状況のなかに存在するあらゆる情報を手がかりにして、その正解や仮説を探り当てようとする。その手がかりは、実験室の状況や配置、実験者が教示をする際の声の抑揚、実験者の視線や表情やしぐさ、質問紙のなかの質問の言葉づかいや配列順序などさまざまである。

　たとえば架空の例であるが、自分の仮説が正しいことを願っている実験者は、自由時間に何をしてもよいと被験者に教示するときに、報酬を与えられなかった被験者に対しては、自分でも無意識のうちにパズルの方に目をやり、報酬を与えられた被験者に対しては、ぐるりと部屋を見まわしたり、パズル以外の活動、たとえばその部屋においてある最新の雑誌についつい目をやったりしてしまうかもしれない。そして、被験者は、その視線という一瞬の微妙な要求に気づき、その要求どおりに反応するかもしれない。被験者は、このように実験者が想定している正解や仮説を正しく探り当てることもある。たとえ正しく探り当てることはできないにしても、被験者は、さまざまな情報手がかりをもとにして、自分なりの正解や仮説をつくり上げることもある。いずれにしても被験者は自分が推測した正

解や仮説に基づいて反応しているのであり，実験者が調べたかった内発的動機づけの変化に基づいて反応しているのではないことになるのである。

> **要求特性への対策**

心理学実験では，このような要求特性の弊害を最小限にするために，さまざまな工夫がなされてきた。たとえば，被験者に偽りの目的や仮説を教示するという方法がある。この方法はディセプションと呼ばれ，深刻な倫理的問題を含んでいるが，この倫理的問題についてはこの章の最後に議論する。

内発的動機づけの実験では，たとえば「報酬が学習に及ぼす効果の研究」と題して被験者を集めることができるだろう。多くの被験者は，その実験の目的に納得して参加し，それ以上に余計な詮索をしないかもしれない。かりに多くの被験者がその実験の目的に十分に納得せず，さらに正解や仮説を詮索しようとも，彼らがつくり上げる仮説は，報酬によって学習が進み，その活動が好きになるというものだろう。すなわち，被験者は，「報酬を与えられた方が，与えられないよりも，パズルに取り組む時間が長くなるだろう」と予測するのである。この予測は，実験者の予測と正反対である。このような逆説的な状況で，実験者の仮説どおりの結果が得られたとしたら，その結果は，要求特性のせいではなく，実験者が検討しようとしていた内発的動機づけをたしかに反映していたと結論づけられるだろう。つまり，要求特性の影響を凌駕してもなお強い内発的動機づけの影響があったことになるのである。なお，この内発的動機づけのディセプションの例は架空のものである。

しかし，多くの心理学実験では，このように好都合なカバー・ストーリーを考案するのは難しい。多くの実験では，実験者の目的や仮説とは無関係な目的や仮説がカバー・ストーリーとして用いられ

ることになる。ただし，このカバー・ストーリーは，第1に，被験者に納得のいくものでなければならない。実験者の提供する説明に納得しない被験者は，真の目的や仮説をさらに詮索しようとするだろう。第2に，このカバー・ストーリーは，どの条件の被験者にも一義的に解釈され，その解釈が実験条件と交絡しないようにしなければならない。あるカバー・ストーリーが，実験条件によって異なって解釈されるときには，たとえ仮説どおりの実験結果が得られたとしても，その原因はカバー・ストーリーであったということになろうし，あるカバー・ストーリーが，1つの実験条件では特別な意味をもち，別の実験条件では別の特別な意味をもつときには，その実験結果は，カバー・ストーリーと実験条件が組み合わさった特殊な効果によると見なされるだろう。いずれにしても，カバー・ストーリーの解釈の非一義性は，実験結果の解釈を複雑にさせることになるのである。

　ディセプション以外にもさまざまな技法が工夫されている。たとえば，独立変数の処置と従属変数の測定を，別の文脈におくという方法がある。内発的動機づけの実際の実験では，報酬の有無を操作する実験場面から，その効果を測定する自由時間が分離されている。つまり，自由時間には実験者は退室し，被験者が実験室に1人だけ残される。そうすると被験者は，パズルを解いた実験セッションと自由時間との関係を推測しにくくなるのである。この内発的動機づけの実験では，実際にはもう1つの工夫がなされている。それは，被験者に観察されていることを気づかせないという工夫である。実験室に1人で残された被験者の行動は，実験室の外からひそかにマジック・ミラーで観察されている。被験者は観察されていることに気づいていないので，要求特性の圧力は原理的には働かないことになる。

観察反応の1つである要求特性の弊害を完全に取り除くためには，被験者が観察されていることに気づかなければよい。たとえば，第4章で紹介したが，服装と信号無視の関係に関する実験では，横断歩道で信号待ちをしている人々がいるときに，1つの条件ではビジネス・スーツとコートを着た男性が，もう1つの条件ではジーンズとジャンパーを着た男性が，信号無視をして横断歩道を渡り始める。このとき，どのくらいの人々が，それにつられて横断歩道を渡るかが，観察者によって遠くからひそかに数えられている。このようなフィールド実験では，たまたま横断歩道で信号待ちをしていた被験者は，自分が実験の被験者となっていることにすら気づいていないので，原理的には要求特性の圧力は働かないことになる。

　しかし，このようなフィールド実験が可能な研究領域は限られている。多くの心理学実験では，被験者は自分の言動が観察されていることに気づいている。内発的動機づけの実験で，自由時間に実験室に1人で残されていても，実験室にいるというだけで被験者はいろいろと詮索をしないだろうか。たとえば，被験者は，なぜ心理学実験室に最新の雑誌がこれみよがしに置いてあるのだろう，なぜ実験者はこの部屋をわざわざ離れなければならないような面倒な実験手続きをとったのだろう，などと疑問に思うかもしれない。このように多くの心理学実験では，要求特性を皆無にできたと確信できることは少ない。*Column*⑨では，要求特性が働いていたかどうかを事後的に発見し査定する方法を解説しよう。要求特性は研究者や実験者の気づかないところで忍び込むことがあるからである。

実験者効果　科学者は客観性と実証性に知識の基礎を置いている。しかし，だからといって，1人の人間である研究者に感情や欲求や希望や先入観がないわけではない。研究者は自分が苦労して考え出した仮説が，自分が苦労して実

Column ⑨ 要求特性の事後査定

　実験の最中に要求特性が働いていたかどうかを，実験終了後に査定するための方法には，実験後の面接がある。ディセプションを伴う実験のデブリーフィング（本章の第3節「倫理的問題」で解説）に組み込んで行われることが多い。実験の終了後の面接で実験の真の目的や仮説を説明する前に，被験者が実験の最中に実験の真の目的や仮説に気づいていたかどうかを尋ねるのである。この面接で重要なことは，最初から直接に「この実験の仮説は何だと思いますか？」と聞かないことである。このように聞かれると，うすうすは気づいていたが確信をもてないでいた被験者，すなわち実験の最中に不自然さを感じながらもそれを明確に意識化・言語化できない被験者は，「わかりません」と答えざるをえないであろう。そこで，このような面接では，漠然とした質問からはじめて，徐々に核心に迫っていくという方法が採用される。「今日の実験について何か感想や意見はありませんか？」という質問から始めて，実験に対する疑問や不自然さ，実験の目的や仮説，と順番に質問していくのである。これは時間と手間のかかる作業である。この面接はパイロット・テストでも十分に時間をかけて行うべきである。そうすることによって，研究者が自分でも気づかない要求特性を，本実験を開始する前に発見できるからである。

　1つの実験がすべて終わった後，つまりデブリーフィングも終わった後，その実験で要求特性が働いていたかどうかを査定するためにはどうすればよいだろうか。その1つの方法は，シミュレーション実験（役割演技実験）を行うことである。読者には，1つのシミュレーション実験の被験者になっていただこう。次の実験シナリオを読んでほしい。「被験者の学生が実験室に1人で到着すると，非常に退屈な作業を1時間させられた。その作業とは，糸巻きを容器に並べては取り出すのを繰り返したり，ペグをまわしては元に戻すのを繰り返したりすることである。この作業が終了したあとで，実験者は，この実験の目的が作業に対する期待の効果を調べることであり，この被験者が期待のない条件であったと伝えた。期待のある条件では，作業に取りかかる前に，作業がとても面白かったと，前の実験に参加したばかりの被験者を装ったアルバイトの学生から聞くことになっていると説明された。実験者はさらに，じつは，次の期待のある条件の被験者が来ているのだが，アルバイトの学生

から急に来られなくなったという連絡が入っていると言って，この被験者にその代役を依頼した。このときに被験者はアルバイト報酬として20ドル支払われると言われた。この被験者は，次の被験者に紹介され，自分が体験した作業がいかに面白いものであったかを語った。次の被験者が実験室に赴いたあとで，最初の被験者は別室に案内され，そこで，自分が参加した実験への感想を聞かれた。その質問のなかには，この被験者が最初に行った作業に対する感想があった」。さて，もしあなたがこの最初の被験者であれば，その作業をどのくらい面白かったと回答するだろうか。この実験のシナリオには別の条件もあった。それは「アルバイト報酬として1ドル支払われると言われた」条件である。

このシナリオは，じつは，フェスティンガーとカールスミスが実施した実験の手続きである。彼らの実験では，人はうそをつくと不協和という不快な緊張を体験するので，その緊張を低減しようとして，自分を正当化しようとするという仮説が検討されていた。彼らは，20ドルを報酬に支払われる被験者は，その報酬で自分のうそを正当化できるが，1ドルしか支払われない被験者は，十分な正当化ができないために，自分の言ったことはうそではないと思い込もうとすると予測した。つまり，1ドル条件の被験者は，自分が次の被験者に語ったとおり，その作業を面白いものだと思っていたと回答すると予測したのである。そして，彼らは実際にこの予測に沿う結果を得た。

ベムは，この実験のシミュレーション実験を行った。読者と同じようにベムの被験者は，シナリオを読んだだけである。つまり，ベムの被験者は自分でうそをついたわけではないので，不協和という不快な緊張を体験していないことになる。それにもかかわらず，ベムのシミュレーション実験の結果は，フェスティンガーらの実験の結果と同じであった。このことは，フェスティンガーらの実験の結果は，その実験が意図した不協和という不快な緊張が変化したから得られたのではなく，被験者がそのシナリオが示唆する正解を探し当てたことによって得られたという可能性を示唆している（なお，ベムは要求特性の問題を指摘するために，このシミュレーション実験を行ったわけではなく，人はあたかも他者の行動を知覚するように自分の行動を知覚するという自己知覚理論を展開することを目的としていたことを付言しておく）。

施している実験のデータによって支持されることを強く期待している。このような研究者が抱く期待は、さまざまな形で実験に影響を及ぼす。この影響は実験者効果（実験者の期待効果）と呼ばれる。

　まず、研究者は、さまざまに考えられる研究計画や実験手続きのなかから、自分の仮説を最も支持しそうな特定の研究計画や実験手続きを選ぶことによって、その期待を実現しようとする。これらの研究計画や実験手続きは、報告書や論文に記載されるので、その研究者がどのような期待をもっていたか、すなわちどのようなバイアスをもっていたかは、後の研究者によって、さまざまな追試によって検証されることになる。このようにして、この研究者の客観性は保たれているのである。

　しかし、研究者の期待は、もっと微妙な形で実験に影響を及ぼすことがある。研究者が「意図的に」このバイアスを持ち込み、たとえば、独立変数の操作に関わらない部分で被験者に対する実験者の説明や態度を実験条件ごとに微妙に異ならせるようにすることはまれである。多くの場合には、研究者が実験者を兼ねるときに、実験者が「意図せず無意識のうち」にこのバイアスを実験に持ち込み、実験条件によって実験者の言動が微妙に異なるということが生じるのである。たとえば、内発的動機づけの実験で架空の例として前述したが、自分の仮説が正しいことを願っている実験者は、被験者が自由に何でもできるときに、自分が被験者にやってもらいたいもの（パズルか雑誌）に思わず目を向けてしまうかもしれない。実験者の期待が、視線という些細な非言語的な行動に無意識的に現れて、それが要求特性として働き、その視線に気づいた被験者に「正解」を示唆するのである。このような状況で、かりに実験者の仮説どおりの結果が得られたとしても、それは内発的動機づけが変化したからではなく、被験者が実験者の視線を手がかりに反応したからだと解

釈されるだろう。このような実験者の期待は，実験者の視線だけでなく，その微妙な言葉づかい，抑揚，間の取り方，表情，姿勢，しぐさ，雰囲気などに現れることがある。このような実験者の言動の些細な点は，報告書や論文に記載されることはない。実験者が自分の言動の違いに気づいていなければなおさらである。このことは，この期待によるバイアスが実験に持ち込まれたかどうかは，後からでは検証する方法がないことを意味する。つまり，研究者や実験者は，この期待が実験に持ち込まれないように，あらかじめ最大限の工夫をしておかなければならないのである。

実験者効果への対処方法

実験者の期待効果の多くは，要求特性として働き，実験の結果を歪めてしまう。しかし，要求特性によるバイアスが被験者の側の積極的な情報探索や推測に基づくのに対して，実験者の期待効果によるバイアスは実験者による情報や手がかりの非意図的な表出に基づいているので，おのずからその対処方法は異なってくる。実験者の期待効果を最小限にするためにできる最初のことは，実験者に期待を抱かせないようにすることである。このことを達成するために，さまざまな「無知手続き」が考案されている。

　まず第1に，目的や仮説をもって実験を企画する研究者が実験者を兼ねるのではなく，実験の目的や仮説を知らされない（つまり，目的や仮説に無知の）実験者を雇うことができる。しかし，雇われた実験者は，実験の最初の試行では目的や仮説に無知であっても，試行を繰り返し，いくつかの条件の実験者を経験することによって，自分なりに目的や仮説を推測してしまうことになる。その推測は正しい場合も間違った場合もあるが，いずれにしてもその推測に基づいて一定の期待を抱くようになる。

　そこで，第2には，実験者には，被験者がどの実験条件に割り当

てられているかを知らせないことができる。実験条件に無知な実験者は，それぞれの被験者に対してどのような期待を抱いてよいかわからないはずだからである。しかし，この方法が完全な形で採用できる実験は限られている。たとえば，独立変数の操作が，実験者の知らないところで自動的に，ないしは機械的に行われるときである。たとえば，内発的動機づけの実験例では，被験者はコンピュータ上でパズルを解き，報酬の有無もコンピュータ画面上に表示されるが，実験者にはこのコンピュータ画面が見られないようにしておけばよい。部分的に実験者を実験条件に無知にすることもできる。たとえば，1つの実験試行で2人の実験者を雇い，1人の実験者は独立変数の操作だけを担当し，もう1人の実験者が実験条件に無知な状態で，それ以外の実験手続きを遂行するという方法である。この方法によって実験者の期待が影響する機会を少なくすることができる。しかし，それを皆無にすることはできない。

　第3には，このように実験者の期待が防ぎようのないものであれば，それを逆手にとって，複数の実験者を雇うということが行われる。それぞれの実験者は，それぞれの期待を抱くが，それらの期待は同じとは限らないし，それらの実験者が自分の期待を表出してしまう方法もさまざまだろう。複数の実験者を雇うことによって，一定の方向への期待が働き，特定の要求特性が影響するのを防ぐことができるのである。なお，複数の実験者を雇うことによって，実験結果の一般化可能性が高くなるというメリットもある。

　実験者の期待効果を最小化するための方法のなかで，無知手続きと並んで重要な方法は，実験手続きの標準化である。実験手続きの標準化の重要性については第4章で詳細に解説されている。実験手続きの標準化とは，実験者が被験者に接触してから実験を完了するまでの状況，実験者の説明や行動を詳細に決めておくことである。

計画どおりの手続きだけでなく，実験の最中に予期しない事態が発生したときにどういう対応をするかも，あらかじめ決めておくことが重要であり，また，実験者がこの標準的な手続きに従うことができるように十分に訓練されていることが必要である。たとえば，その実験が対象とする被験者の多様性を十分に反映した数名の被験者を対象にしてパイロット・テストを実施することによって，予期せざる事態への対応の標準化と実験者の訓練を行うことができるだろう。パイロット・テスト中の実験者の様子は，複数の研究者や実験者がチェックし，微妙な言葉づかい，抑揚，間の取り方，表情，姿勢，しぐさなどに要求特性の兆候が見られないように確認，ないしは訓練をしておくことが大切である。なお，標準的な実験手続きは，それを AV 機器やコンピュータを利用して自動化・機械化できないかを検討してみる価値があるだろう。そうすれば，実験者の期待が非意図的に偶然に表出されるのを防ぐことができるだけでなく，実験試行を重ねていくことによる実験者の慣れ，疲れ，期待など，実験者が人間であることに伴うさまざまな誤差要因を統制することができるからである。

2 内観法の限界と対策

　自分の心は自分でわかるという主張，あるいはその主張を極端に推し進めて，自分の心は自分にしかわからないという主張がある。心理学の研究対象が，物質や動物ではなく，まさに人間の心であることによって生じる心理学特有の主張である。このように主張する心理学者は，心理学の方法として内観法を採用する。内観法とは，自分で自分の心，より厳密に言うと，自分で自分の意識を観察する

という方法である。この節では，この内観法の限界と対策について解説する。

　内観法は，心理学が意識の科学と考えられていたころの主流の方法論であった。心理学が哲学から独立した科学となったのはヴントが1879年にライプツィヒ大学に心理学実験室を設立したときであると言われている。そのとき心理学が研究の対象にした心とは意識であり，その研究方法は内観法であった。意識は個人の内部で生じている私的な事象であり，他者がうかがい知ることができないと考えられていたからである。しかし，その後，意識を内観法で研究する意識心理学は，意識とは何かに関する概念規定の混乱や，内観法による研究結果の不整合性のために，十分な発展を見ないでいる。この間の歴史的詳細は，章末の参考図書に掲げた『心理学研究法1 方法論』の第2章を参照されたい。

　内観法は，このように意識を対象にした研究の道具である。このことが内観法の第1の限界になる。すなわち，心理学が扱おうとする心理事象のなかには，意識化することができず，したがって内観法によっては捕捉できない事象が数多く存在するという限界である。たとえば，ヴントに学んだキュルペはいくつもの実験を繰り返して，内観法の専門的な訓練を受けた被験者でも，明瞭に心像（イメージ）化できない漠然とした思考をもち，その思考の大部分が無意識に行われていると結論するに至っている。

　内観法の第2の限界は，内観の結果は言語によって報告されるという点にある。前節で述べたように，被験者の反応は社会的望ましさや要求特性などの影響を受けやすい。この影響は，被験者の反応が言語的な報告であるときにはとくに働きやすい。行動測度と比べて，言語測度は被験者が意識的に制御しやすいからである。この問題を含めて，言語測度が心理状態の忠実な翻訳でないことは，第5

章の解説を参照されたい。

　第3の限界は，第2の限界にも関連するが，内観は報告されなければならず，報告された内観は，それ自体が説明されるべき従属変数であるという点である。内観報告は，ある結果を説明するための原因ないしは理由として採用されることがある。たとえば，被験者がこのように行動したのは，（内観報告で明らかになったように）被験者がこのように考えていたからである，というようにである。一見もっともらしい説明であるが，この説明は，ある従属変数（行動）と別の従属変数（内観報告）とのたんなる相関を，あたかも一方（内観報告）がもう一方（行動）の原因であるかのように拡大解釈していることになる。このように内観法は，それが説明のための道具として用いられる際には無理がある。

　内観法は，これらの限界を十分に理解したうえで利用すれば有用な研究道具となる。内観法は，有用な言語測度の1つである。第5章では内観による言語測度の利点と問題点が詳述されている。ここでは，内観による言語測度を使用する際の注意点を，上記の限界との関係で2点だけ述べる。第1には，内観法はそれだけでは十分な測度たりえないので，行動測度や生理的測度，あるいは，言語測度のなかでも標準化された測度と並行して相互補完的に使用する（第5章の用語で言えば，多重測定する）ことによって，測定の信頼性や妥当性を高めるようにすることが必要である。第2には，内観による言語測度を説明の道具として利用するためには，その研究で扱おうとしている因果関係が，法則的知識や理論によって十分に裏づけられていることを確認しておく必要がある。その内観法で説明したい結果が，意識化されうる認知過程を経なければ生じえないということが十分に確かな前提として仮定できるときには，内観による言語報告はその結果の説明として利用できるだろう。

3 倫理的問題

　心理学実験では，被験者にストレスや苦痛を与えたり，被験者のプライバシーに踏み込んだり，被験者に偽りの情報を与えたりしなければならないことがある。心理学実験の目的が科学的知識の追究と，その知識に基づいた人間の福祉の増進にあるとしても，1人ひとりの被験者の基本的な人権を一時的にせよ脅かすことは許されるのだろうか。この節では，まず，この質問に対する1つの回答として心理学的研究の社会的契約性について述べ，次に，いくつかの具体的な倫理的な配慮について解説する。それらは，被験者の保護とリスクの最小化，インフォームド・コンセントと自発的参加，デブリーフィング，匿名性と守秘性，研究倫理審査委員会による審査という諸配慮である。

　社会的契約　　心理学的研究は社会的契約の1つである。社会は心理学の研究が可能になるように支援する。その見返りとして心理学は人間の心について科学的知識を生み出し，それを社会に還元する。社会はその科学的知識に基づいて，よりよい社会や人間の状態を目指す。このような大きな社会的契約の文脈のなかで，1つひとつの心理学実験が行われることになる。

　その1つひとつの心理学実験では，科学的知識を追究するために，被験者にストレスや苦痛を与えたり，被験者のプライバシーに踏み込んだり，偽りの情報を与えたりしなければならないかもしれない。たとえば，人々の自尊心（ないしは，自己評価）の働きを科学的に研究するためには，被験者の自尊心を脅かしたときに，その被験者が

どのように反応するかを観察することが必要かもしれない。この実験では，被験者の自尊心を操作するために，たとえば，自尊心を脅かされる実験群の被験者には偽りの情報が与えられるかもしれない。実験群の被験者は，知能検査を受けて，知能検査の実際の成績とは関係なく，「この知能検査であなたの知能が低いことがわかりました」というフィードバックを受け，その後に続く作業への取り組み意欲や成績が，このような知能検査もフィードバックも受けない統制群の被験者のそれらと比較されることになるだろう。このような実験が重大な倫理的問題を抱えていることは言うまでもないだろう。

　心理学者は，科学的知識のためにせよ，そして，一時的にせよ，無辜(むこ)の被験者の自尊心を偽った情報で操作することを許されているのだろうか。この質問には簡単で明確な答えは用意できない。人間（そして，動物）を被験者（被験体）にして実験を行う心理学では，被験者に対する最大限の倫理的配慮が欠かせないことは言うまでもない。以下に，その倫理的配慮のいくつかを解説するが，心理学者はそれらを守りさえすれば十分と言うわけではない。一方，これらの倫理的配慮を極端に推し進めていくと，人間が，同じ人間に対して，あるいは動物に対して何らかの人為的な操作を施すことはけっして許されず，人間や動物を被験者とする心理学実験は不可能になるかもしれない。この段落の冒頭の質問に対する答えは，心理学的研究の社会的契約の一方の当事者である研究者だけでなく，もう一方の当事者である社会（すなわち，その社会を構成する私たちみんな）が，その実験の科学的価値，被験者がこうむるリスク，倫理的配慮の有効性，その科学的知識の社会的意義など，さまざまな観点から議論して出さなければならないだろう。

被験者の保護とリスクの最小化

心理学者は，身体的あるいは精神的なあらゆる苦痛や危害から被験者を保護し，被験者がこうむるかもしれないリスクを最小化しなければならない。1つの仮説を検証する方法はさまざまにある。たとえば，自尊心の働きに関する例では，被験者の自尊心を偽りの情報を与えることによって直接に操作していた。この方法は被験者に対して大きなストレスとなり，一時的にせよ自尊心を低下させられるという経験をした被験者にどのようなリスクがあるかは未知数である。この同じ研究目的は，たとえば，標準化された自尊心尺度によって被験者の自尊心を測定して，自尊心の低い人の反応を観察することによって達成できるかもしれない。この方法は，被験者の自尊心を直接操作するのではなく，被験者がもっている自尊心を測定するだけなので，被験者がこうむるストレスやリスクは比較的小さい。心理学者は，同じ目的を達成するために，被験者のリスクをより低く抑える方法があるのであれば，そちらの方法を採用しなければならない。

なお，後者の方法は相関的方法であり，問題がないわけではない。第2章で解説されているように，相関する2つの変数のどちらが原因でどちらが結果かが確実にはわからないという問題や，2つの変数が相関しているのはその2つの変数に共通する別の原因があるからかもしれないという擬似相関の問題などがある。研究の目的が，これらの問題を解決して，因果関係をより確実に同定することであれば，どうしても自尊心を直接に操作するという実験的方法が必要になってくるかもしれない。

インフォームド・コンセントと自発的参加

心理学者は，被験者がその研究に参加するかどうかを決めるのに影響する可能性のあるあらゆる情報を，あらかじめ被験者に説

明し，被験者がみずから同意して自発的に実験に参加することを保証しなければならない。しかし，この倫理的配慮を徹底して行うと，多くの心理学実験は実施できない。このことは，本章の最初の節でも要求特性の問題として議論したとおりである。多くの実際の心理学実験では，被験者の反応に影響を与えない範囲で情報を開示して，参加の承諾を取りつけることになる。このときに，実験への参加が被験者の自由意志であること，実験中のいつでも実験への参加を中止できることを強調しておくことが重要である。完全なインフォームド・コンセントを実施できないときには，次項のデブリーフィングという配慮がとくに重要である。

デブリーフィング

心理学者は，実験試行の終了にあたって，被験者に対して実験手続きをすべて説明し，実験の過程で被験者の側に生じた疑念，苦痛，ストレスなどをすべて取り除かなければならない。デブリーフィングの理想は，被験者が実験室にやってきたときと同じ身体的・精神的状態で被験者を実験室から送り出すことである。ディセプションを含む実験や，不十分なインフォームド・コンセントしか達成できていなかった実験では，実験終了時に十分な時間をとって，研究の目的，仮説，方法，その研究の科学的意義，社会的意義などをくわしく説明するだけでなく，なぜディセプションを用いざるをえなかったか，なぜインフォームド・コンセントを実行できなかったかを納得させることがとくに大切である。

匿名性と守秘性

心理学者は，被験者の匿名性を保証し，研究の過程で得られた被験者に関する情報は，すべてこれを守秘しなければならない。被験者個人を特定させる可能性がある情報は，それらが記録された用紙，調査票，電子ファイルの管理を厳重に行うだけでなく，研究者間での口頭での情報交換

の際や，実験者間での打ち合わせの際にも，十分に守秘しなければならない。

研究倫理審査委員会による審査

1人ひとりの研究者は，自分の実施する研究に伴う倫理的問題のあらゆる可能性を精査し評価する個人的責任を負っている。しかし，いくら細心の注意を払っても，1人の研究者の倫理的配慮には限界がある。そこで，各研究機関には，当該研究の専門家，法律や生命倫理の専門家，一般の立場の人，外部の人，両性を含む委員で構成された研究倫理審査委員会が設置されている。審査を受ける過程で，多様な視点から指摘される倫理的問題に対処しながら，自分の研究計画や実験手続きを不断に改善していくことが重要である。

参考図書

アメリカ心理学会（APA）（編） 1996 『サイコロジストのための倫理綱領および行動規範』 日本心理学会
- アメリカ心理学会が，心理学者のための倫理コードを，具体的な研究例を含めて解説している。

バーバー，T. X.（古崎敬監訳） 1980 『人間科学の方法──研究・実験における10のピットフォール』 サイエンス社
- 研究者や実験者が陥りやすい落とし穴が，具体的事例を交えて詳述されている。

ローゼンサール，R.・ロスノウ，R. L.（池田央訳） 1976 『行動研究法入門──社会・心理科学への手引』 新曜社
- 第6章「推論の問題」で観察反応の問題が詳細に解説されている。第7章には，「倫理の問題」が解説されている。その他の章も，本書の他の章を読み進めていくうえで示唆的である。

八木冕（編） 1975 『心理学研究法1 方法論』 東京大学出版会
- 第2章で，実験心理学における内観の問題が，緻密かつ詳細に歴史的に解説されている。

第 3 部

観察的研究

　心理学が解決することを期待されている課題は多様であり，心理学が対面する現実の世界は多様である。これらの多様さのために，心理学には万能の実証方法というものが存在しない。それぞれの心理学的研究の目標・課題ごとに，そして，その研究が扱う現実の制約のなかで，さまざまな実証の方法が採用されることになる。

　第2部では，実験的研究が詳細に解説され，その長所だけでなく，その限界が議論された。その限界を克服するために工夫されたさまざまな実験のバリエーションも解説された。しかし，さまざまな心理学的事象のなかには，心理実験が得意とする独立変数の操作が実現できないために，心理実験を行うことが不可能な，あるいは不適切なものが多くある。

　この第3部では，心理学研究法のなかで，実験的研究と同じくらい重要な位置を占める観察的研究（調査法，観察法，検査法，面接法）を解説する。それぞれの方法が，どのような問題を解明するために使用されているかを明らかにし，その解明すべき問題の性質との関係で，必要とされる研究方法の基本的な特性を説明していく。読者は，第2部と第3部を通して，心理学研究法の全体像を把握し，それぞれの方法の長所と限界を理解するとともに，さまざまな方法の間の相補的な関係をも理解することになるだろう。

第10章 調査法

相関で探る心と社会

　1969年，アメリカのデトロイトで，640人の白人を対象とする次のような世論調査が実施された。「ある日，6歳の女の子が，母親に『友達の女の子を家に呼んで遊んでもいい？』と尋ねました。母親は，友達の女の子が黒人であり，これまで娘が白人の子どもとしか遊んだことがないことを知っています。さて，この母親は何と答えるべきでしょうか？」。

　調査の結果，最も多かったのは「家で遊んでよい」という回答で，全体の76％であった。これに対し，「学校でだけ遊びなさい」という回答は22％で，「黒人と遊んではいけません」という回答は，わずか2％にすぎなかった（表10-1）。

　こうした調査が人種差別問題をテーマにしているという点で重要であることは言うまでもない。しかし，心理学研究としての重要性は，上記の質問の後で，次のような質問を行った点にあった。「では，デトロイト地区の多くの人たちは，どう答えると思いますか？」（表10-1・注を参照）。

　何しろ，8割近くの回答者が，自分自身の意見として「家で遊んでよい」という選択肢を選んだわけである。人間が意見分布を正しく認知できるとすれば，後ろの質問でも「家で遊んでよい」を選ぶ人が大多数に及ぶはずである。ところが，調査の結果を見ると，そうした回答は33％にすぎず，「学校でだけ遊びなさい」を多数意見と予想した者が56％，「黒人と遊んではいけません」を多数意見だ

表10-1 「現実の意見分布」と「想像された意見分布」

	現実の意見分布	デトロイト地区の多数意見だと思われるもの
(1) 黒人と遊んではいけません	2%	11%
(2) 学校でだけ遊びなさい	22	56
(3) 家で遊んでよい	76	33
回答者数 (N)	617 人	543 人

注：*Public Opinion Quarterly*, **40** (1976), p. 430 の表より作成。なお、この研究では、ほとんどの回答者が「デトロイト地区の多数意見」を「白人たちにおける多数意見」と見なして回答したと仮定されている。

と予想した者も 11% に及んだ。

実際には多くの人が差別的でない意見をもっているのに、意見分布について想像してもらうと、多くの人が「差別的な意見の持ち主」を実際よりもはるかに多く見積もってしまう。もちろん、「自分自身の意見」が建て前だったのではないか、と思った人もいるだろう。しかし、すべてを建て前のせいだと言えるだけの裏づけは得られなかったという。調査結果を分析したフィールズとシューマンは、こうした傾向を保守的偏向と呼んで議論した。

今日では、このような傾向は人間の基本的な認知的バイアスの1つとみなされているが、ここで重要なのは、こうした研究が現実の意見分布を推測できる調査法によって成立している、という点である。調査というと「はい」や「いいえ」の数を数える単純作業をイメージする人がいるかもしれないが、心理学研究法としての調査は、けっして、単純作業に終始するようなものではない。本章では、人間の心の謎を解き明かすための調査法について解説する。

1 なぜ質問紙調査が必要か？

質問紙調査とは何か 　心理学研究法としての質問紙調査とは，「人間の意識や行動に関するデータを，回答者の自己報告によって，組織的に収集する方法」である。ここで，①データ，②組織的，③自己報告，という3つの重要なポイントについて具体的に説明しておこう。

まず，①データとは，「人間の意識や行動を経験的に考えるための手がかり」である。このように説明すると，「『経験的』とはどのような意味か」という疑問がわいてくるかもしれないが，この問いについては，「経験的でないこと」として「机上の空論」を想像するとよい。

本章冒頭の事例に即して言えば，人間は意見分布を「正確に認知できる」とも「できない」とも考えることができる。しかし，どちらの考えが現実に近いかは，実際に集めたデータをもとに検討してみなければわからない。そうした検討なしに，「できる・できない」と主張する議論があったとしたら，それは「机上の空論」と言われても仕方がないだろう。

次に，②組織的という言葉について説明しよう。上述の事例では640人の白人を対象に調査が実施されていたが，もしも，こうした人々が，人種差別問題に強く反対する人々だけで構成されていたとしたらどうだろう。結果は大きく歪み，とてもデトロイト地区の白人の意見分布を正確に反映したものだとは言えないはずである。白人の意見分布を調べるのであれば，調査対象者は，デトロイト地区の白人を正確に代表するように，一定の手続きに従って選ばれなけ

ればならない。

　また，こうした大がかりな調査では，複数の調査員が手分けをして質問を行うのが通例であるが，そうした調査が，共通の質問紙（調査票）もなしに，各調査員ごとにバラバラな方法で実施されたとしたらどうだろう。調査員のなかには，人種差別問題について長々と話し込んだ後に質問する人もいれば，十分な説明もないまま機械的に質問を行う人も出てくるだろう。また，もしも質問の順番が決まっていなければ，各調査員がどの質問から聞き始めたのかがわからなくなるし，聞き漏らしも出てくるかもしれない。さらに，事前に共通の選択肢が用意されていなければ，回答の割合を算出することすらできなくなってしまう。

　その点，質問紙調査では，すべての調査員が同一の調査票を用い同じ手順で質問を行うため，おおよそのところでは，すべての調査対象者がすべての質問に同じ条件で回答したと仮定することができる。また，それによって割合にも一定の意味が生じる。このように，すべての対象者ができるだけ同じ条件で回答できるように質問の形式や順序を統一することを標準化と呼ぶ。

　最後に，③自己報告について説明しよう。心理学が人間の内面を研究対象とする以上，何らかの方法で内面についての情報を集めなければならない。このとき有力な方法となるのは，やはり言語による自己報告である。

　ただし，言語による自己報告を信頼しすぎてはいけない。というのは，私たちは自分の内面を正確に把握できるとは限らないからである。また，そうできた場合でも，それをそのまま人に言うとは限らない。たとえば，人種差別は社会的に「望ましくない」とされているため，そうした調査の回答には，建て前としてのうそが混在する危険性がある。したがって，自己報告に基づく調査研究が妥当か

どうか判断するためには，質問の内容が答えられるものかどうかや，回答者にうそをつかせる理由がないかどうかなど，自己報告の信頼性に関する十分な検討が必要となる（章末の参考図書に掲げた『心理学研究法9 質問紙調査』や『社会心理学研究法』を参照）。

できること・できないこと

ここまでの説明で，質問紙調査という方法がどのようなものなのか，かなり具体的になったと思う。とくに，冒頭の研究事例によって，現実の意見分布を知ることができるという調査法の大きなメリットも理解できたと思う。しかし，断っておくが，質問紙調査は万能の方法ではない。他のいろいろな心理学研究法がそうであるように，質問紙調査には「できること」と「できないこと」，メリットとデメリットがある。

まず，実験法と比較した場合のメリットについて考えてみよう。実験では，倫理的な問題が生じるような条件統制は事実上不可能である。たとえば，人種差別的意見をもっていることが意見分布認知に影響するかどうかを実験によって研究しようとすれば，被験者を人種差別的意見をもつように操作しなければならなくなる。しかし，そのような操作に倫理的な問題があることは言うまでもない。それは実際には実行できない操作なのである。

その点，調査なら，倫理的に問題のある操作をしなくても，人種差別的意見と意見分布認知との関係を調べることができる。これは調査法の大きなメリットである。

ただし，調査法には，因果関係の同定ができないというデメリットもある。いま仮に，人種差別的意見をもつことと意見分布認知との間に相関関係が見られても，そうした意見が認知に影響を与えたのか，それとも逆に，認知に従って意見が形成されたのかについては，調査からは何もわからないのである。

次に、観察法と比較すると、研究対象となる現象が起こるまで待つ必要がない点が調査法のメリットとなる。反面、調査は言語報告に依存するため、幼児や異文化圏の人々などを対象にする場合には、一定の言語能力や言語の共通性を期待できず、相当に実施が困難となる。

最後に、面接法と比較すると、多数の回答者から相互に比較可能な情報を得られる点が調査法のメリットとなるが、同時に、少数の人々からくわしい情報を臨機応変に入手することができない点がデメリットとなる。

2 質問紙調査の実施方法

リサーチ・クエスチョン，仮説，分析計画

質問紙調査を実施するとき、最初に行うべきことは何か。初心者ほど、質問文の作成から始めてしまいがちだが、そうした手順はけっしてお勧めできない。というのも、そうしてつくられた質問紙で調査をしても、分析や総合についての見通しがなければ、数字の列を前にして途方に暮れるだけだからである。

もちろん、探索的調査が行われる場合もある。しかし、探索的調査とは無計画な調査のことではない。既存の知識を元にした推論では十分な予測ができない場合に、仮説こそないけれども、いろいろな分析計画を立てて実施されるのが探索的調査である。あたりまえのことだが、質問紙を作成する前に、きちんとした分析計画を立てることが必要なのである。

では、そうした分析計画を立てるためには、どのようなことを考えればよいのだろうか。ここでは、そうした事柄のなかでも不可欠

のものとして，以下の2つを挙げておきたい。

(1) **リサーチ・クエスチョンと仮説**　まず最初に，知りたいことを問いの形で言語化しておく必要がある（例：教育水準は人種差別的意見の有無と関連があるか？）。研究の出発点となるこのような問いはリサーチ・クエスチョンと呼ばれる。

なお，リサーチ・クエスチョンは，実際に測定が可能なほど具体的である方がよい（例：最終学歴が高い層では，低い層よりも，「家で遊んでよい」という回答の割合が多くなるか？）。また，結果を予想し，なぜそうなるのか説得力のある説明ができれば，それを仮説と呼んでもよいだろう（例：高等教育により多様な視点や思想を学ぶ機会が増えるとともに，反差別的価値観が伝達される可能性が高いため，教育水準が高い層ほど人種差別的意見の持ち主の割合が少なくなる）。

(2) **分析計画の立案**　リサーチ・クエスチョンや仮説が明確になったら，それに従って分析計画を立てることになる。(1)で挙げた仮説に即して言えば，教育水準と人種差別的意見の有無の関係を調べるために，クロス集計が計画されることになる（図10–1の(a)）。

しかし，それだけでは分析計画として不十分である。なぜなら，仮に相関が現れたとしても，そうした傾向は見かけ上の相関（擬似相関）であり，本当に人種差別的意見の有無を左右しているのは別の要因かもしれないからである。

たとえば，いまここに，高年齢層ほど人種差別的意見の割合が多い社会があったとする。また，この社会は，年々高校や大学への進学率が上昇してきた社会（高年齢層ほど教育水準の低い人の割合が多い社会）だったとする。こうした場合，実際には教育水準そのものが人種差別的意見の有無に影響を与えていなくても，教育水準の低い層に高年齢者が多く含まれることによって，あたかも教育水準の高低が人種差別的意見の有無と関係しているかのような傾向が現れる

図10-1　3重クロス集計による擬似相関の発見（架空例）

(a)　教育水準と人種差別的意見の関連

教育水準	人種差別的意見の表明 あり	なし	合計(N)
高	80 (16.0)	420 (84.0)	500
低	170 (34.0)	330 (66.0)	500
合計	250 (25.0)	750 (75.0)	1,000

(b)　教育水準と人種差別的意見の関連（高年齢層）

教育水準	人種差別的意見の表明 あり	なし	合計(N)
高	40 (40.0)	60 (60.0)	100
低	160 (40.0)	240 (60.0)	400
合計	200 (40.0)	300 (60.0)	500

(c)　教育水準と人種差別的意見の関連（低年齢層）

教育水準	人種差別的意見の表明 あり	なし	合計(N)
高	40 (10.0)	360 (90.0)	400
低	10 (10.0)	90 (90.0)	100
合計	50 (10.0)	450 (90.0)	500

注1：(a)〜(c)の各セル上段の数字は N（人数）。下段（　）内の数字は行％。
注2：(b) と (c) から「年齢と人種差別的意見の関連」という2行2列のクロス表をつくることができるが，その表と，(a)〜(c)とを比較すると，年齢，教育水準，人種差別的意見の相互関係について理解が深まる。
注3：第3の変数（共変数）によって相関が現れるケースについては章末の参考図書に掲げた『社会心理学研究法』71〜76頁を参照。

ことがある。

　図10-1を見てほしい。いま仮に，クロス表(a)のように，教育水準と人種差別的意見の表明の間に相関が現れていたとする。そして，こうした分析を高年齢層と低年齢層の2群に分けて行った場合（3重クロス集計と呼ばれる），どちらの層でも全体と同じ傾向が現れれば，(1)で挙げた仮説はそれだけ確実なものとなる。しかし，クロス表(b)(c)のように，傾向が現れなくなることも十分予想される（第16章の偏相関の説明も参照）。

　したがって，誤った結論を下さないためには，分析計画の段階でいろいろな仮説を立てて，第3の変数（共変数）を見落としていないかどうか十分検討する必要がある。

質問の作成

　知りたいことが決まり，一応の分析計画ができあがったら，いよいよ具体的な調査計画の立案である。実際には「行きつ戻りつ」のプロセスを経ることになるが，ここでは便宜的に，質問の作成から順を追って説明することにしたい。

　質問の作成については，質問文の表現方法と，回答形式の選択が重要となる。

　このうち，質問文の表現方法については，「平易で短い表現が望ましい」という一般原則を挙げることができる。あたりまえのことだが，すべての回答者に質問の意図を正確に伝えるためには，わかりやすく，誤解されない表現が必要である。

　一方，質問の回答形式については，以下のようなバリエーションがある。

(1) **単一回答法**　選択肢のなかから，あてはまるものを1つだけ選んでもらう回答形式である（図10-2・問1ほか）。当然のことだが，選択肢群は考えられる回答のすべてを網羅し，かつ，選択肢間

に内容の重複がないものでなければならない。

(2) **複数回答法**　あてはまる回答を複数選んでもらう回答形式である（図10-2・問6の最初の質問）。いくつでも無制限に選んでもらう場合もあるが，選択肢の多くが選ばれそうな場合には，「3つまで選んでください」というように，とくに重要なものを少数選んでもらうよう制限を設ける。これを制限複数回答法と呼ぶ。なお，いくつでも選んでもらった後で，最もよくあてはまるものを1つだけ選んでもらう方法もある（図10-2・問6の2番目の質問）。

(3) **自由回答法**　回答欄に自由に記入してもらう回答形式であり，得られた回答は自由記述とも呼ばれる（図10-2・問9）。この回答形式は質問紙作成のための予備調査において利用されることが多いが，調査後に回答内容を分類し各々に番号を与えて（コード化して）集計することもできる。

なお，上記(1)～(3)とは別の視点から，回答形式について，評定法や強制選択法という言葉が使われる場合もある。

評定法とは，多段階の選択肢群のなかから，どれか1つを選んでもらう回答形式で（図10-2・問8の各質問），後述する「尺度化」を前提に用いられる言葉である。段階は5段階や7段階，または，中間に「どちらともいえない」という選択肢を設けない4段階や6段階であることが多い。

一方，強制選択法とは，対立する2つの意見を提示し，必ずどちらかを選んでもらうような回答形式であり，世論調査などでよく用いられる（図10-2・問7）。

なお，研究目的によっては，得点配分法，順位法，一対比較法などの形式が用いられることもある（章末の参考図書に掲げた『心理学研究法9 質問紙調査』を参照）。

図 10–2　調査票（架空例）

政治とマスコミに関する調査

お忙しいところ誠に恐縮ではございますが，ご協力くださいますよう，お願い申し上げます。

【記入方法，回収日時，問い合わせ先，調査票作成年月日など】（省略）
【調査員名・地点番号・対象者番号などの記入欄】（省略）

●まず，テレビや新聞について，おうかがいします。

問1　あなたは，ふだん（休日は除く），テレビのニュース番組をどの程度ごらんになりますか。あてはまる番号を<u>1つ</u>選んで○をつけてください。（○は1つ）

1. ほとんど見ない	4. 1時間くらい	7. 2時間以上
2. 15分くらい	5. 1時間半くらい	
3. 30分くらい	6. 2時間くらい	

― 中　略 ―

●次に，毎日のくらしに関わる政治や政策について，おうかがいします。

問5　あなたは，いまの国の政治にどれくらい関心がありますか。（○は1つ）

| 1. おおいに関心がある | 3. あまり関心がない |
| 2. 多少は関心がある | 4. まったく関心がない |

問6　あなたは，今，政府が取り組むべき問題として，どのような問題が重要だと思いますか。次のなかから<u>いくつでも</u>選んでください。（○はいくつでも）
また，今選ばれたもののなかで，最も優先的に取り組むべき問題は何だと思いますか。<u>1つ</u>選んで，番号に◎をつけてください。（◎は1つ）

1. 経済の構造改革	6. 環境問題
2. 景気対策	7. 教育改革
3. 政治・行政のあり方	8. 憲法問題
4. 外交・安全保障	9. その他（　　　　　　）
5. 社会保障制度改革	10. 特にない

問7　野党には次の2つの役割があります。あなたは，今の野党に，どちらをより強く期待しますか。あてはまる方を<u>1つ</u>選んでください。（○は1つ）

| 1. 政府・与党の政策を批判する | 2. 政府・与党に別の政策を提言する |

問8 あなたは，今の国の政治について，どのようにお考えですか。以下のそれぞれの項目について，あてはまる番号を<u>1つずつ</u>選んでお答えください。なお，回答にあたっては，あまり深く考え込まず，心に浮かんだままをお答えください。（〇は1つずつ）

	そう思う	ややそう思う	どちらともいえない	あまり思わない	全然そう思わない
1. 国民の意見を政治に反映させるのはむずかしい	1	2	3	4	5
2. 政治のことは難しすぎて私にはとても理解できない	1	2	3	4	5
3. 自信を持って政治や政策について話すことができない	1	2	3	4	5
4. 一人一人の投票が政治を動かしているとはとても思えない	1	2	3	4	5
5. 政治の動きは我々にはどうにもならない力で決定されている	1	2	3	4	5
6. 政治批判はできても代案提出となると自信がない	1	2	3	4	5
7. 我々が少々騒いだところで政治はよくなるものではない	1	2	3	4	5
8. 政治的決定に影響を及ぼす有効な方法がみつからない	1	2	3	4	5
9. 政治や政策のことは自分より優れた人が議論することだ	1	2	3	4	5
10. 私のような人間が政治についてとやかく言う資格はない	1	2	3	4	5

問9 「国民は政治に関心がない」という意見がありますが，あなたは，この意見について，どんな感想を持たれますか。どんなことでもけっこうですから，以下に自由に記入してください。

―　中　略　―

●最後に，あなたご自身について，おうかがいします。

F1　あなたの性別

| 1. 男性 | 2. 女性 |

F2　あなたの年齢

|　　|　歳

―　中　略　―

お忙しいなか，長時間ご協力いただき，本当にありがとうございました。

調査票の構成

質問ができあがったら，今度はそれを質問紙や調査票の形にまとめなければならないが，そのとき問題になるのが質問の配列順序である。質問の配列順序には必ずしも明確なルールがあるわけではないが，一般には表10-2 に挙げたような原則に基づいて実施される。

まず(1)は，調査への協力を取り付けるために必要な措置である。調査票の一番最初に誰にでも簡単に答えられる質問があれば，それに答えた人は「自分は調査に協力的な人間である」という自己イメージをもつようになり，その後は，多少答えにくい質問にも抵抗なく回答するようになると考えられている。そのため，答えてもらうこと自体を目的とした簡単な質問が調査票の冒頭に設定されることもある（こうした質問は「捨て質問」とも呼ばれる）。

また，(2)が大切な理由も(1)と同様である。最初から，世帯年収や学歴といったプライベートな質問が並んでしまうと，回答者は身構えてしまい，調査者との間に協力的な関係（ラポール）が生まれにくくなる。

(3)は，回答者の心理的負担を考えるがゆえの原則である。数分で終わるような調査なら話は別だが，調査項目が非常に多い場合は，後ろに行くほど回答者の疲労や飽きが著しくなり，その結果，「記入ミス」や「いいかげんな回答」が増えると考えられる。

(4)も同様で，事実に関する質問の方が回答の心理的負担が少なく，疲労や飽きの悪影響を受けにくいと考えられるがゆえの原則である。したがって，ここで言われている「事実に関する質問」とは，「過去の行動の想起」のように心理的負担が小さくない質問のことではなく，「現在の耐久消費財の所有」のようにすぐ回答できるものを指している。

(5)については，こうした工夫がないと，回答者は質問の意図が

表 10-2　質問配列の原則

(1) 一般的で答えやすい質問を最初に。
(2) プライバシーに関わる質問は最後に。
(3) 重要な質問はできるだけ前に。
(4) 意識や意見を尋ねる質問は，事実に関する質問よりも前に。
(5) 同じテーマの質問はできるだけまとめて配置し，次のまとまりに進むときには，その旨ガイダンスの文章を入れる。
(6) 回答者の興味と熱意が持続するように，質問の内容や形式を，適宜，変更する。

わからず困惑し，最悪の場合「こんな調査には答えたくない」と回答を拒否するかもしれない。こうしたことが起こらないよう，内容が大きく変わるときにはガイダンスの文章を挿入する必要がある（図10-2の●印のある文章を参照）。

(6)は，一見(5)と矛盾するようだが，これも「記入ミス」や「いいかげんな回答」を減らすための原則である。似たような内容や形式があまりに続くと，回答者が飽きてしまい，よく考えずに回答する危険性が高まるからである。ハイウェイには長距離ドライバーの居眠りを誘わないよう，物理的には必要のないカーブが設けられることがあるが，調査票にも適度な変化が必要である。

なお，調査票ができあがったら，ただちに実査（本調査のデータ収集作業）に入るのではなく，事前に必ず予備調査を実施しなければならない。質問文の表現や質問の量など，必要な修正は思ったより多いものである。

また，予備調査では，できるだけ本調査の対象者と，性別，年齢，職業などの人口統計学的属性（デモグラフィック変数）が類似した人々を対象とすることが望ましい。

対象者の決定

質問の作成や調査票の構成と並行して，どのような人々の集団を調査対象とするか，

決めなければならない。たとえば、本章冒頭の研究なら、デトロイト地区のすべての白人が調査対象者となりうるし、大学で学生生活実態調査を行うときには、その大学の学生全員が調査対象者となりうる。調査法においては、こうした調査対象者全員が所属する集団のことを母集団と呼ぶ。調査を実施する際には、必ず、母集団を明確に定義しなければならない。

　また、次にしなければならないのは、母集団の構成員全員を調査するのか、それとも、母集団から標本（サンプル）を抽出し、標本を調べることを通して母集団の状況を推測するのか、という選択である。なお、前者のように母集団の全員を調べる調査を全数調査（悉皆調査）といい、後者のように標本を調べる調査を標本調査という。調査票が完成していれば、全数調査の場合には、母集団の決定後ただちに実査に入ることになるが、標本調査の場合には、その前に標本抽出（サンプリング）を行わなければならない。

　標本抽出は、研究者の意思で対象者を選ぶ有意抽出と、対象者の誰もが等確率で選ばれる無作為抽出とに大別される。有意抽出は比較的容易に実施できる方法であるが、研究者の意思で標本を選ぶため、偏りが生じやすく、母集団を代表しない危険性が非常に高い。考えてほしい。もしも、冒頭の保守的偏向に関する調査が、研究者の知り合いや、身近で調査しやすい人たちばかりを対象にしていたとしたら、どうだろう。結果はデトロイト地区の意見分布を代表するものだとは言えないし、保守的偏向という現象の存在さえ怪しくなってくる。これでは研究として失格である。

　このように、有意抽出はその代表性に問題があり、得られた標本も使い方が大変難しい（章末の参考図書に掲げた『社会心理学研究法』の31～38頁を参照）。そこで以下では、一定の代表性を確保するための方法として、無作為抽出法（ランダムサンプリング）について解説

することにしたい。なお，一口に無作為抽出法といっても，具体的には以下のようなバリエーションがある。

(1) **単純無作為抽出法**　まず，10,000人から1,000人を偏りなく選び出す方法について考えよう。最も単純な考え方は10,000人分のくじをつくって，そこから1,000人をくじびきで選び出すというものである。このように，母集団に含まれるすべての個人に一連の番号を振り，その番号をくじと見なして，必要な数の標本をくじびきによって選び出すのが単純無作為抽出法である。

なお，ここで重要なのは，こうしたくじびきによって，母集団の誰もが等確率で選ばれるようになっている，という点である。くじびきは選ぶ者の意思（有意）を排除し，標本が母集団をできるだけ正確に代表するようにする方法なのである。

このように，単純無作為抽出法はシンプルな考え方に基づいている。しかし，その代わり，大変手間のかかる方法でもある。とくに，母集団の人数が大きい場合には，一連の番号を振ること自体が不可能となるため，実際には使えない方法となってしまう。

(2) **系統抽出法**　これに対し，誰もが等確率で選ばれるというルールを守りながら，抽出作業の簡易化を図った方法もある。たとえば，10,000人から1,000人を偏りなく選び出す場合，10,000人を偏りなく1,000人ずつ10個のグループに分けることができれば，それら10個のグループのなかから，どれか1つをくじびきで選べばよいことになる（1人ひとりが標本に選ばれる確率は10分の1で，単純無作為抽出法の場合と同じである）。

では，どうやって，10,000人を偏りなく1,000人ずつのグループに分ければよいのだろうか。ここで対象者に一連の番号が振ってあれば，答えは簡単である。対象者番号の1の位の数をグループの番号だと考えればよいのである（0は10と考える）。あとは，正20

面体のサイコロを1回振って、1の位の数を1個決めれば抽出が終了する。これが系統抽出法である。

なお、こうした方法を実際の具体的な作業手順にそって解説すると、以下のようになる。まず、抽出台帳となる母集団の名簿を用意する。次に、母集団の人数を、抽出する標本数で割って、抽出間隔（インターバル）を決める（例：10,000÷1,000＝10）。そして、くじびきで抽出間隔を超えない数字（1～10）を1つ選び、そこを起点にして、それ以後は抽出間隔ごとに標本を選び出す（例：起点が3なら、それ以降は、13番目、23番目……9,993番目と、10人おきに合計1,000人が選ばれる）。このため、系統抽出法は等間隔抽出法とも呼ばれる。

ただし、注意しなければならないのは、抽出台帳の並び順に規則性がある場合には、「偏りのないグループ分け」ができないことがある、という点である。たとえば、いま、同じ方角に向けて建てられた集合住宅（10軒×10階）が10棟あったとして、ここで1,000軒から100軒を選んで居住意識調査を行う場合について考えてみよう。もしも「起点10・抽出間隔10」になってしまうと、全棟で各階一番端の「静かだが西日の当たる部屋」ばかりが選ばれてしまい、標本が完全に偏ってしまうことも起こりうる。したがって、系統抽出法を使う場合には、抽出台帳が一定の規則性をもっていないかどうか注意が必要となる。

(3) **多段抽出法**　しかし、並び順の問題がなければ、系統抽出法によって問題がすべて解決するかというと、そうではない。たとえば、日本全国の有権者すべてを母集団とする調査では、選挙人名簿は存在しても、それらは各自治体ごとに管理されており、その数も膨大である（これまでは長くそうであった）。こうした場合、名簿を一括して抽出作業を行うのは事実上不可能となるし、それができたとしても、直接個人を抽出するためには、人員、時間、交通費など

のコストが膨大なものとなってしまう。

 そこで、そのような場合には、直接個人を抽出するのではなく、まず市区町村（第1次抽出単位）を抽出し、次に、それぞれの市区町村のなかから地区（第2次抽出単位）を抽出し、最後に、地区から個人（第3次抽出単位）を抽出する、というように、多段階の抽出法が採用されることになる。

 このように、何段階かの「抽出単位からの抽出」を繰り返し、最終的に、目的の抽出単位からの抽出に至る方法が多段抽出法である（段階数に応じて、2段抽出法、3段抽出法などと呼ばれる）。

 (4) **層化抽出法**　また、標本の精度を上げるために、事前に人口規模、地域特性、産業構成比などの特性を考慮して母集団をいくつかのグループ（層という）に分け、各層から層の大きさに比例して無作為抽出を行うことがある。こうした方法は層化抽出法（層別抽出法）と呼ばれる。

 以上が代表的な無作為抽出法であるが、多くの場合、これらの技法は組み合わせて用いられる。たとえば、各種世論調査で採用されてきた層化2段無作為抽出法の場合には、まず母集団を都市規模や地域特性などによって層化し、次に各層から調査地点を抽出し、最後に各地点から系統抽出法によって最終的な標本である個人を抽出している。

 ただし、いかに標本抽出を精巧に行ったとしても、そうした標本のデータが100％回収されるわけではないという点には注意が必要である。当然のことながら、回収率が低く回収数が少なければ標本誤差（標本抽出に由来する誤差）は大きくなる。また、一定の回収率であっても、調査内容に関連のある偏りが発生している危険性がないわけではない。たとえば、政治に関心のない層で回収率が低くなっている場合には、回収された標本自体が調査内容と関連する偏り

をもっていることになる。こうした場合には調査結果の解読に細心の注意が必要となる。

　なお，標本抽出の際には，抽出法の選定とともに，標本数も決めなければならない。標本数は機械的に決定できるものではないが，基本的には標本誤差をどの程度認めるかによって決定される。たとえば，400サンプル回収された標本調査（無作為抽出）では，「50%」という回答の誤差は，信頼度95%の場合，±5ポイントである。したがって，50%という結果を「母集団での値は45%から55%の間にある」と解釈することで十分な場合には回収数は400でよいことになるし，それ以上の精度が必要な場合には，必要とされる精度に合わせて，もっと多くの標本が必要となる（章末の参考図書に掲げた『社会調査の基本』を参照）。

調査方法の選択

調査票ができあがり，対象者が決まったら，いよいよ実査であるが，代表的な調査方法としては，以下の6つを挙げることができる。

(1) **面接調査**　調査員が直接対象者に面接し，調査票の指示に従って，適宜，選択肢の書かれたカードを提示しながら，口頭で質問し，手元の調査票に回答を記録する方法である。一般的なのは，調査員が対象者の自宅・職場等を訪問する個別訪問面接法である。長所は，調査員が調査対象者を直接確認できるため代理回答（本人の代わりに家族の誰かが回答するようなこと）が起こりにくい点，および，比較的高い回収率が期待できる点である。一方，短所は，高額の人件費が必要な点である。なお，調査員が多い場合には，個々の調査員の態度・個性・技術の優劣などが結果に影響を及ぼす可能性もあるため，事前に調査員への十分な教示が必要となる。

(2) **留置調査**　留置という名のとおり，調査員が対象者に調査票を手渡した後，一定期間それを留め置き，その間に自記式で回答

Column⑩ 「変化」をとらえる調査法

調査というと，大学の講義時間中に20分くらいで実施されるものや，新内閣発足直後の数日間に集中的に実施されるものを思い浮かべる人が多いのではないだろうか。もちろん，そうした調査も多いのだが，なかには長期間にわたり実施される調査もある。

統計数理研究所の「日本人の国民性」調査は，1953年から5年おきに，半世紀以上にわたって実施されている大規模な継続調査である。この調査では，まったく同じ質問を繰り返し尋ねることで，時代による意識の変化はもちろん，加齢による意識の変化や，世代固有の意識の有無についても貴重な情報が収集・分析されている（時代・加齢・世代の各効果に関する分析はコーホート分析と呼ばれる）。

また，こうした継続調査では対象者が毎回異なるが，ラザースフェルドらの投票行動研究「ピープルズ・チョイス」においては，同一の対象者に一定の時間間隔をおいて繰り返し質問を行うパネル調査という方法が採用されている。パネル調査の長所は，同一個人の回答の時間的な変化から，因果関係を推測するための情報が収集可能な点である。他方，短所は，途中で調査不能者が発生し回収率が低下していくことや，長期にわたり対象者であることが回答者の意識を変化させる可能性がある点である。

なお，変化といえば，質問文の違いによる回答の変化も重要な研究テーマであり，そうした研究を可能にするのがスプリット・バロット・テクニックである。この方法は，対象者をランダムに2群（以上）に分割し，各群に，比較可能な違いをもたせた質問紙を，それぞれ配布する方法である。一般にはスプリット（法）と呼ばれることが多いが，その方法論的特性から実験的調査と呼ばれることもある。

してもらい，回収する方法である。長所は，面接調査のように調査員が質問に長い時間を費やす必要がなくなる点や，調査費用が面接調査ほど高くはない点，および，個別訪問面接法より高い回収率が期待できる点である。一方，短所は，代理回答の危険が残る点と，記入ミスをチェックできない点である。

(3) **電話調査**　調査員が対象者の自宅に電話をかけ，本人であることを確認した後，調査票に従って質問を行い，回答を記録する方法である。突発的な事件への人々の反応や，特別番組の視聴率など，迅速な調査が必要な場合に力を発揮する方法である。長所は，準備期間や集計期間が短くてすみ迅速な実施が可能な点，費用が比較的安価な点，比較的高い回収率が期待できる点などである。一方，短所は，対象者が電話加入者（戸主名義）や電話帳掲載者に偏りやすい点や，複雑な質問や長時間の質問が不可能な点などである。

(4) **郵送調査**　調査票の配布・回収を郵送で実施し，対象者に自記式で回答してもらう方法である。多数の調査員が必要な面接調査や留置調査に比べ，比較的安価に実施できる点が長所である。一方，短所は，回収率が低くなる危険性がある点，代理回答の危険が残る点，記入ミスをチェックできない点などである。

(5) **Web調査**　PC等の電子機器とインターネットによってデータを収集する方法で，公募型（非確率標本）と非公募型（確率標本）に分けられる。公募型の代表例は調査会社の登録モニターを利用するケースで，長所は安価で迅速な調査が実施できる点，短所は標本の代表性や不正回答の混入といった問題を抱える点である。

(6) **集合調査**　対象者に1カ所に集合してもらい，調査員の指示に従って一斉に調査票に回答してもらう方法で，ギャング・サーベイとも呼ばれる。例としては，大学の講義時間中に学生を対象に実施されるケースを挙げることができる。1カ所で一斉に実施できる点が長所であるが，集まれる人々を対象とする方法であるため，標本の代表性に大きな問題が残る。人間の普遍的な心理的メカニズムだと仮定されるものが研究対象である場合や，母集団のほとんどの構成員が集合している場合は話が別だが，そうでない場合は結果が一般化できないため，予備調査などにしか利用できない。

3 質問文の作成と尺度構成

　以上が実施方法の概略であるが，実際に調査を行う際には，質問文の作成や尺度構成についても十分な注意が必要となる。

> **ワーディングの影響**

　質問文を作成する際に，「誘導質問にならないよう，言葉づかい（ワーディング）に気をつけなさい」とアドバイスされることがあるが，そこで言われている誘導質問とは，次のような質問のことである。「『年度末の道路工事は景気対策として必要である』という意見がありますが，こうした道路工事について，あなたのお考えに近いのは，次のうちどれでしょうか？」。

　この質問は，不要論を示さず，必要性にのみ言及することで，回答者を「道路工事・賛成」へと導く可能性がある。「誘導」と言われる由縁である。

　また，これほどあからさまな誘導ではなくても，言葉の選び方1つで結果が大きく変わることもある。たとえば，次の例がそうである。①「あなたは『アメリカ合衆国はデモクラシーに反対する言論を禁じるべきだ』と思いますか？」。1940年に行われたこの調査では，「はい」が54％，「いいえ」が46％と，世論は大きく二分されることになった。ところが，この質問を次のような表現に変えたところ，結果は大きく変わった。②「あなたは『アメリカ合衆国はデモクラシーに反対する言論を許すべきだ』と思いますか？」。何と，この質問に「いいえ」と答えた者は75％で，①の「はい」よりも20ポイント以上も多くなっていた。調査を行ったラッグは，こうした現象を「禁止と許可の非対称性」と呼んで議論した（今日では，

「許す・許さない」という言葉が,「禁じる・禁じない」という言葉よりも穏当かつ不明瞭であることが大きな原因だと考えられている)。

このように,質問文のワーディングの違いは,回答に大きな影響を及ぼしうる。そのため,質問文の作成にあたっては,さまざまな視点からの検討が不可欠となる。

> 聞き方で変わる調査結果

しかも,回答結果を変えるのはワーディングの違いだけではない。質問の形式や配列など,広い意味での「聞き方」の違いは,以下のように,いろいろな形で結果に影響を与えうる。

(1) **暗黙の仮定** 例「あなたは,お仕事を引退された後,誰に養ってもらいたいですか？」。

高齢期の暮らし方を尋ねるこの質問の背後には,「引退後は必ず誰かに養ってもらうはずだ」という暗黙の仮定(あるいは先入観)がある。もちろん,そうした人々もいるのだが,他方には,誰かに頼ることをよしとせず,みずから備えている人もいる。そうした人々にとっては,こうした質問が,自分たちを視野に入れない「見識のない質問」に見えるかもしれない。あるいは,そうした人々を念頭に置かない研究は,「依存的な高齢者像」を維持・強化することに「一役買ってしまう」かもしれない。このような場合には,「あなたは,お仕事を引退された後の暮らしについて,どのように考えておられますか？」と広く質問し,多様な暮らし方を網羅した選択肢を設ける必要がある。

(2) **ダブルバーレル質問** 例1［論点並列型］「あなたは,親や教師の態度が,子どもの非行の原因であると思いますか？」。

この質問では,「親や教師」という言葉を「子どもにとって影響力のある大人」とおおまかに解釈すれば,一応の回答も可能である。しかし,子どもをもつ親のなかには「教師にもっと頑張ってもらい

Column⑪　フォーカス・グループ・インタビュー

「コーヒーと紅茶，どちらがいいですか？」そう聞かれると「ウーロン茶」とは言いにくい。多くの人がセカンドベストを選ぶはずである。

選択肢から回答を選ぶ質問紙調査でも，これと同じことが起こりうる。しかも「お茶」と違い，回答者自身が大事な「選択肢」に気がつかない可能性も高い。どうしたらよいだろうか。

1つの方法は，質問をつくる前に，調査テーマについて複数の回答者たちに話し合ってもらい，自由な意見交換や討論のなかから情報を収集できるように，フォーカス・グループ・インタビューを実施することである。

フォーカス・グループ・インタビューとは，具体的なテーマに関心を集中させ，参加者間の討論を促しながら進められる集団面接のことである（テーマの具体性と参加者間に討論があることをもって，たんなるグループ・インタビューとは区別される）。

実施時には専門的トレーニングを受けた司会者（モデレーター）が同席し，参加者はリラックスした雰囲気のなかで自由に発言・討論できるよう十分に配慮される。参加者数は6〜8人を1つの目安とし，テーマへの関わりや属性（例：性別，年齢，職業）など，何らかの共通点をもつことを条件に選ばれる。

研究目的に合わせた柔軟な利用が可能で，研究の準備段階における情報収集や質問作成のための予備調査はもちろん，生涯学習プログラムやまちづくりイベントなどが進行するなかでも，随時実施することが可能である。心理学においては調査的面接法の一種として古くから知られてきたが，関連分野は心理学だけでなく，社会科学の諸分野や，マーケティング，医療の現場など，多岐にわたっている。

暗黙の前提や見逃していた要因を発見したり，モデルや概念の再考を促したりと，多くのメリットを期待できる方法である。日本語で読める参考図書は次のとおり。S. ヴォーン，J. S. シューム，J. シナグブ『グループ・インタビューの技法』（井下理監訳，田部井潤・柴原宜幸訳，慶應義塾大学出版会，1999年）。

たい」と思っている人もいるだろうし，教育に携わる人のなかには「『学び』以前に家庭の『しつけ』ができていない」と思っている人もいるだろう。こうした人々にとって，対立する両者をひとくくりにした質問は非常に答えにくいものとなる。このような場合には，並列されている「親」と「教師」のそれぞれについて，別々に判断できる形式の質問にする必要がある。

なお，こうした質問はダブルバーレル質問と呼ばれる。ダブルバーレルに「二重の」という意味があるためであるが，「二連銃」という意味もあるため，そうした銃では狙いが定めにくいところから転用された名称だとする説もある。

例2［論点従属型］「あなたは大学へ行って心理学を専攻したいと思いますか？」。

この質問には「大学進学」と「心理学専攻」という2つの論点が関連する形で含まれており，「大学には行きたいが専攻したいのは社会学」という高校生にとっては，答えやすい質問ではない。これも一種のダブルバーレル質問である。このような場合には，まず大学進学を希望するかどうかを尋ね，希望者のみを対象とする下位質問（サブクエスチョン）で心理学等の専攻希望を尋ねる必要がある。

(3) **コンテクスト効果**　例1［主題文脈型］「先週1週間の間に，どのくらいビールを飲まれましたか？」。

この質問に対する回答は，それが「消費生活実態調査」のなかにある場合よりも，「成人病に関する意識調査」のなかにある場合の方が低めの値となる可能性がある（原因として，発病回避欲求，健康管理表明欲求などが考えられる）。

このように，同じ質問であっても，文脈によって回答に変化が生じる現象はコンテクスト効果と呼ばれている。

例2［質問順序型］「あなたは，妊娠している女性が，結婚して

いてこれ以上子どもを望まない場合に，合法的に人工妊娠中絶できるようにするべきだと思いますか？」。

この質問は，単独で尋ねられたときよりも，次のような特殊質問の後で尋ねられたときの方が，反対が多くなることが知られている。「あなたは，妊娠している女性が，赤ちゃんに深刻な障害がある可能性が高い場合に，合法的に人工妊娠中絶できるようにするべきだと思いますか？」。

こうした特殊質問の後ろにあると，回答者は質問を「特殊なケース（障害をもつ子ども）を除いた質問」だと認知しやすくなる。そのため，合法化に反対する人たちのなかで「やむをえぬ事例」を除いて考える人が増え，結果として「反対」が多くなりやすいと考えられる。これに対し，最初の質問が単独で尋ねられると「やむをえぬ事例」をも含んだ形で判断せざるをえなくなり，「反対」が少なくなりやすいと考えられる。

このように，先行する質問が後続する質問の回答に影響を及ぼす現象を，キャリーオーバー効果と呼ぶこともある。

心理尺度の活用

回答結果がワーディングの影響を受けやすいことについてはすでに述べたとおりだが，このことは，人間の行動の背後に仮定される抽象的な心理的傾向（構成概念）を測定する際には，とくに重要な問題となる。

調査法による心理学研究では，このような問題に対処するために，複数の項目を組み合わせて尺度（スケール）を作成することが多い。

たとえば，図10-2の問8は政治的有効感尺度を構成するための項目群である（項目が否定的表現なので，「政治的無力感」と言った方がわかりやすいかもしれない）。この政治的有効感にはいくつかの下位次元があるが，ここでは内的政治的有効感（自分自身が政治に対して影響力をもっていると思うかどうか）と，外的政治的有効感（政治の仕

組みが有効に働いていると思うかどうか）が取り上げられ，項目2，3，6，9，10は前者を，残りの項目は後者を測定すると考えられている。

　こうした項目群によって尺度をつくることができれば，「性別や年代によって内的政治的有効感に差があるかどうか」（集団間の比較）や，「政治的関心は内的政治的有効感と外的政治的有効感のどちらとより強い関連を示すか」（心理的傾向間の関係の記述）といった詳細な分析も可能となる。

　では，こうした尺度は，どのようにしてつくればよいのだろうか。また，既存の尺度には，どのようなものがあるのだろうか。

　まず，尺度の作成についてであるが，初心者に対しては尺度の新規作成よりも既存尺度の利用をお勧めしたい。というのは，新規作成のためには，測定理論や統計技法など習得しなければならないことが多く，多大な時間が必要となるからである。これに対し，既存尺度の利用については，日本語版の心理尺度を集めた専門書を利用できるため，初心者でも比較的容易に研究に必要な尺度を探し出し，調査に用いることが可能である（章末の参考図書に掲げた『心理測定尺度集』〔Ⅰ〜Ⅵ〕を参照）。

　ただし，既存尺度を利用するときには，出典である研究論文にあたり，調査概要を確認して，自分の研究に利用可能かどうか十分検討する必要がある。また，その際，尺度の妥当性と信頼性が十分高いかどうかも重要な検討ポイントとなる（妥当性とは「測りたいことが測れている度合い」のことであり，信頼性とは「何度測っても同じ結果になる度合い」のことである。第12章参照）。

　次に，研究に利用可能な尺度が見つかり，それを用いて調査を実施したら，分析の前に複数の項目を組み合わせ尺度を構成しなければならない。基本的には出典となる論文に記載された方法に従うこ

とになるが，多くの場合は，複数の項目が同じ事柄を測定している度合いが高いこと（内的整合性が高いこと）を確認したうえで，各項目の得点を足し合わせた合計得点を算出し，それを尺度得点とすることになる。

なぜ足し合わせるかというと，そもそも測定対象である「心理的傾向」自体が，さまざまな行動の背後に仮定される構成概念であるため，1項目では個々の項目内容がもつバイアスに大きく引きずられ，測りたいものを測れなくなる危険性が高くなるからである。たとえば，図10-2・問8の項目3のみをもって内的政治的有効感と見なすのは危険である。なぜなら，この項目には政治の理解に自信のない人だけでなく，人と話す能力に自信のない人も「まったくそう思う」と回答する可能性があるからである。後者の回答は「コミュニケーション能力への自信度」であり，内的政治的有効感を測定しているとは言い難い。

このように，1項目の高得点をもって内的政治的有効感が高いと判断するのは危険である。しかし，複数の項目にわたって高得点を記録するのなら，それだけ確実性は増すことになる。したがって，個々の項目の得点よりも，複数の項目の合計得点の方が，より妥当性が高いと考えられる。

また，多くの項目を足し合わせることにより，個々の項目の回答に生じる偶然誤差が相殺される。たとえば，多段階の選択肢から回答を選ぶ際に，回答者が，たまたま「やや高め」に答えたり「やや低め」に答えたりすることは，十分に起こりうることである。1項目のみによる測定では，こうした誤差がそのまま個人の測定値となってしまうが，項目が複数あると，それらを足し合わせることにより，「やや高め」と「やや低め」が相殺され，それだけ真の値に近づいたと考えることができる。

4 よりよい調査研究のために

 最後に，よりよい調査研究のために，ぜひとも理解しておかなければならないことを挙げておきたい。

> 手段と目的

 まず，最初に考えてほしいのは，調査が本当に必要かどうか，ということである。あたりまえのようだが，ときどき「十分な必然性もないのに調査を行っている論文」の話を耳にする。調査はあくまで研究の方法であり，目的を達成するための手段である。このことを忘れ，「調査をすると研究らしく見える」といった誤った考えに陥っていないかどうか，十分な反省が必要である。

> 質問の量

 また，調査研究に熱心なあまり，長大な調査票をつくってしまったり，仮説が支持されなくても何かしら相関関係が見つかるようにと，テーマとあまり関係のない質問を多数盛り込んだりするのも問題である。そうした調査は回答拒否を増やし，調査不信を高めてしまうおそれがあるからである。質問量が多くなりそうなときには，必ず予備調査を実施し，回答可能な質問量を事前に把握しておくべきである。

> 立場性の理解

 また，調査を実施する者のなかに，回答者に協力してもらっているにもかかわらず，高圧的な態度や言葉づかいで臨んだり，十分な説明もないまま調査票を配り，回答をせかしたりする者がいたとしたら，どうだろうか。調査者は，あくまで「お願いする立場」であり，回答者が善意で協力してくれていることを忘れてはならない。もちろん，回答者のプライバシーへの配慮や，質問に不適切な表現や倫理的問題がないか

どうかの検討も不可欠である。また，回答者に調査の目的や結果を知る権利があることも忘れてはならない。

> 調査を生かす力

このように，調査を実施するうえで，理解しておかなければならないことは非常に多い。また，計画・実施・分析といった一連の過程で，たくさんの作業もこなさなければならない。質問紙調査を「紙と鉛筆だけでできるお手軽な方法」だと思っていた人がいるかもしれないが，そうした認識はまったくの誤りである。

しかし，調査が大変なだけの作業かというと，もちろん，そうではない。本章の冒頭で紹介したように，調査には私たちの心の謎を解き明かす力が備わっているし，調査でなければ取り組めない研究領域もけっして少なくはない。

読者には，実際に試行錯誤するなかから，調査の力を生かす方法を身につけてほしい。

参考図書

続有恒・村上英治（編） 1975 『心理学研究法 9 質問紙調査』 東京大学出版会
　●調査に携わる者の必読文献。解説は平易で具体例も多い。
山田一成 2010 『聞き方の技術』 日本経済新聞出版社
　●質問紙作成の基礎を Q & A 形式で解説した入門書。
杉山明子（編著） 2011 『社会調査の基本』 朝倉書店
　●標本抽出の解説が具体的でわかりやすい。
村田光二・山田一成・佐久間勲（編著） 2007 『社会心理学研究法』 福村出版
　●クロス集計の解説や，研究事例の紹介など，参考になる点も多い。
堀洋道（監修） 2001〜2011 『心理測定尺度集』（Ⅰ〜Ⅵ） サイエンス社
　●心理尺度に関する情報の集成。実習や卒論にも大変有益である。

第11章 観 察 法

日常のふるまいのなかに心の本質を見出す

1 観ることと察ること

　目や耳を通して，絶えず無数の情報が私たちのなかに流れ込んでくる。しかし，その絶え間ない情報の流れのなかから，私たちはどれだけハッとするような「意味ある発見」をすくいえているだろうか。生きている時間の長さからすれば，そうした発見はきわめて少ないと言えるのではないだろうか。

　まず，確認しておくべきことは，観察という行為が，自然に見えてくるもの，聞こえてくるものをただ受動的に受け入れ，偶然の発見がわが身に降りかかる幸運をひたすら待つだけの営みではないということである。「観」も「察」もともに"み（る）"と訓読みすることができるのだが，「観る」とは，もともと，周囲を丹念に見まわし，念入りにじっくりとよく見ることを意味する。一方「察る」の方は，元来，何かに覆われて判然としないものをくわしく調べて見ることであり，それを通してその本質を推し量ることである。すなわち，「観察」とは，ある対象や目的をある程度絞り込んで"目を凝らし""耳をそばだて"，それらに関わる情報を能動的に取りに行くことであり，そしてそのうえで，その情報を体系的に整理・分析し，たんに現象の外的側面（「Xであること」）のみならず，とき

に，その背後に潜む内的側面（「なぜXであるのか」）にも迫ろうとするものなのである。本章では，このように特徴づけられる観察および観察法が，心理学の方法としていかなる有効性や特質を有しているかについて吟味・考察することにしたい。

2 状況を操作することと現象を選び，記すこと

　通常，私たちは無目的で研究に臨むことはない。「こうだろう」「こうなるはずだ」という明確な仮説があるかどうかは別にして，ある対象に興味を注ぎ，その対象の何ものかを明らかにしたいという目的をもつからこそ，研究は始まるのである。そして，その対象や目的に応じて，いかなる方法が適切であるかを判断することになる。一般的に，観察は，仮説の構成度が相対的に低く，少数の特定変数に絞り込んだ研究が難しいとき，また目的として，あえて人の日常のふるまいそのものに関心を寄せ，その本質を見極めたいときなどに，その有効性を発揮すると言われている。さらには，原理的に研究対象の言語的回答に依存することなくデータ収集が可能なため，言語の理解や表現の能力に乏しい乳幼児や他の生物種にも広く適用することが可能であると言える。

　もっとも，観察と一言では言っても，そのやり方はじつにさまざまである。当然，私たちは，研究対象や目的のより細かな性質を見極めて，それらをうまく使い分ける必要がある。この節では，研究者が観察の状況にどれだけ手を加えるか，どのように観察する現象を選び取るか，また観察したものをどのように記述するかという3点から，観察法の整理を試み，それぞれがどのような場合に強みを発揮するのか，また実施に際してどのような点に留意すべきなのか

といったことについて考えてみることにしよう。

観察状況に対する人為的操作：自然観察法と実験観察法

たとえば，一般的に幼い子どもは日頃どんな遊びをしているのか，それは発達とともにどのように変化するのかを知りたいとしよう。こうした目的の場合，私たちはとにかくまず，記録用紙をもって，子どもがよく遊んでいそうなところ，たとえば幼稚園や保育園の自由遊び場面にでも出向き，目に飛び込んでくる，いろいろな年齢の子どもの遊ぶ姿をただひたすら書き留めればよいかもしれない。そして，その後，各年齢ごとにどのような遊びがどれくらいの頻度で生じたかを整理すれば，それなりに遊びの発達的傾向が明らかになる可能性がある。

ここで注意すべきことは，こうした場合，観察者が子どもの生活状況に対して何ら操作を加えずに，そこで自然に生起してくる行動をありのままに把握しようとしている点である。通常，このような観察のあり方を，「自然観察法」と呼ぶ。この方法は，観察対象の実態を日常の自然な文脈に置いたまま，取り出すことができるという点で優れた方法と考えられる。データを確実に積み上げていけば，観察対象の典型的な特質を緻密にまた正確に把握することが可能だろう。とくにそれは，上で挙げた幼い子どもの遊びのように，日常，比較的頻繁に生じる行動の中核的特徴をとらえたいときなどにその真価を発揮すると言える。

しかし，日常場面において元来さほど生起頻度の高くない行動の性質をとらえたいというようなときにも，この方法をとることが妥当だろうか。十分なデータを得るには，当然，莫大な時間と労力を費やさなくてはならないことになる。たとえば，1回の行動を見るために1週間や10日も，同じ観察対象にずっと張り付いていなくてはならないとすれば，それはあまりにも高コストであろう。この

ような場合,研究者は目的とする行動が相対的に現れやすい状況をみずからつくり上げ,そこに観察対象を導入することで,より効率的にデータ収集を行うことが可能かもしれない。

　発達心理学の重要概念の1つに「アタッチメント」というものがある。これは簡単に言えば親子の情緒的絆ということになるが,より厳密には,ある危機に接したときに,子どもが親との近接関係を求め,またこれを維持することによって,自分は安全であるという感覚を保とうとする傾向のことだとされている。しかし,現代社会に生きる子どもは,相対的に手厚く保護されているために危機的状況を経験すること自体が少なく,したがって典型的なアタッチメント行動を見出すこともさほど容易ではない。そこでエインズワースという研究者は,人為的・実験的に子どもに,ある種の危機あるいはマイルドなストレスを経験させ,そこでの子どもの行動を組織的に観察することを思いつく。そうして生まれたのがストレンジ・シチュエーション法であり,それは現在,子どものアタッチメントの特質を測定する標準的方法として広く用いられている。観察対象である子どもは,そこで(通常,子どもにとっては相当にストレスフルであろう)見知らぬ他者(ストレンジャー)との遭遇や養育者との分離,また,その後に養育者との再会を経験することになる(図11-1)。そして,子どもは,とくに分離時における苦痛の表出や再会時における養育者への態度などを注意深く観察され,最終的に回避型,安定型,アンビバレント型といった各種アタッチメント・タイプに分類されることになるのである。

　このストレンジ・シチュエーション法は,ある特定の行動が生起しやすい状況や環境を研究者側があらかじめ設定し,そこでの人のふるまいや出来事を精緻に検討しようとする「実験観察法」の典型例であると言える。この方法は,すでにふれたように,見たい行動

図11-1 ストレンジ・シチュエーション法

① 子ども用 オモチャ ストレンジャー用 母親用 ドア
実験者が母子を室内に案内。母親は子どもを抱いて入室。実験者は母親に子どもを降ろす位置を指示して退室。（30秒）

⑤ 1回目の母子再会。母親が入室。ストレンジャーは退室。（3分）

② 母親は椅子にすわり、子どもはオモチャで遊んでいる。（3分）

⑥ 2回目の母子分離。母親も退室。子どもは1人残される。（3分）

③ ストレンジャーが入室。母親とストレンジャーはそれぞれの椅子にすわる。（3分）

⑦ ストレンジャーが入室。子どもを慰める。（3分）

④ 1回目の母子分離。母親は退室。ストレンジャーは遊んでいる子どもにやや近づき、働きかける。（3分）

⑧ 2回目の母子再会。母親が入室しストレンジャーは退室。（3分）

出典：繁多進 1987『愛着の発達——母と子の心の結びつき（現代心理学ブックス）』大日本図書（元資料：Ainsworth M. D. S. et al., 1978 *Patterns of Attachment: A Psychological Study of the Strange Situation*. Lawlence Erlbaum Associates.）

が日常そう頻繁に，またそうはっきりとは起こらないような場合に，とくに有効性を発揮すると考えられる。それは，比較的短い時間と少ない労力で効率よく，目的とする対象あるいは行動などの特質をより確実にとらえうるという利点を有している。また，日常場面の自然観察においては，予想外に何が生じるかわからず，その時々の偶発的要因が，観察対象本来の特質を大きく歪めてしまうという可能性も危惧されるのであるが，実験観察では，研究者が状況を構成および統制することで，さまざまなノイズ（通常の行動をかき乱すような偶発的要因）の混入を相対的に低く抑えることができる。もっとも，実験観察法が，観察対象にやや不慣れで不自然な状況を強いる場合があることも確かであり，その結果として後述する「生態学的妥当性」を著しく損なう危険性があるということを十分に考慮しておく必要があろう。

現象選択の方法

研究によっては，あらかじめ最初に見たい行動や現象をとくに絞り込むことなく観察に臨む場合があるかもしれない。このようなケースでは，観察者は通常，時間帯や場面などにあまり限定を付すことなく観察対象にできるだけ長時間張り付き，興味深く印象的なエピソードやふるまいを日誌のようなものに次々と書き留めていくことになろう（このようなやり方をとくに「日誌法」と呼ぶことがある）。こうした方法は，観察対象の日常一般にわたるいわば"全体像"を細切れにすることなくとらえ，これから探索的に，現象のなかに潜む規則性や法則性を発見したり，あるいは新たな仮説を生成していこうとするようなときに有効であると考えられる（第4節参照）。

しかし，たとえば親と子のように観察者と観察対象が非常に密着した関係でもなければ，通常，このように多大な時間と労力を費やす方法はとりにくいだろう。一般的に研究者は，いくつかの基準に

従ってとくに注目する現象を選び取り、また観察のしかるべき単位を定め、研究目的にかなう、より効率のよいデータ収集を目指すことになる。代表的な現象選択の方法としては、場面見本法、事象見本法、時間見本法の3種類のものを挙げることができる。

「場面見本法」は、文字どおり場面単位で現象の切り取りを行うものであり、見たい出来事や行動が反復して生起しやすい代表的場面を選択して組織的な観察を行う方法である。たとえば、幼い子ども同士の言語・非言語のやりとりの特徴を明らかにしたいという場合、子どもの家庭場面での行動を観察してもほとんど意味をなさないだろう。それに関わるデータは、とくに幼稚園や保育園での自由遊び場面に焦点を当てることで収集可能かもしれない。そこでは、保育者による介入が比較的少なく、幼児同士の自発的な関わりや葛藤などが多く生じることが予測され、目的からして最も適切なデータが得られる可能性が高いからである。

「事象見本法」は、特定の種類の出来事やエピソードそのものに着目して現象を選択する方法である。見たいものが生起するまでじっと待機する必要があるという意味においてやや効率性を欠くが、出来事や行動の流れを不自然に断ち切ることなく、そのきっかけから終結まで、まるごと全体をとらえうるというところに大きな利点があると言える。たとえば、幼児の他の子どもに対する思いやり（共感性や向社会的行動など）の特質をとらえたいという場合、誰かが困惑し泣くという出来事に焦点化し、それが生じた場合のまわりの子どもの反応を注意深く観察するということが適切かもしれない。それによって、研究者は、子どもが、他の子どもがとくにどんな理由で泣いている場合に、いかなる思いやりの行動をどれだけの頻度で示しやすいのか、さらにそれは子どもの性別や年齢によってどう違うかなどを体系的に明らかにすることができるだろう。

「時間見本法」は，観察対象がいま何をしているかということにかかわらず，何時から何時までというように，ある時間帯を定め，その間に生じたおもだった行動を逐一拾い上げるというものである。日頃から，どんな行動をどれくらいの頻度でとるのかといった日常の一般的傾向やその規則性などを解明したいような場合によく用いられる方法である。また，この時間見本法では通常，現象の数量的把握が主目的となるため，さらに，それが徹底してなされるよう，全観察時間を一定の時間単位に細かく切り分け，その単位ごとで何が生じたかを詳細に記録・集計することが多い。たとえば，学力水準の違いによって，子どもの授業中の行動にどのような差異があるかを明らかにしたいとする。こうした場合，任意の時間帯にたとえば10分間続けて1人ひとりの子どもの教室での様子を観察することができるだろう。さらに観察時間を10秒単位に区切り，その観察単位ごとに，子どもが教師の話を聞いているか，ノートを取っているか，授業と無関係の活動に従事しているかなど，いくつかの項目に従って種々の行動の生起をチェックすることが可能かもしれない。10分間の全観察時間における観察単位の総数は6（1分あたりの10秒の観察単位数）×10（分）で60となるわけであるが，各行動項目がその60のうちのいくつで生じたかを数え上げて整理すれば，それが各子どもの基本データとなる。さらに，その基本データに基づき，学力水準の低いグループとそうでないグループで，各項目の生起頻度に違いがあるかを検討すれば，目的はおおむね達成されることになろう。もっとも，時間見本法は，もともと生起頻度の少ない，あるいは不規則に生じるような行動の把握には不向きであり，また細かく時間単位で切り分けて集計するため，Aという行動の後にはBという行動が生じやすいといった各種行動間の時間的あるいは因果的連関のようなものは比較的見過ごされやすくなると言われ

ている。

　上に挙げた3つの現象選択法は，当然，研究目的や観察対象の性質に応じて，適宜使い分けられなくてはならないものと言えよう。また，これら3つは必ずしも相互に排他的なものではなく，たとえば場面見本法と時間見本法などは1つの研究のなかで十分に両立可能なものと考えられる。

> 現象記述の方法

　現象の選択と同時に考えなくてはならないもう1つ重要なことは，それをどう記述すべきかということである。観察された現象は，可能な限り過不足なく目的にかなった形で正当に記述されることで，はじめて有意味な分析につながるのである。

　1つの基本的なやり方は，「行動描写法」であり，それは文字どおり，生起した行動を，いつ誰が誰に何をどのようにという形で直接的に描写するというものである。出来事や行動の自然な流れが把握しやすく，リアルに観察対象の実態を再現できるというメリットを有している。もっとも，記録に手間がかかり不要なデータも蓄積されやすいため，整理・分析が比較的困難であるというデメリットも有する。

　すでにある程度明確な仮説が固まっているような研究では，目的に応じてあらかじめいくつかのカテゴリーを設定しておき，ある行動がそのうちのどのカテゴリーに相当するか，あるいはそれらに該当するものが存在するか否かを逐一チェックしていくという「カテゴリー・チェック法」が比較的多く用いられる。これはとくに前述した時間見本法とセットにして用いられることでその有効性を最大限に発揮すると考えられる。すなわち，先の学力水準と授業中の行動に関する研究例のように，5秒とか10秒とかの時間単位ごとに，そこにおける観察対象の行動がどのカテゴリーに該当するかを判断

し，さらに全観察時間にわたるそれぞれのカテゴリー該当数を数え上げれば，それをそのまま数量的な分析に用いることができる。当然のことながら，このカテゴリー・チェック法では，研究目的からしていかに適切なカテゴリーを設定できるかが問われることになる。

このほかに，研究目的によっては，「評定尺度法」といって，観察対象の具体的な行動を1つひとつ拾い上げるのではなく，その全般的な行動特質をいくつかの評価次元に沿って評定するという方法を用いる場合もある。たとえば，学校での子どもの他の子どもに対する態度の質を親密性という観点から，"非常に低い"から"非常に高い"までの5段階で評定するというようなことである。もっとも，この方法では，後述するような評定者の主観的バイアスが入りやすいことも事実であり，可能ならば，1人だけの評定者の判断ではなく，複数の評定者がそれぞれ独立に評定を行い，最終的にその平均を割り出すなどの手続きを踏むことがより適切であろう。

3 確かなデータを得ることと偏りを防ぐこと

実験法にしても質問紙法にしても方法はどうであれ，心理学のデータである限り，私たちは，その「信頼性」，すなわちそのデータがいかに誤差の少ない信頼の置けるものであるかに細心の注意を払わなくてはならない。とりわけ，観察法は，比較的短い観察時間のなかに観察対象の日常における一般的特質が反映されていると見なすことが多く，また，データの性質が観察者の見方あるいは記述・整理の仕方に大きく依存するものであるため，このデータの信頼性をとくに厳しくチェックする必要がある。

サンプルサイズとサンプリング

3歳児1名，4歳児1名，5歳児1名を対象に，それぞれ30分間の遊びの観察を行ったとしよう。私たちはこの観察データをもって，(各子どもの個性記述ということは別にして) 幼児期の遊びの一般的発達傾向について何か意味あることを結論することができるだろうか。もし，たまたま観察対象となった子どもが，ある年齢の一般的な子どもからして，例外的にとても遊びにたけていたり，逆に極端に遊べなかったりすると，このデータは，遊びの発達的変化について非常に歪んだ結果をもたらす可能性が高いだろう。また，もし，観察対象児の性別を考慮せず，ある年齢の子どもが男の子，他の年齢の子どもが女の子であったりすると，異年齢の子ども間に何らかの遊びの違いが認められたとしても，唯一それを発達的変化という観点からのみ解釈することはできなくなるはずである (性差という観点からも考察する必要がある)。さらに，たまたま遊びの観察を行った30分間の直前に子どもが保育者からひどく叱られてシュンとしてほとんど遊べなくなっていたとしたら，そこでのデータはその子どもの日常一般の特徴をあまり反映しえないものと言えるだろう。

こうしたことを考えると，観察データの信頼性を確保するには，まずどれだけの数の観察対象をターゲットにし，それぞれの対象からどれだけの量のデータを取りうるかということ (サンプルサイズの問題) と，また，どれだけ偏りなく対象を選択し，そしてそれぞれの対象の一般的傾向をより反映するようなデータを取りうるかということ (サンプリングの問題) が重視されなくてはならないことになろう。先の例で言えば，3歳児，4歳児，5歳児を10人ずつ，それもすべての年齢で男女半々になるよう観察する方が，遊びの発達的変化を見るにはより適切ということになる。また，30分間の観察

を1回だけ連続して行うよりも，5分間の観察を6回に分けて別々の日に行えば，たとえそのうち1回でひどく叱責されるというような例外的な出来事があっても，全体で見ると，そのデータはおおむね，その子どもの中心的な特徴を反映するものになるに違いない。

観察者のバイアスおよび符号化の問題

非常に興味深い場面を見聞きできても，その記述や符号化（観察された行動などをあらかじめ定めてある分類表などに従って，特定の符号やカテゴリーなどに置き換えること）などの手続きが不適切であれば，当然，そのデータは使い物にならないことになる。本来，誰が見ても，また，同じ人が何度見ても，最終的に同様の記述あるいは分類や評定の結果になることが最も望ましいことと言えるだろう。観察者は，データの客観性・公平さを一定水準以上に維持するために，とくにどのような点に留意する必要があるのだろうか。

現象の記述や符号化をより明瞭・正確なものにするために，観察者は，参考にした先行研究などがあれば，その分析の枠組みを再度見直し，また予備的にVTR録画されたものを繰り返し検討するなどして，あらかじめ，記述の観点を明確に定めておいたり，あるいはカテゴリーの定義や基準などに十分な理解を形成しておくよう努めたりしなくてはならない。また，符号化の最中に新たに不明な点が生じた際には，その場その時限りの主観的判断で分類や評定をせずに，判断を一時保留して，再度，符号化の基準や定義を吟味し直す必要があろう。

また，一般的に観察者（評定者）がどのような誤りを犯しやすいかについてあらかじめ自覚を有していることも重要であろう。たとえば，観察者が，研究目的と仮説などを熟知しているために生じる誤りがある。すなわち，観察者が，ある特定項目間に関連性があるはずだという思いこみをもって観察し，また符号化や評定に臨むと，

ときに実際，その思いこみに沿うように符号化や評定が歪められてしまう危険性があるということである（「論理的誤り」）。また，とくにカテゴリーの定義や評定の基準についての理解が浅い場合などには，符号化や評定の結果が往々にして無難で平均的な方向に流されがちになることも指摘されている（「中心化傾向」）。

このほかに，観察対象がある好ましい特徴を有していると，本来それとは独立のはずの他の行動にも相対的に好意的な見方をしてしまったり（「光背効果」），日頃からよく見知った対象などにはつい有利で過大な評価をしてしまったり（「寛大効果」）することが知られている。さらに，観察対象と観察者が価値観やパーソナリティなどの点で著しく異なる特徴をもっているような場合，それらに関わる観察対象の行動が，実態以上にシビアにあるいは甘く評価されてしまうような場合もあるという（「対比効果」）。

信頼性をチェックする方法

観察および符号化・評定などが一通りすんだ段階で，今度は上述したような誤りを犯すことなくそれらの手続きをいかに正確にかつ公平に進めえたかを確認する必要がある。観察研究では一般的に，こうしたことの指標として，同一データに対する2人の観察者の分類や評定の一致率を算出し，提示することが求められる。主たる観察者が全データに対して符号化を行うとすると，そのうちの何割か（通常は2割程度）のデータをもう1人の観察者に委ねたうえで，それを独立に分類・評定してもらい，結果的に2者間でどれだけの一致が認められるかを吟味するのである。

最近の動向としては，単純な一致率ではなく，コーエンのカッパ係数（Cohen's κ）という指標が用いられることが多くなってきている。これは，2人の観察者間の一致が偶然生じる確率を考慮し，それを除外して，さらに厳しく判断結果の信頼性を問おうというもの

Column⑫ コーエンのカッパ係数の算出例

> Cohen's $\kappa = (Po - Pe)/(1 - Pe)$
> Po：観察者間で実際に判断の一致した率
> Pe：2者の判断が偶然に一致する確率

観察者Xと観察者Yの観察結果

観察単位	1	2	3	4	5	6	7	8	9	10	11	12	13	14	15	16	17	18
観察者X	a	a	b	b	a	c	b	a	b	c	c	a	b	a	b	c	c	b
観察者Y	a	a	c	b	a	c	b	a	b	a	c	a	b	a	b	c	c	b

注：ある子どもの自由遊び場面の3分間を10秒ずつ総計18の観察単位に切り分け，各観察単位ごとに最も優位な遊びの形態をa, b, cの3種のカテゴリーから1つ選択するという形で分類した。

		観察者X			
		a	b	c	
	a	6	0	1	7
観察者Y	b	0	6	0	6
	c	0	1	4	5
		6	7	5	18

$$Po = \frac{6+6+4}{18} = 0.89$$

$$Pe = \frac{7}{18} \times \frac{6}{18} + \frac{6}{18} \times \frac{7}{18} + \frac{5}{18} \times \frac{5}{18} = 0.34$$

$$\kappa = \frac{Po - Pe}{1 - Pe} = \frac{0.89 - 0.34}{1 - 0.34} = 0.83$$

XとYが単純に一致した率を割り出せば0.89となる。しかし，とくにこの場合のように少数のカテゴリーから1つ選ぶというような場合には，たまたまXとYの判断結果が一致することも当然かなりの確率で生じてくる。カッパ係数はこうした偶然の一致確率を割り引いて，より厳しく信頼性を問おうというものである。その値0.83が単純な一致率よりも低くなっていることに注意されたい。なお，コーエンのカッパ係数については，インターネット上で「カッパ係数」あるいは「コーエンのカッパ」などで検索を行うと，より平易でくわしい解説を読むことができる。また，場合によってはエクセルなどによる簡単な計算プログラムも入手可能かもしれない。

である。一般的には，このカッパ係数が 0.75 以上になる場合に，その（符号化・評定後の）データは十分に信頼の置けるものと判定されることになる（*Column*⑫に具体的な数値例と計算手順を示した）。なお，この数値が著しく低い場合は，観察者の見方に歪みはないか，あるいは設定した分析カテゴリーに不適切なところはないかなどを再吟味し，その原因を突き止めたうえで，しかるべき対応策を講じることが必要となる。

生態学的妥当性に対する配慮

観察データの確かさを考えるうえで，「生態学的妥当性」の問題（日常のリアリティから乖離した不自然な現象を引き起こし，それを観察対象の中核的特徴であると錯認してしまう問題；第 15 章も参照のこと）にも注意を払う必要がある。これは，とくに実験観察の場合に最も顕在化しやすいものと言えよう。先述したように実験観察は，見たい行動が現れやすい状況を研究者が人為的につくり上げ，そこにおける観察対象の行動を観察するというものである。しかし，そこで問題になるのは，その場で観察されたものが，観察対象の日常の様子，あるいはもともとの個人的特性を反映するものと考えてよいかどうかということである。非常に不自然な状況を課したために，普段の行動が"取り出される"のではなく，普段ありえない行動が新たに"つくり出される"というようなこともけっして可能性として皆無ではないのである。全観察対象に対しては困難であっても，そのうちの何割かについては実験観察と並行して，日常の自然観察などを行い，実験で取り出されたものが生態学的に見て（日常の現場に戻して見て）妥当であるということをチェックするような気配りがあってしかるべきだろう。

録画・録音機器の活用

近年のさまざまな録画・録音機材の普及は，観察研究の可能性を飛躍的に広げ，より高

精度で信頼性の高いデータの効率的収集を可能にしている。たとえば，VTRを用いることで，録画したデータをその後何度も再生し，現象の選択も記述・符号化も1種類だけではなく幾通りにも実施することができるようになり，また録画を繰り返し見ながら分析の枠組みを作成したり，修正したりすることができるようになった。また，録画を複数の者が見て，それぞれの観察記述や符号化を相互に照らし合わせることで，それらの客観性・公平さなどをより高い水準で保証できるようになったとも言えるだろう。さらには，録画を用いれば，リアルタイムでは到底見えてこない，秒あるいはそれ以下での微視的な行動変化なども分析対象にすることができる（「マイクロ・アナリシス」）。

ただし，観察の場に機材を持ち込み，観察対象にVTRを向けることが，観察対象の自然なふるまいを多少とも歪ませうるということを，研究者は想定しておかなくてはならない。日常の自然なふるまいを取り出すことを優先するならば，ときにあえてVTRを用いずに観察し，記述することも必要になろう。また，録画・録音するからといって，まったく同時並行的な記録をしないですむというわけではない。カメラのアングルや台数によってはその場の状況がうまく撮りきれないという事態が想定される。あらかじめいくつかの項目からなる記録用紙を作成しておき，最低限，それに沿ってメモを取るなどの配慮が必要となろう。

4 場の内側に在ることと仮説を生成すること

心理学の歴史を遡ると，心理学が多かれ少なかれ自然科学の方法を手本として築かれてきたことがわかる。その最たるものが行動主

義心理学であり,そこでは,人の先入観や主観性を徹底的に排除し,自然科学同様,誰の目からしても明晰判明なものだけを研究対象にしようとする態度がかたくなに貫かれていたと言える。心理学における伝統的な観察法も例外ではなく,星の運行を精細に観察し記録する天文学さながらに,人のふるまいのうちで客観的に見聞きできる部分を細部にわたって冷徹にとらえることに心血を注いできたのである。観察者は,基本的に,みずからの主観性の混入や現象への影響をできるだけ排除するために,傍観者として現象の"外側"に立つことを是としてきた。

　しかし,近年,観察者が観察対象と日常的に関わりながら,その関係性のなかで生起する現象の"内側"に在って,現象の意味を読み解こうとする「参加観察」の有効性が再認識されてきている。ここでは観察者と観察対象の関係性について整理したうえで,この参加観察との関連が深い仮説生成型研究および質的研究法の意義などについて考えることにしたい。

観察者と観察対象の関係性

観察者と観察対象の関係性を考えた場合,まず第1に観察者はもっぱら観察者役割に徹し,極力,観察対象との関わりをもたないことが考えられる(「非交流的非参加観察」)。とくに,一方視鏡(マジック・ミラー)や遠隔操作可能な固定カメラなどを用いることができれば,観察者は観察対象にその存在を知られることなく,観察対象の自然でリアルなふるまいを観察することができる。これは,自然科学的伝統から見れば,ある意味,純粋に現象の外側に立つ究極の観察法とも言えるかもしれない。しかし,こうした観察環境を準備すること自体,容易ではないし,またこれで観察できる現象もおのずと狭く限定されることになるため,その適用可能性は相対的に低いものにならざるをえない。したがって,観察者は多くの場合,

多かれ少なかれみずからの身を観察対象にさらしながら，観察を行うことになる。

　ここで問題になるのは，たとえ観察者が傍観者的な客観姿勢を貫いたとしても，観察者の存在が観察対象にとって必ずしも"無色透明"ではありえないということである。観察者がいるだけですでに，その状況や観察対象の様子は多かれ少なかれ何らかの影響をこうむっている可能性がある。一般的にこうした場合，観察者は観察に先立って，観察対象との「ラポール（親和的関係）」を形成しておくことが必要になる。それを通して，観察対象にみずからの観察者役割をある程度了解してもらったうえで，その存在によって生まれる不自然感や違和感のようなものを最小限にくい止めうるよう努めるのである。そしてまた，観察者はみずからが，"観察対象のふるまいや現象生起の背景・文脈の一部"になっているという自覚をもって，観察を行い，かつ観察データを解釈することが必要となろう（背景・文脈の一要素になっているという意味からすれば，これを「消極的参加観察」と呼ぶことができる）。

　傍観的態度を貫いたとしても，その存在自体が観察対象の自然なふるまいを妨げ歪めてしまう可能性があるのだとすれば，観察者はあえてみずからを観察者役割に押し止めることなく，むしろ観察対象が生活する場の一成員，あるいは観察対象と日常的に相互作用する者として自然にふるまう方が適切であるという逆転の発想も成り立つだろう。こうなると，もはや観察者はたんに現象生起の背景・文脈の一部としてだけではなく，ときに観察対象とともに"現象を共同構成する者"にもなることになる。すなわち，たとえば，子どもの遊びを，その外側に立って冷ややかに眺めるだけではなく，遊び相手として子どもと自然に関わり，一定程度，共同的に遊びの展開をつくりながら，それを内側から精察するというようなことであ

る。こうした「交流的参加観察」は，観察対象の不自然なふるまいを極力排除すると同時に，距離を置いた第三者的視点からはつかみえない，現象の"当事者にとっての生きた意味"を見極め，記述することを可能にすると考えられる。もっとも，こうした観察法は，観察対象と深く関わる分，現象の記述を恣意的な方向に流れやすくし，先に挙げた光背効果や寛大効果などによる誤りを引き起こしがちであることも否定できないため，実施にあたってはとくに注意を要すると言えるだろう。

　なおこのほかに，観察者が"現象の積極的な引き起こし手"になるという場合がある。いわゆる「アクション・リサーチ」というものであり，それは，ある個人や集団に対して，研究者がそれらのふるまいに一定の変化を及ぼすことを企図し，明確なプラニングに従って実践活動を試み，その変化の過程や帰結を精細に観察しようとするものである。その適用例は必ずしも多くはないが，教育心理学や社会心理学などの分野で比較的用いられやすい手法と言える。たとえばいくつかの教授法の実践を通して生徒の学習活動や学業達成を観察したうえで，その生徒や学級集団の特質などを把握し，より適切な生徒指導や学級運営の方法を模索するというようなケースがこれに相当するだろう。

仮説生成と質的研究法

心理学に限らず科学的な研究には，「仮説生成」型と「仮説検証」型の2つの研究スタイルが存在するわけであるが，近年，心理学内部からわき上がっている声に，心理学の大半の研究があまりにも後者に偏りすぎてしまい，検証すべき仮説そのものがひどく貧困化しているのではないかという批判がある。さらに言えば，いまこそ，より有意味で面白い仮説を新たに模索する仮説生成型の研究が見直されてしかるべきだというのである。元来，あらかじめ特定少数の変数に絞り込んで

Column⑬ 観察研究における倫理問題

観察者は，観られる側の視点に立ったときにとくに何に配慮すべきなのか，あるいは研究目的のために何をどこまで研究のターゲットにしてよいのかといったことについて，けっして無頓着であってはならない。うがった見方をすれば，観察とは他者をこっそりとのぞき見る行為とも言えるものである。その意味で，観察者は観察対象のプライバシーにかなりのところまで土足で踏み込んでいるのだということを，絶えず自覚しておかなくてはならない。とくに，一方視鏡（マジック・ミラー）や隠しカメラなどを通して観察する場合などは，観察対象の側にほとんど見られているという意識がないわけなので，とくにこの点に配慮する必要がある。事前・事後いずれであっても，観察対象には必ず，研究の目的とその後のデータの取り扱い方などについて，プライバシー保護の確約とともに，可能な限りくわしく丁寧に説明し，インフォームド・コンセントを得る必要がある。

また，実験観察を実践する場合には，その実験状況に置かれることによって，観察対象の心身の状態にどのような影響が及ぶかについて研究者はつねに配慮しておかなくてはならない。研究目的という大義名分があるからといって，観察対象に強い苦痛やネガティブな感情をもたらすことは容認されえない。このような可能性が危惧される場合には，方法はもちろん，ときには研究目的についても抜本的な見直しを図らなくてはならないだろう。

以上は，観察対象に対する配慮という観点からの倫理的問題であるが，このほかに，研究者が研究を実施し，まとめ公表する際の自己規律に関わる倫理的問題がある。学の領域にかかわらず研究者がやってはいけない不正として，データのねつ造（実際には存在しないデータをでっち上げる），データの剽窃（他の研究者のデータを断りなくみずからのデータとして用いる），データのトリミング（研究結果の整合性をより見栄えよく保つためデータの一部を改竄する），データのクッキング（都合のよいデータのみを集めて論を構成する）という4種のものがあると言われている。このうち，観察研究者，ことに仮説や理論の生成を目指して質的研究を試みる研究者が，ついはまりこんでしまう危険性が高いのはデータのクッキングという落とし穴かもしれない。本文中で述べたように質的研究では，観察を重ねる過程での研究者の気づきが，暫定的な

仮説を生み出し，それを新たな問いとしてさらにデータの収集・整理を行うようなところがある。それだけに，その気づきや暫定的な仮説の正当性に固執するあまり，かりにそれらに沿わない行動を観察対象が見せているにしても，観察者はそうしたものを相対的に軽視し，暫定的な仮説にかなうデータのみを選択的に取り上げる可能性が危惧されるのである。これは，意図的というよりも無自覚的になされることが多いと言えるだけに余計に厄介であり，質的研究の実践者は，とくに注意を払う必要があると言えよう。

データ収集を行う実験法や質問紙法に比して，自然に生起する現象を多くの場合まるごと扱う観察法は相対的に仮説生成型の研究に向いていると言われてきた。しかし，これまでの多くの観察研究は，十分にその特質を生かしきったものにはなりえていなかったと言える。それというのは，1つには距離を置いて現象を眺め，おもにその外的側面（Xであること）の解明を目指す非参加観察が主流であり，またもう1つには，現象記述の段階になると，結局ははじめに何らかの仮説ありきで，そしてそれにかなった分析を行うためのカテゴリー・チェック法などの使用が大勢を占めてきたからである。

　新たに仮説を見出すという場合，ときに観察者は，ただ傍観者として「Xであること」を見て取るだけではなく，現象に関わる当事者として「なぜXなのか」，すなわち現象の内的側面を体感することが有効なのかもしれない。その意味で，観察対象とじかに交流し，部分的に現象の生起に関わる参加観察の手法はより仮説生成型の研究に適していると言える。また，カテゴリー・チェック法のように最初から特定項目，特定カテゴリーに絞り込んで現象の符号化・整理を行い，またそれを数値化して記録を残すよりも，元の現象にできるだけ加工を加えずに"分厚い"現象記述を行い，その後さまざまな形での再吟味を可能にする行動描写法や日誌法などの方

が，たとえば，現象のなかのそれまで見過ごしていた意外な要素に新たな意味を発見するというような点では都合がよいだろう。

　こうした参加観察および行動やエピソードなどの徹底した描写を中核とする研究アプローチを，「質的研究法」という言葉で総称することがある。もともと質的研究法とは，質的データ，すなわち符号化・数値化以前の言語で記述されたデータをそのまま分析対象とする研究のあり方であり，無論，仮説検証にも適用されうるものであるが，人の言行の意味をその背景・文脈および時間的流れなどから切り離すことなく理解・解釈しようとする方向性は，とくに仮説生成において強みを発揮すると言われている。現在，さまざまな理論的背景をもつ研究者が，この質的研究法を主要な方法として用い，心理学の新たな地平を切り開こうとしている。

　質的研究は，多くの場合，まずは関心を寄せる人や集団の活動の場，すなわち「フィールド」に研究者みずからが何らかの役割をもってエントリーするところから始まる。そして，そこでの諸活動に部分的あるいは全面的に参加しながら，みずからのなかに生成されつつある素朴な疑問に自覚をもつ。その後，その素朴な疑問を「リサーチ・クエスチョン」とし，それに基づき，ある程度，見る現象を絞り込んだ「焦点観察」を行って，そのメモや記録をみずからの直観や感想などを交えながら「フィールドノート」としてまとめる。さらに，このフィールドノートを整理しつつ，新たなリサーチ・クエスチョンを生み出し，より絞り込んだ焦点観察を行うというプロセスを循環的に繰り返すことで，徐々に分析の視点や概念的枠組みを明確化し，新たな仮説の生成あるいは理論の構築などにつなげていくのである。この質的研究法では，基本的にマルチ・メソッドという姿勢が貫かれ，観察データを中心にしながら，ときに観察対象やそれに深く関わる人物に対する面接あるいは別の情報源からのデ

ータなども相互補完的に活用して，現象の本質に切り込んでいく。

　質的研究は，手探り状態から出発し，データ収集と暫定的な分析を同時並行的に進めながら，徐々に現象に対する独自の切り込み方を模索するものである。それだけに当然，多大な時間と労力が費やされるのはもちろん，研究者のデータに対する創造的な取り組みも必要となるため，生半可な気持ちでこのアプローチをとることは論外である。また，一度に研究対象にできる数にはおのずと限りがあるため，そこで得られた知見をどこまで一般化・普遍化しうるのかについて研究者は限定的な意識をもつ必要がある。さらに，このアプローチでは仮説の構成の過程で不回避的に研究者自身の主観的発想が絡むことになるが，それをもとに立論する際には必ずその根拠となる一連の事象・現象を精細に記述しなくてはならないことを忘れてはならない。いくら興味深い仮説や理論でも，それが観察された実態から遠いものであれば，まさに机上の空論にすぎず，その研究は意味をなさないことになる。

　本章では，観察のさまざまな方法について概説を行ってきた。しかし，繰り返し述べてきたように，それぞれの方法には長短があり，その実施にあたっては特別に留意すべきところがある。あらゆる研究に当てはまることであるが，基本的に先に方法ありきということはない。必ず，研究目的や研究対象があって，それに従って観察法を用いることが妥当なのか，また観察法を用いるとすれば，とくにどのような観察技法を使うことが適切なのかを慎重に考える必要があることを強調して，この章を結ぶことにしたい。

参考図書

中澤潤・大野木裕明・南博文（編）　1997　『心理学マニュアル 観察法』北大路書房
- ●多岐にわたる観察法の全容について概説されている。豊富な研究事例の紹介があるため具体的なイメージがつかみやすい。

鯨岡峻　1998　『両義性の発達心理学——養育・保育・障害児教育と原初的コミュニケーション』　ミネルヴァ書房
- ●参加観察および分厚い記述に基づいた研究書。必ずしも平易ではないが，観察することの意義を知るうえではずせない好著。

遠藤利彦　2000　「観察によるアプローチ」　大村彰道（編）『教育心理学研究の技法』　福村出版
- ●2つの具体的な研究事例に基づいて，自然観察法と実験観察法の実際がわかりやすく示されている。

澤田英三・南博文　2001　「質的調査——観察・面接・フィールド調査」南風原朝和・市川伸一・下山晴彦（編）『心理学研究法入門——調査・実験から実践まで』　東京大学出版会
- ●観察法を中核とする質的研究を理解し実施するうえでの必要事項がコンパクトに記述されており，読みやすい。

谷口明子　2000　「質的分析によるアプローチ」　大村彰道（編）『教育心理学研究の技法』　福村出版
- ●2つの研究事例に基づき，データ収集から仮説・理論構築に至る質的研究の具体的手順が理解できる。

箕浦康子（編）　1999　『フィールドワークの技法と実際——マイクロ・エスノグラフィー入門』　ミネルヴァ書房
- ●フィールドワークのなかにおける観察法の位置づけについて詳細な記述があり，随所に心理学の新たな方向性が示されている。

遠藤利彦　2002　「問いを発することと確かめること」　下山晴彦・子安増生（編）『心理学の新しいかたち——方法への意識』　誠信書房
- ●これまでの仮説検証型研究の問題点を指摘したうえで，仮説生成のための質的研究が今後どのように行われていくべきかについて具体的な提言がなされている。

第12章 検 査 法

心理テストで何がわかるか？

　検査法は，心理検査（心理テスト）を用いて，個人の知能や性格などの心理学的特性や状態を測定する方法である。検査法は観察的研究において予測変数，基準変数，および共変数の測定に用いられるだけでなく，実験的研究における従属変数および剰余変数の測定にも用いられる。また研究以外でも，教育，臨床，犯罪，発達など多くの実践領域における診断・評価の方法として，心理検査が広く利用されている。

　週刊誌などで「相性診断テスト」や「適性診断テスト」といった"心理検査"を目にすることも多いため，検査法は心理学の方法のなかでもとくに身近に感じられるものであろう。では，週刊誌の"心理検査"や，テレビのバラエティ番組などで簡単な質問に答えるだけで「あなたはこういう性格です」と教えてくれる"性格診断"は，科学的な方法と言えるのだろうか。この章では，この問いについてまず考えてみよう。

1 週刊誌やテレビの"心理検査"は科学的か？

> 貯金箱選択テスト

　あるテレビ番組で，出演者に対して「あなたはどういうタイプの貯金箱を選びますか」という質問が出され，招き猫型，ピラミッド型，ギター型，郵

便ポスト型という4つの選択肢が提示されていた。司会者の説明によると，どういう貯金箱を選ぶかは，その人がどういうことにお金を使うかを表しており，たとえばピラミッド型を選ぶ人は自分の夢の実現のためにお金を使う人，招き猫型を選ぶ人は自分の愛する人のためにお金を使う人だというようなことであった。

出演者は口々に「へー，私ってそういう人なんだ」というような感想を述べていた。自分がどういう目的のためになら惜しみなくお金を使う人なのかは，これまでの自分を振り返ってみたり，仮想的な状況を想定して自分ならどうするかを考えてみたりすれば，少なくとも貯金箱選択による"診断"に頼るよりは正確な判断ができそうに思うのだが，番組の雰囲気はそういうものではなかった。

こうした"診断"を疑うこともなく受け入れる態度も問題だが，ここでは，このような"診断"そのものが信用に値するかどうかということを考えてみよう。

| ロールシャッハテスト |

この問題を考えるために，臨床心理学の専門家に利用されているロールシャッハテストを取り上げ，それと上記の"貯金箱選択テスト"とを比べてみることにしよう。

ロールシャッハテストでは，図12-1のような，紙にインクを数滴たらして作成したインクブロット図版と呼ばれるものを利用する（図12-1はロールシャッハテストの図版にまねて筆者が適当につくったものであり，正式なものではない）。ロールシャッハテストでは，このような図版10枚を被検者に提示し，それぞれの図版について，「何に見えるか，何に似ているか」「図版のどこを見たのか，どういうところがそう見えたのか」といった質問をする（「被検者」という用語は「被検査者」を略したものであり，実験の場合に用いられる「被験者」とは異なるので注意されたい）。

図 12-1　インクブロット図版の例

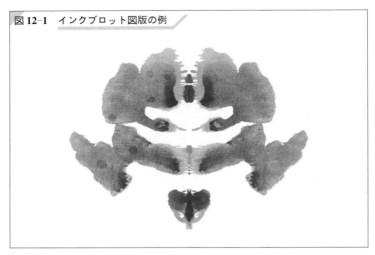

　被検者の深層の心理状態がこうした「見え」に反映される（あるいは投影される）というのが，この検査の基本的な仮定である。この検査のように，あいまいな刺激に対する被検者の反応に心理状態が投影されるという仮定に基づく検査法は，一般に投影法と呼ばれている。

　たとえば，図 12-1 の図版については，筆者なら「上半分のところで，子犬が 2 匹向かい合って顔をくっつけている」とか「その子犬の前足のところはツルの頭と首のようにも見える」とか「下の方の離れているところは蝶か蛾に見えるが，お面のようにも見える」といった反応をするだろう。

　検査者は，こうした反応から，10 枚全体を通しての反応数，そのうち人間が見えたとするものの数と動物が見えたとするものの数，人間が見えたとするもののうち解剖的な内容（たとえば「肝臓」とか「血管」など）の反応の数，人間や動物の運動に言及した反応の数，図版全体を見た反応の数と部分に注目した反応の数，色の濃淡に注

目した反応の数などを採点マニュアルに従ってカウントする。そして，その結果に基づき，解釈マニュアルに従って，被検者の心的エネルギー，内面生活の豊かさ，外的刺激に対する感受性といった心理特性について診断を行うのである。

解釈の根拠と妥当性　"貯金箱選択テスト"では，被検者の回答に対して，「自分の夢の実現のためにお金を使うタイプである」などの解釈がなされる。ロールシャッハテストの方も，全体の反応から算出されるスコアに基づいて，「外的刺激に対する感受性が豊かである」などの解釈がなされる。そういう点では共通しているが，ここで問題になるのが，「そうした解釈の根拠は何か」ということである。

　ロールシャッハテストについては，精神医学者であったロールシャッハによって1921年に発表されて以来，図版に対する多くの被検者の反応と，それらの被検者に関する精神医学的診断や他の心理検査のデータなど膨大な資料が蓄積されている。そして，たとえば，想像力に優れ豊かな内面性をもっている人ほど人間運動反応が多いなど，被検者の心理的特徴と図版に対する反応傾向との関係についての経験的データが，ロールシャッハテストにおける解釈の根拠を与えている。

　一方，"貯金箱選択テスト"の方は，テレビ番組のなかでその根拠となるデータは示されなかったし，少なくとも筆者の知る限りでは組織的にデータを収集して検討した研究はなされていない。おそらくは，その"テスト"を思いついた人の直観による解釈が与えられているのであろう。

　本書の第1章では，直観的な判断の危うさと実証することの重要性を指摘したが，心理検査が科学的なものであるかどうかは，まさにこの点にかかっている。検査によって与えられる解釈に客観的な

根拠があるものは実証的であり,科学的であるが,そうした根拠を欠くものは実証的・科学的な検査とは言えない。

実際には,ロールシャッハテストについても,解釈の方法やその根拠をめぐって専門家の間で意見の相違もあり,唯一絶対の解釈基準が確立しているわけではない。また,"貯金箱選択テスト"については,もしかしたら解釈を支持する客観的な根拠が多少はあるのかもしれない。したがって,心理検査が実証的・科学的なものであるかどうかは,程度の問題であるとも言えよう。しかし,その程度こそが重要なのである。

心理検査によって与えられる解釈が客観的な根拠によって支持されている程度を,「検査の解釈の妥当性」と呼ぶ。これを簡単に「検査の妥当性」とか「測定の妥当性」と呼ぶことが多いが,妥当性は検査項目や図版等の属性ではなく,その検査への回答に対して与えられる「解釈」の属性であることに注意したい。

結局,心理検査が科学的なものと言えるかどうかは,その検査の(解釈の)妥当性によって決まるということである。妥当性の証拠となるデータを欠くものは,潜在的には妥当なものである可能性は否定できないものの,少なくともそうしたデータによって妥当性が示されるまでは科学的な検査として安心して利用することはできない。

2 妥当性検証と信頼性の評価

仮説検証としての妥当性検証

検査の妥当性を検討する過程は妥当性検証と呼ばれる。妥当性検証は,大きく分けて2つの段階を経ることになる。第1の段階は,その検査(に基づく解釈)が妥当なものであるためには,具体

的にどのような条件が満たされる必要があるかをリストアップすることである。たとえば，上記の"貯金箱選択テスト"が妥当であるためには，ピラミッド型貯金箱を選択した人は，招き猫型貯金箱を選択した人に比べ，自分の愛する人よりも自分自身の夢を大事にする傾向がなければならない。あるいは，コンピュータ・プログラムの適性検査であれば，その検査が妥当なものであるためには，実際にプログラマになって成功している人は，プログラマとして成功しなかった人よりも，その検査で高得点を示す必要がある。

妥当性検証の第2段階は，第1段階でリストアップされた具体的な条件が，実際にどの程度満たされているかをデータを収集・分析することによって確認することである。たとえば，上記の"貯金箱選択テスト"の例では，「自分の夢の実現」と「自分の愛する人が望むこと」が競合するような葛藤場面を提示してどういう行動をとるかを質問し，その質問への回答と貯金箱選択との関連を調べることができる。また，プログラマの適性検査の例では，プログラマとしての実力を仲間や上司に評定してもらい，その評定値と適性検査の得点との相関係数（第16章参照）を算出し，それが十分大きな正の値になるかどうかを調べればよいだろう。

このように見てくると，検査の妥当性検証は，心理学研究における仮説の検証と何ら違いがないことがわかる。妥当性検証の第1段階は，「この検査（によるこの解釈）は妥当なものである」という仮説から，論理的にいくつかの具体的予測を導き出す段階である。そして第2段階は，現実にその予測どおりの結果が得られるかどうかを実証的に明らかにする段階である。

また，通常の心理学研究における仮説検証と同様に，検査の妥当性検証においても，1つの仮説から多数の異なる予測を導き出すことができる。したがって，1つ2つの予測が確認できたからといっ

て，それで妥当性検証が終わるわけではない。多くの予測が1つひとつ確認されていくに従って，妥当性に対する確信が深められていくことになる。

妥当性の収束的証拠と弁別的証拠

妥当性を示す証拠はいくつかのタイプのものに区別できる。この区別を頭に入れておくと，妥当性検証の第1段階で，検査が妥当であるための条件をリストアップする際に役に立つ。

妥当性の証拠のうち，「基本的に同じ心理特性を測定するもの同士は，得点間の相関が高くなければならない」という原理に基づくものは，妥当性に関する収束的証拠と呼ばれている。上記の"貯金箱選択テスト"およびプログラマ適性検査の妥当性検証の例で挙げたもの（貯金箱選択と質問への回答の関連，および適性検査の得点と仲間・上司による評定値の相関）は，いずれも検査が妥当なものであれば高い相関関係が予測されるもので，収束的証拠の一例と言える。収束的証拠によって支持される妥当性は収束的妥当性と呼ばれる。ただし，上記の適性検査の例のように，その検査によって予測しようとしている基準変数（上の例では，実際の仕事場面でのプログラマとしての実力の評定値）との相関は，とくに予測的妥当性，あるいは基準関連妥当性と呼ばれることが多い（第5章参照）。

これに対し，「異なる心理特性を測定するものについては，得点間の相関が高すぎてはならない」という原理に基づくものは，妥当性に関する弁別的証拠と呼ばれる。たとえば，プログラマ適性検査の得点が，一般的な知能を測定する知能検査の得点と高すぎる相関を示す場合には，その検査が本当にプログラマとしての適性を測定しているのかが疑問になる。弁別的証拠によって支持される妥当性は弁別的妥当性と呼ばれる。収束的妥当性に関しては満足できる水準の検査でも，互いの間の弁別的妥当性が十分でなく，結果的に妥

当性の高い検査とは言えないという例も少なくない。したがって，妥当性検証においては，収束的証拠に偏ることなく，弁別的証拠にも目を向ける必要がある。

得点の一貫性としての信頼性

検査が妥当なものであるための条件として，ほぼ例外なく挙げられるのが，検査得点の一貫性である。

たとえば，コンピュータ・プログラマの適性検査の場合，そうした適性は短期間で変動するものではないと考えられるならば，たとえば2週間ほどの期間をおいて再検査したとき，2度の検査の間で得点が一貫していることが望ましい。このような時間を超えた一貫性，すなわち安定性を評価するには，2度の検査得点の間の相関係数を用いることが多い。その相関は，再検査信頼性と呼ばれる。

また，たとえばロールシャッハテストにおいては，動物の運動に言及した反応数などのカウントが，採点者の間で大きく食い違うとしたら問題である。そこで，一組の被検者の反応を複数の採点者に独立に採点してもらい，これら採点者間で得点（種々のカテゴリーの反応数）の相関係数を算出することによって，採点者を超えた一貫性を評価することが望まれる。その相関は，採点者間信頼性と呼ばれる。

このように，何らかの意味での得点の一貫性は，検査の（あるいは検査得点の）信頼性と呼ばれる。検査の信頼性という言葉からすると，それが高ければその検査は信頼でき，利用上何ら問題はないということを意味するように思われるが，ここで述べたように，信頼性というのはある意味での得点の一貫性を表す限定された概念であり，妥当性にとって代わるものではない。いくら時間的に安定し，いくら採点者間で結果が一致していても，その検査から導かれる解釈が見当違いのものである可能性はいくらでもある。

たとえば，先の"貯金箱選択テスト"の場合，4つの型の貯金箱のどれを好むかということについて，各個人ごとに安定した傾向があるとしたら，その検査は再検査信頼性の意味で高い信頼性をもっていることになる。しかし，貯金箱の選択が，どういう目的に対してお金をつぎこむかとは関係がないとしたら，その検査によって与えられる解釈はまとはずれなものとなり，信頼性がいくら高くても妥当性は低いことになるのである。このように，検査の信頼性は，検査の妥当性のための必要条件として要請されることが多いが，その十分条件ではない。

3 検査得点の解釈と標準化

職業興味検査の例

　筆者は以前，学生からこういう質問を受けたことがある。「ロールシャッハテストなどだと，自分の反応が自分では心理学的にどういう意味があるかわからないから専門家に診断してもらう価値がある。そういうものならたしかに検査という感じがするけれど，たくさんの職業名を並べられて，それぞれについて興味があるか否かを回答する職業興味検査などは検査と言えるのか。そもそも検査してもらわなくても自分がどういう職業に興味をもっているかを知っているからこそ回答もできるのではないか」という質問である。

　たとえば，VPI職業興味検査という検査では，160の職業名のリストが与えられ，それぞれの職業に興味・関心があるかという問いに対して「Y（はい）」または「N（いいえ）」のいずれかを選び，どちらとも言えないものには無回答とすることになっている。この検査では，これらの回答から，「現実的」「研究的」「社会的」「慣習

的」「企業的」「芸術的」の6つの興味領域尺度の得点が算出される。たとえば，ある被検者が「研究的」な職業とされる職業の多くを興味・関心のある職業として選択したら，その被検者の「研究的職業興味尺度」の得点が高くなるということである。

　たしかにこれだけなら，とくに自己理解が促進されるわけでもなく，検査を受けた意味もあまりないかもしれない。しかし，この検査では，1500人を超える男子大学生および800人を超える女子大学生にこの検査を実施した結果をもとに，たとえば「研究的職業興味尺度」について，その被検者の得点がこの大きな集団の分布のどの辺に位置しているかという情報を提供してくれる。たとえば，「研究的職業興味尺度」において自分以上の高得点の人が上記の集団全体の5％しかいないというような情報が与えられれば，それによって，他の学生たちとの比較という相対的な視点から，自分が「研究的」とされる職業にかなり興味をもっている方だということがわかるのである。こうした情報は検査を受けることによってはじめて得られるものである。

規準と規準集団

　この例の場合の，「研究的」とされる職業のうち興味・関心があると回答したものの数のような，検査で直接的に得られる生の得点のことを素点（または粗点）と呼ぶ。知能検査や学力検査において正答した項目数なども素点である。

　心理検査では，素点を解釈するための助けとなるように，上記のように比較対照の基準となる被検者集団を選び，その集団における素点の分布に関する情報を提供するのが一般的である。このような情報のことを規準（またはノルム）と呼んでいる。意味合いからすれば「基準」でもよいのだが，「基準」の方は，「何点とれば，これこれのことができる能力がある」というような，いわゆる到達度評

価における段階づけに用いられることが多く，それとの区別を明確にするために「規準」という漢字が当てられている。

こうした規準を与えるために選ばれた被検者集団が規準集団である。規準は得点の解釈のために提供されるのだから，規準集団およびその部分集団はその目的にかなうものが選ばれる必要がある。上記のVPI職業興味検査では，大学生の職業選択における利用を想定して，規準集団として大学生が選ばれている。また，各尺度の得点分布が男女で大きく異なっていることから，男女別の規準を提供している。また，発達的変化が著しい知能の測定においては，たとえばWISC−Ⅳ知能検査の場合，月齢で4カ月単位で規準集団が設定されている。

さまざまな社会的変化に伴って，知能，学力，職業興味などの心理特性の分布も徐々に変化していくから，規準は，適宜，更新していかなければならない。10年以上も前のデータに基づく規準が見直しもされずに用いられているような検査は，規準の適切性について十分な検討をしたうえで利用しなくてはならない。

パーセンタイル順位　規準集団における得点分布が与えられれば，各被検者の得点をその分布に照らして相対的に解釈することができる。このとき，いちいち規準集団の分布と照合することなしに，各被検者の得点の規準集団における相対的位置が直接わかれば便利である。パーセンタイル順位（PRと略記されることが多い）および次項で述べる標準得点は，そうした目的のために考案されたものである。

ある検査得点のパーセンタイル順位というのは，規準集団の分布において，その得点以下の人が何％いるかを示すものである。たとえば，ある得点以下の人が10％しかいないとしたら，その得点のパーセンタイル順位は10となる。また，逆にある得点を超える人

が全体の 10% しかいないとしたら,その得点のパーセンタイル順位は 90 ということになる。ある得点のパーセンタイル順位が 50 のときは,その得点が規準集団のなかで順位的にちょうど中間に位置していること,つまりその得点が規準集団の分布の中央値であることを意味している。

VPI 職業興味検査の場合,パーセンタイル順位が 85 以上,あるいは 15 以下となる尺度にとくに注目して,被検者がどういう職業領域に相対的に強い(あるいは弱い)興味を示しているかという解釈をすることになっている。

標準得点

標準得点というのは,規準集団における平均と標準偏差(第 16 章参照)があらかじめ定められた値になるように,素点を変換したものである。

標準得点のなかで最も基本的なものは,集団における平均が 0 で標準偏差が 1 となるように変換する z 得点である。素点を z 得点へ変換するには

$$z = \frac{素点 - 素点の平均}{素点の標準偏差}$$

という式を利用する。z 得点が正(負)であれば,規準集団の平均より高い(低い)点であることがわかる。また,z 得点がたとえば $+1.5$ であれば,集団の標準偏差の 1.5 倍だけ平均より高い点であることがわかる。

学力検査などでは,偏差値と呼ばれる標準得点がよく用いられる。偏差値は,z 得点から

偏差値 $= z \times 10 + 50$

という変換式によって求められる。偏差値の平均は 50 で,標準偏差は 10 である。たとえば,集団の標準偏差の 1.5 倍だけ平均より

高いとき（$z=1.5$ のとき），偏差値は 65 となる。

WISC-IV知能検査では，次式で与えられる偏差 IQ と呼ばれる標準得点が用いられる。

偏差 IQ $= z \times 15 + 100$

偏差 IQ の平均は 100 で，標準偏差は 15 である。たとえば，集団の標準偏差の 1.5 倍だけ平均より高いとき（$z=1.5$，偏差値=65 のとき），偏差 IQ は 122.5 となる。

これらの標準得点は，規準集団における相対的な位置を知るうえで非常に便利な得点表示法であるが，その意味を正確に理解するには標準偏差という統計的指標の意味の理解が必要となる。それに比べて前項で述べたパーセンタイル順位は，特別な統計的知識なしでも理解することができる。

標準得点とパーセンタイル順位の関係
標準得点とパーセンタイル順位の間の関係は，規準集団における素点の分布がどのような形になるかによって異なってくる。逆に言えば，分布の形が一定なら，標準得点とパーセンタイル順位の関係は確定する。そこで，知能検査や学力検査など，多くの心理検査では，標準得点が特定の平均と標準偏差をもつだけでなく，正規分布と呼ばれる特別の分布に従うように得点変換している。そのようにして求められる標準得点を，とくに，正規化した標準得点と呼ぶ。

図 12-2 に示した分布図が正規分布を表している。横軸上の μ（ミュー）はその平均を表しており，その平均を中心に標準偏差 σ（シグマ）を単位とした区切りを入れてある。図に示したように，正規分布においては，たとえば平均 μ と $\mu+\sigma$ の間の範囲に分布全体の約 34％ が入る。したがって，$\mu+\sigma$（z 得点では 1，偏差値では 60，

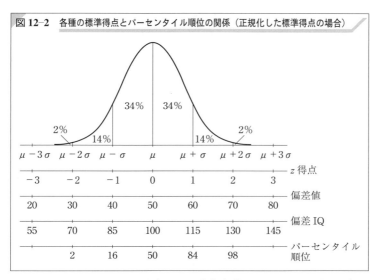

図 12-2 各種の標準得点とパーセンタイル順位の関係（正規化した標準得点の場合）

偏差 IQ では 115 に相当）以下には，分布全体の 50＋34＝84％ が含まれることになるから，その値のパーセンタイル順位は 84 となる。同様に，$\mu+2\sigma$（z 得点では 2，偏差値では 70，偏差 IQ では 130 に相当）のパーセンタイル順位は 98 となる。このことから，正規分布においては，平均より標準偏差の 2 倍以上高い（あるいは低い）得点をとる人は非常に少ない（それぞれ約 2％）ということがわかる。

| 検査の標準化 |

規準集団を定め，z 得点のような標準得点を求めることを「得点の標準化」と呼ぶ。「検査の標準化」という言葉も，多くの場合，そうした得点変換やそのための規準設定の意味で用いられる。しかし，実際の検査で得られた結果を規準に照らして解釈することができるためには，検査実施の標準的な手続きが明確に定められていることが前提となるので，そうした「実施手続きの標準化」も「検査の標準化」に含めて考えるべきである。

検査の標準化において検査実施の手続きを明確に定めることは，ちょうど実験において剰余変数を統制することと同じ重要な意味をもっている。剰余変数が統制されていない実験では，得られた結果が研究の主眼である独立変数の操作によるものか，あるいは剰余変数によって説明されてしまうものか判断ができない。これと同様に，検査実施の手続き（たとえば知能検査において被検者が答えをなかなか出さないときに，助け舟を出してよいのか，出すとしたらどの程度かなど）が検査者によって，あるいは被検者ごとに変わってしまうとしたら，得られた得点は，その検査で測定しようとしている被検者の特徴（たとえば知能）以外に，検査手続きの違いによっても左右されてしまう。そして，その程度に応じて検査の妥当性および信頼性が損なわれることになる。

　本章の第1節で取り上げた，専門家によって利用される心理検査と，週刊誌やテレビに出てくる簡便な"心理検査"との違いは，きちんとした標準化がなされているかどうかの違いでもある。標準化されていない検査は，規準に照らして結果を解釈することができない。また，検査の妥当性に関するデータも標準化の一環として収集されることが多く，標準化されていない検査は，たいていの場合，妥当性に関する証拠も不十分である。

4 心理検査法に関する研究

検査の開発研究

　心理学研究法という枠組みのなかでは，検査法は心理学研究のためのデータ収集の1つの方法として位置づけられる。しかし，前節までで見てきたように，検査の妥当性検証や信頼性の評価，そして得点の解釈のための

規準の作成,さらにはそれらすべてを包含する検査開発という活動は,それ自体も心理学的な研究である。

心理学研究者によって開発されてきた検査は,知能検査,学力検査,発達検査,知覚・感覚検査,性格検査,興味・適性検査など多岐にわたる。これらの詳細については,検査の出版元が発行しているカタログやマニュアル(検査手引き),あるいは各種検査の内容を紹介・解説したテキストを参照されたい。

開発される検査の実施方法・回答方法もまた多様である。集団で実施するものは,主として紙に印刷された質問・問題に対して鉛筆で回答を記入する紙筆式検査である。これに対し,検査者と被検者が一対一で実施する個別式の検査では,積木を用いた課題などのように,さまざまな材料を利用することができる。また,最近では完全にコンピュータ化された検査も実用化されつつある(*Column*⑭参照)。

検査得点の統計的理論 心理検査法に関する研究としてはこのほかに,テスト理論と呼ばれる検査得点の統計的理論に関する研究がある。テスト理論は心理学と統計学との学際的な研究領域であり,統計的なモデルに基づいて,検査の作成・評価・利用に有用な知見が数学的な定理の形で導かれている。

20世紀初頭から研究が始まり,1950年代に一応の完成をみた古典的テスト理論では,検査得点を

検査得点 = 真の得点+測定誤差

という形に分解したモデルを考える。そして,検査得点が真の得点によって決定される程度,言い換えれば,測定誤差によって左右されない程度を信頼性と呼び,それを

Column⑭ 心理検査のコンピュータ化

　アメリカを中心に，各種心理検査のコンピュータ化が急速に進められており，日本でも，実用化されてきている。検査のコンピュータ化というのは，従来の紙筆式の検査をそのままコンピュータ画面で示すというようなものではなく，いろいろな面で検査そのものに大きな変革をもたらすものである。コンピュータ化した検査は一般にCBT（Computer Based Testing）と呼ばれる。

　たとえば，英語の聴解能力の検査であれば，実際に英会話が交わされる場面を画像と音声で，しかも個人ごとに提示することができる。また，建築設計に関する適性検査などでは，建造物を見る視点を変えたときの見えの変化の選択肢を動画で示すこともできる。このようにコンピュータのマルチメディア機能を利用すれば，現実により近い課題状況を設定することができ，それによって検査の妥当性を向上させることができる。また，被検者に視覚障害や聴覚障害がある場合，被検者個人ごとに画像や音声の調整をすることが容易にでき，それによって検査の公平性を高め，結果として妥当性を高めることができる。

　また，項目反応理論（本文参照）を適用することで，検査項目の選択を個人の特性に合わせて最適化することも可能である。項目反応理論のモデルに適合する項目群については，どの項目で検査を構成しても，その結果を同一の尺度上で表現することができる。したがって，すでに提示した項目への被検者の回答パターンからその被検者の特性値を近似的に推定し，その値に近い困難度の項目を選んで次に提示する，といったいわゆる適応型検査が可能になる。それによって，たとえば能力の高い被検者に易しすぎる問題を与えて時間を無駄にするようなことをなくし，効率よく信頼性の高い測定ができるようになる。さらに，検査の結果を瞬時に被検者にフィードバックすることができるというのも，コンピュータ化された検査の大きな利点である。

$$\text{信頼性} = \frac{\text{真の得点の分散}}{\text{検査得点の分散}}$$

と定義した。これが，本章の第2節で言及した信頼性のテスト理論的な定義である。この信頼性は0から1までの値をとり，1のとき

に完全な信頼性を意味する。先に述べた再検査信頼性（2度の検査得点の間の相関）や採点者間信頼性（異なる採点者間の相関）は、いずれも上式の信頼性の推定値として用いられるものである。なお、この式中の分散というのは第16章で解説する標準偏差の平方で、標準偏差と同様に、集団における分布の広がりの程度を表す指標の1つである。

相関の希薄化

古典的テスト理論で導かれた定理のうち、とくに有用なものに相関の希薄化に関するものがある。古典的テスト理論の基本的仮定のもとで、2つの検査の得点間の相関係数について、次の式が成り立つことが証明されている。

　検査得点間の相関係数 ＝ 真の得点間の相関係数
　　　　　　　　　　　　×2つの検査の信頼性の幾何平均

ここで、2つの検査の信頼性の幾何平均というのは、2つの検査の信頼性を掛けた積の平方根である。

それぞれの検査の信頼性は1以下であるので、その幾何平均もやはり1以下の値となる。したがって、上式から

　検査得点間の相関係数 ≦ 真の得点間の相関係数

という関係が導ける。つまり、検査得点間の相関係数は、信頼性が完全でない程度に応じて、真の得点間の相関係数より低い値となるということである。これが、相関の希薄化と呼ばれるものである。

第2節で述べたように、検査の妥当性はしばしば別の検査の得点との相関係数で表される。このとき、もしその別の検査の信頼性が低ければ、妥当性検証の対象となっている検査自体がいくら妥当なものであっても、相関の希薄化のために、得られる相関係数の値は

低く抑えられることになる。したがって，相関係数によって妥当性を検証しようというときは，対象となる検査だけでなく，相手方の検査の信頼性も考慮して結果を解釈しなくてはならない。

項目反応理論　テスト理論のなかで，近年，とくに研究が盛んなのが項目反応理論と呼ばれるものである（IRT〔Item Response Theory〕と略称されることが多い）。この理論では，検査を構成するそれぞれの項目について，図12-3に例示したような項目特性曲線を推定する。この曲線は，それぞれの項目に正答する（性格検査や興味検査では，「はい」または「あてはまる」等の回答をする）確率を，その検査で測定しようとしている特性の関数として表現したものである。

たとえば，図12-3の項目2は，項目1に比べ，特性値がかなり高くないと正答確率が高くならない項目，すなわち困難度の高い項目であることがわかる。具体的には，たとえば外向性の検査であれば，外向性がかなり高い人のみが「あてはまる」と答えるような項

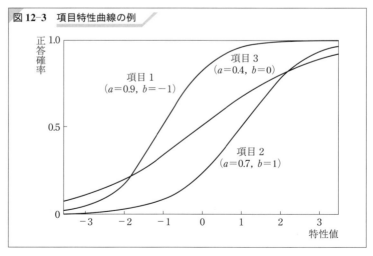

図12-3　項目特性曲線の例

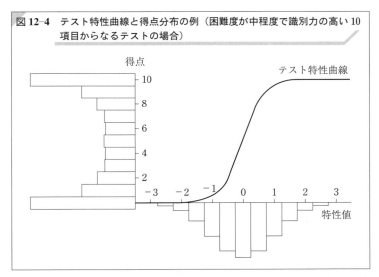

図12–4 テスト特性曲線と得点分布の例（困難度が中程度で識別力の高い10項目からなるテストの場合）

目ということである。また，項目3は，項目1や項目2に比べ，特性値の変化に伴う正答確率の変化が鈍い項目，したがってその項目への反応から特性（外向性など）の水準を識別する力が弱い項目であることがわかる。図中の各曲線に付した a および b は，それぞれ，いま述べた識別力と困難度を表す項目パラメータである。

このように各項目の特徴を項目特性曲線（あるいはそのパラメータ）で表現できれば，測定の目的に応じて適切な項目選択をして検査を構成することができる。たとえば，ある被検者集団の分布の中央付近での個人差をとくに正確にとらえたい場合には，そのあたりの特性値に近い困難度パラメータをもち，できるだけ大きな識別力パラメータをもつ項目によって検査を構成すればよい。図12-4はその例を示したものである。この図の横軸の棒グラフは集団における特性値の分布を表しており，縦軸の棒グラフはその集団に対して上記のような特徴をもつ項目10個からなる検査を実施したときの

得点（0点〜10点の正答数）の分布を表している（特性値の分布で棒が下向きになっているなど，通常のグラフの描き方とは異なっているので注意されたい）。この図は，特性値の分布が中央付近に人数が集中しているような分布であっても，その集中しているあたりの特性値に近い困難度パラメータをもつ項目を集めて検査すれば，結果として得られる得点の分布は縦軸のグラフのように両極方向（図では上下）に引っ張られ，中央付近での差が見分けやすくなることを示している（図中のテスト特性曲線は，検査に含まれる全項目について項目特性曲線の縦軸の正答確率の値を足し合わせてできる曲線であり，検査得点と測定しようとしている特性との関係を表す）。項目反応理論を利用すれば，いくつかの基本的仮定のもとで，こうした得点分布を事前に推定すること，そしてそれに基づいて得点分布を制御することができる。

項目反応理論はまた，心理検査のコンピュータ化をテスト理論の面から支える重要な役割を担っている（*Column*⑭を参照）。

参考図書

渡部洋（編）1993 『心理検査法入門——正確な診断と評価のために』福村出版

● 第Ⅰ部で信頼性・妥当性など心理検査法の基本概念と，検査の利用に必要な統計的概念および方法が解説され，第Ⅱ部の各章で，知能検査，性格検査，不安検査，職業興味検査，発達検査，投影法検査がバランスよく紹介・解説されている。

平井洋子　2006　「測定の妥当性からみた尺度構成——得点の解釈を保証できますか？」　吉田寿夫（編）『心理学研究法の新しいかたち』誠信書房

● 心理尺度を作成する際に最初に尺度の仕様書を作るなどの具体的な手続きや，妥当性の考え方と評価の方法など，重要なポイントが詳しく解説されている。

第13章 面接法

個別性と関係性から追究する人間の心

　臨床心理学というのは，個人（たいていは何らかの心理的不適応を起こしている特定の個人になるのだが）に直接出会い，その人間の感情や思考，行動などを理解し，また，その人間が抱える問題を解決できるようにそれを評価し，必要な支援を考え，実行する学問である。そのため，臨床心理学における研究法は，個人の姿を1人ひとり具体的にとらえる「個別性」という視点と，人と人との関わりや個人と環境との相互作用という「関係性」という視点を重視する。

　ここでは，そうした視点を取り入れた研究法の1つである面接法を紹介する。面接法とは，ある目的のために，直接人と会い，コミュニケーションを通して，理解を深めたり，支援を実行したり，新しい理論を構築したりする方法である。被面接者は，面接によって，自分の体験を整理したり，自己洞察を深めたり，自己発見をしたりすることもある。

　面接法は，けっして臨床心理学だけの固有の研究法ではない。しかし，多数の典型的姿よりも個別の姿に関心をもち，人と人との関わりのなかで個人の体験を見つめていこうとするこの学問は，面接法の発展に独自の貢献をしてきた。

　面接法にはさまざまな種類がある（表13-1）。以下ではそれらの面接法に共通する特徴や課題について論じていきたい。

表 13-1　面接法の種類

心理臨床的面接法	評価・ガイダンス的面接	進路や職業選択などのために，個人の適性能力を評価し，助言や指導を行う。
	診断的面接	個人の抱える問題の質や正常・異常といった病理性を診断し，適切な治療方法や支援方法を決定する。
	心理相談的面接	個人と社会の相互作用のなかで不適応に陥っている個人ないしは集団と会い，信頼関係を形成するなかで，その人間が自己理解を深め，みずからの問題を解決し，より適応的に生きていけるように心理的に支援する。
調査的面接法	調査的面接	ある調査目的に従って，特定の個人ないしは集団と会い，その人間から情報を収集し，仮説を検証したり，あるいは，理論を構築していったりする。

1　面接と「言葉」

面接者「次ですが，あなたは，人と一緒にいるのが好きですか？」
被面接者「う〜ん，『はい』……待って，どうかなあ……（少し考えてから）やっぱり，今は『はい』かなあ……」
面接者「迷われている感じですね（ええ）。もう少し，その迷いを説明していただけますか？」
被面接者「本来，私は『いいえ』だったんです（ええ），そういう自分が嫌でね（はい），変えたくて（うん），いつからかな，人といるのは，嫌ではなくなって，むしろ，好きな方かなって……（はい）」

「言葉」は，外から観察できる行動はもとより，容易に観察できない感情や思考といった内的体験を具体的にし，他者ならびに自分自身に明らかにすることを助ける。とはいっても，「言葉」は人間の内的体験を必ずしも正確に表すものではない。ギリシャのヒポクラテス学派の医師たちは，患者との「言葉」でのやりとりが医学の科学的発展を妨害していると考え，それに代わる客観的な測定方法を開発していったという。

　たしかに，「言葉」は，年齢や能力などによって制限を受ける。また，ありふれた「言葉」でも，被面接者がきわめて個人的な意味を込めて用いている場合がある。さらに，「言葉」は事実を歪めたり，隠したりすることも可能である。はっきりと意識していることを「言葉」にすることは容易でも，意識できていないことを「言葉」にすることはできない。

　だが，上記の例を見てほしい。質問紙法であれば，回答者の体験は「はい」か「いいえ」に2分類され，それ以上の内容はもたない。しかし，面接法では，「はい」のなかに込められた被面接者の個人的体験を理解することができる。

　また，「言葉」にすることで，被面接者自身が自分の体験をとらえなおしたり，その体験に対する意味づけを再吟味したり，さらに自分で理解を深めていったりすることも可能である。ある被面接者は，「こうして話しているうちに，自分でもどんどんはっきりしてきました」と語った。

　意識している体験でもすべて「言葉」にできるわけではない。「言葉」にしきれない体験は，話す速度や話し方，沈黙，表情，姿勢，しぐさなどから伺い知ることができる。たとえば，

　　被面接者（首をかしげ，小声で）「……私は大丈夫……（うん）」（落

ち着かないように椅子の上で体を動かし，目を伏せる）
　面接者「『大丈夫』……なんだか，そう断定できないみたいな感じも
　　あるようですね（う……ん）。『大丈夫』でない部分もあるのでしょ
　　うか……」
　被面接者（黙ってうなずく）「そう……，うん，本当は大丈夫でもな
　　いところがね……」

　被面接者は，自分の体験を「言葉」だけで伝えるわけではないのである。それゆえ，面接者は，被面接者の「言葉」を受け取りながら，同時に「言葉」を超えた被面接者の存在全体から情報を受け取っていく。ときに，「言葉」とそれ以外の情報の間にズレや矛盾が生じることがある。被面接者自身でも，それに気づかないことがある。面接者は，被面接者が自覚していれば，面接のなかでそれを取り上げ，「言葉」になりきらない個人的体験に耳を傾けるようにする。自覚していない場合は慎重に扱い，その矛盾を無理に追求せず，記録にとどめておくようにする。

　面接者は「言葉」にとらわれた聴き手となるのではなく，「言葉」以外の情報にも注意を向ける観察者でなくてはならない。また，「わかったつもり」でいないように，あいまいなことには確認の質問をする。面接者の質問は，誘導尋問や自分の思いこみを押し付けるような問いになってはならない。質問の仕方には，「学校行くのは嫌いですか？」といった「はい」「いいえ」で回答できる問いかけと「学校行くことについて，あなたはどう思いますか？」と尋ねる問いかけがある。前者を「閉じた質問」，後者を「開いた質問」という。閉じた質問は，ときに面接者の思いこみや仮説を押しつける問いになる。被面接者に自由に語ってもらうためには開いた質問の方が適当であろう。また，被面接者がまだ「言葉」にすることができない体験に関しては，自発的に「言葉」になるまで待つ姿勢が

大切である。

こうしてみると,「言葉」はけっして万能なものではないが,人間の心をありのままにとらえていく試みに重要な力を貸していることがわかる。

2 面接と構造化の程度

面接場面 A
面接者「あなたは,その友人に腹が立つと,そのことをその友人にその場で表現する方ですか？」
被面接者 A「いいえ,しないですね。」
面接者「それは,どんな場合でもですか？」
被面接者 A「ええ。腹が立っても黙ってますね。」
面接者「黙ってる（はい）,いつも？（うんうん）はい。それでは,次の質問なんですが……」

面接場面 B
面接者「あなたは,その友人に腹が立つと,そのことをその友人にその場で表現する方ですか？」
被面接者 B「する,する。黙っちゃいないね。」
面接者「そうですか。そんなときは,どんな具合に腹が立ったことを,えーと,表現するか,もう少し具体的にお聞きしたいのですが……」

面接法の場合,被面接者の語る内容に応じて,質問内容を変えたり,付け足したりすることができる。その柔軟性は面接法の構造化の程度によって異なる。上記の例のように,主要な質問と想定された回答内容に応じた枝分かれする質問をあらかじめ準備し,被面接者の語る内容を聴きながら,明確にしたい部分に途中で質問を足し

たり，語りの流れを乱さないように準備していた質問の順序を変更したりして行われる面接を半構造化面接という。主要な質問項目と回答内容に応じて枝分かれする質問項目の流れを記述した「面接ガイド」（表13-2）を作成し手元に置いておくと，面接過程をスムーズにし，質問のし忘れを防ぐことができる。

一方，被面接者に尋ねるすべての質問が決まっていて，順番も変えずに，どの被面接者にも同じように尋ねるという面接を構造化面接という。これは，質問紙法を「書き言葉」ではなく「話し言葉」で進めるようなものである。ただし質問紙法とは異なる点として，面接者は被面接者の様子を見ながら質問の意味を解説することができる。また，「はい」か「いいえ」の二者択一でなく，被面接者の具体的説明や選択の根拠などを個別に確認することもできる。さらに，老人や子どもが回答者のときは，彼らが長い文章や細かい文字を読む負担を省くことができる。

半構造化面接も構造化面接も，検証したい仮説がすでにあり，それを検証するような質問内容が考えられているが，そうした仮説が事前にない場合は，面接者は大きなテーマや目的のみを設定しておくだけで，後は被面接者に自由に語ってもらう。これは，非構造化面接といって，面接過程は原則として被面接者主導で進められる。面接者は被面接者が安心して語れるように，居心地のよい場所と適度な時間，そして信頼できる人間関係を提供する。

こうした面接は，研究者の思いこみに縛られないで，情報を広く豊かに得ることができ，人の心を理解するための新たな仮説や理論を生み出すことも可能である。また，まれな体験をした人や独特な才能をもつ人物のライフヒストリー研究や被面接者の自己洞察や自己探求に焦点が当てられる心理臨床場面での事例研究は，こうした非構造化面接によって行われるのが一般的である。

表13-2 面接ガイド例

はじめに：あいさつ（短めに，緊張をほぐす短い会話）
　　　　　面接者の自己紹介
　　　　　被面接者の氏名の確認

　　　　　面接の目的の簡単な説明と協力の意思の確認
　　　　　プライバシー尊重に関しての具体的説明
　　　　　録音装置使用の確認
　　　　　被面接者との質疑応答
　　　　　その他（研究協力承諾書へのサイン）
　質問（→は枝分かれ質問の流れ，＊は自発的に語られなかったときの要確認事項）
(1)　では，まず○○さんの年齢を教えていただけますか？
(2)　お子さんは，何人いらっしゃいますか？
(3)　○○さんのお子さんのお名前と年齢，性別を（お1人ずつ）教えて下さい。
　　　　＊　幼稚園，保育園に行っている場合はその別と，そこでのクラス（何歳児クラス，あるいは年少組，年長組など）も確認する。

(4)　今回は，先ほどもお話したようにお子さんがこれまでにペットの死をどのように経験されたことがあるかについてお話を伺いますが，まず，（お子さん名）ちゃんは，そのような経験がありましたか？
　　　→ない場合は他の子どもへ　同じ質問4を
　　　→すべての子どもにない場合は質問18（ガイド6ページ）を
　　　→ある場合は質問5へ

(5)　では，そのことについてもう少しくわしくお聞きしていきたいと思います。どんな種類のペットでしたか？
　　　　＊　ペットの名前
　　　　＊　いつごろから飼っていたか
　　　　＊　飼うきっかけ・理由
　　　　＊　おもに誰が世話をし，どのような関係であったかについても質問する。

(6)　（お子さん名）ちゃんが（ペット名）の死をどのように体験したかについて教えていただきたいと思います。
　　まず，（ペット名）が死んでしまったのは，（お子さん名）ちゃんが何歳頃のことですか？

以下略

3 面接と被面接者
●面接者関係

　誰が調査をしても同様の結果が得られることは，研究の信頼性を論じるうえで重要である。ところが，面接では，面接者の態度や面接者と被面接者との関係が，そこで得られる情報に影響を与えるのは当然のことである。面接法によって信頼できる情報を得るためには，被面接者と面接者の間に信頼できる関係を形成することが必要である。

　次に挙げるような面接者の態度や面接の「枠」は，信頼関係を形成する助けとなる。

面接者の基本的態度　来談者中心療法という心理面接法を唱えたロジャースは，カウンセラー（面接者）とクライエント（来談者）との信頼関係形成に必要な面接者の基本的態度として，共感的理解，無条件の肯定的関心，自己一致を挙げた。

　共感的理解は，自分流に理解し，わかったつもりになる態度ではなく，相手の体験にじっくりと耳を傾けていく態度である。耳を傾けるというのは，語られる「言葉」をただ受け取るという受動的行為ではなく，語る人の「言葉」から個人の体験した世界を感じ取っていく能動的な姿勢である。無条件の肯定的関心とは，相手が表現するどんなことにも，優劣や善悪，好悪といった評価をせず，関心をもって受け入れていくという態度である。面接者の自己一致は，相手の体験に耳を傾けながら，同時に自分のなかに起こってくる感情や思考にも目を向け，それらをごまかすことなく吟味し受け入れていく態度である。ロジャースは心理療法のカウンセラーを想定しているが，これらはここで述べてきた面接者にも必要な基本的態度

といえよう（*Column*⑮参照）。

　こうした基本的態度は，ロールプレイング（面接場面を想定して面接者など特定の役割をとる体験学習）を行って実習しておくとよい。ロールプレイングの模様は録音や録画をして検討し，被面接者役割の人や第三者にチェックしてもらって，面接者として自分がどのような印象を与えているか，話す速度や話し方，姿勢などに問題はないかなどについて自覚し，必要であれば意識的に修正するよう心がける。できれば，被面接者の役割もとってみて，面接ガイドの質問の順番や表現の仕方は適切か，被面接者はこのように問われてどんな気分になるか，といった点も検討しておくとよいだろう。

　上記に挙げた面接者の基本的態度は，心理相談的面接を行う専門家（カウンセラー）にとっても難しい課題である。簡単に身に付けられるものと考えるのではなく，信頼できる情報を得るうえで，こうした態度が重要な意味をもっていることを意識しておくことが必要である。

信頼関係を支える面接の「枠」

　前述したような面接者の基本的態度によって面接者と被面接者の間に信頼関係が形成される。ここでいう信頼関係とは，相手を自分と同じ1人の人間として尊重し，相手の主体性や自立性を脅かさないような関係である。そして，それぞれの役割に責任をもち，被面接者はもとより，面接者も一緒にいることに安心し，温かい雰囲気を共有している関係である。

　こうした関係は，普通，時間をかけて育てていくものだろう。だが，研究のための面接の場合，あまり時間をかけられないことがある。そんなとき，面接時間や場所という「枠」が重要な助けとなる。

　面接者は決めた時間内で面接を終えるように質問内容や面接の仕方を十分検討しておかねばならない。被面接者が時間内で話を終え

Column⑮ 面接者の基本的態度

　面接者が被面接者との間に形成していく信頼関係（ラポール）づくりに近道はない。面接者は，時間をかけて，次の4つのあり方も意識していくことが必要である。

〔よい聴き手〕
　(1)　傾聴　　面接者は被面接者の言語的・非言語的メッセージを丁寧に慎重に聴く。知的・論理的にだけでなく，被面接者の側から彼らの体験する世界を共感的に理解しようと試みる。
　(2)　ありのままの受容　　面接者は被面接者を批判しない。自分の意見を被面接者に押しつけない。面接者にとって受け入れがたい体験を被面接者が語った場合でも，面接者は自分のなかに起こった葛藤を自覚しながら，被面接者の体験を評価せずに受け取る。

〔よい観察者〕
　(1)　被面接者へのまなざし　　表情や態度などの非言語的表現に目を向ける。
　(2)　面接者自身へのまなざし　　自分のなかに起こってくる感情や思考などを否定したり否認したりせず，できるだけ冷静に観察し，自分で気づいておく。
　(3)　面接者－被面接者関係へのまなざし　　ときおり，自分と被面接者の関わり，両者の間に起きている現象について，鳥瞰図的に距離をとって関係のなかで眺めてみる。

〔よい質問者〕
　(1)　「言葉」の個別の意味の明確化　　被面接者の「言葉」を大切に聴くよう心がけ，その意味をじっくり確認する。急いで自分の「言葉」に言い換えたり，一般的「言葉」で要約しない。
　(2)　「教えてもらう」という姿勢　　自分流に理解し「わかったつもり」になるのではなく，被面接者から「教えてもらう」という姿勢をもって質問をする。侵入的な質問内容は慎重にする。
　(3)　主体性の尊重　　被面接者の記憶想起を強要したり，特定の内容が語られるよう誘導や暗示をしてはいけない。質問への回答は圧力をかけず，あくまでも主体的に語られるのを待つ。

〔よいパートナー〕
　(1)　倫理的責任　　被面接者を1人の人間として尊重し，また，調査

への協力者として感謝し，彼らの秘密を守り，プライバシーを傷つけるような行為をしてはならない。
(2) 礼儀　自分の癖を知り，服装，表情，言葉づかい，座る位置，腕や足の組み方，うなずき，視線の合わせ方など，被面接者に不快感や緊張感を与えないような配慮をつねに心がける。

られず，時間を超過して話し続ける場合には，別の日に時間を再設定することを面接者から提案する。これは，被面接者の語りを妨害することにもなりうるが，個人的なことを開示しすぎて，後になって本人が不安に陥ったり，そのときは気づかなくても心身ともに消耗してしまったりすることを回避することができる。また，時間の制限を意識することで面接者自身が自分のことを話し出したり，必要以上に被面接者の世界に侵入してしまったりするのを注意することができる。

面接場所は，面接者が指定する場合や被面接者が指定する場合もある。いずれも，リラックスできるような明るさや温度，そして設備（椅子やテーブル，絵など）があり，プライバシーが守られ，第三者によって面接過程を中断されない空間，被面接者が静かに考えることのできる空間，面接者が被面接者の語りに集中できる空間でなければならない。複数回面接する場合には，できるだけ同じ場所で面接するように配慮する。

このような「枠」は，被面接者と面接者の信頼関係形成を促進し，維持するために重要である。

信頼関係が支える「いま，ここで」の体験

このようにして，信頼関係がしだいに深められると，面接場面において，過去の事実がたんに回顧的・説明的に語られるだけでなく，被面接者は面接者の前でみずからの体験の意味を探求し，

「いま，ここで」の感情や思考を通して過去の事実をとらえなおすことがある。

  被面接者「あの，いまふと，気づいたんですけれど。」
  面接者「ええ，どうぞ。どんなことですか？」
  被面接者「私って，あの頃，1人で奮闘してた時期があって，それが
  よかったんだなって……いま，話していたら，急にそんなこと思っ
  て……」

　この被面接者は，自分が前から意識していた体験を客観的に報告しているというよりも，面接前には意識していなかったことを，面接者との「いま，ここで」のやりとりのなかで気づいて語っていた。
　また，面接者との信頼関係が，被面接者の「いま，ここで」の自己理解を深め，洞察を広げていくこともあるのが，次の例からわかる。

  被面接者「私は，人前で自分を抑えて，こう，何て言うか，いい子に
  なってしまうんです。」
  面接者「人前で自分を抑えて，いい子になってしまう……（ええ）あ
  ……いまここでも（はい），そんな感じがありますか？」
  被面接者「うーん，そうか，いまは……違うかな……いまはない……
  （うん），どうしてだろう……」

　この被面接者は，この後，自分がどんな人間関係のなかでいい子になってしまうかに気づいていった。
　こうした体験は，被面接者が普段から意識していたものではないかもしれない。だが，面接場面でのたんなる思いつきやその場限りの体験とも違う。面接者との関係が被面接者をより正直に自分に向かい合わせ，その結果，気づき，語ったものなのである。

4 面接と個別性そして普遍性

　科学的研究は，平均的姿を通して普遍性を追究し，そのなかに一般的法則を見出していくことを目標としがちで，特殊性や個別性は，例外や「変わった」体験と見なされ，それを記述し分析することは軽視されてきたところがある。しかし，実際には，特殊性や個別性の方が，平均値よりもずっと現実的な存在である。たとえば，35人クラスの身長と体重の平均が 160 cm と 55 kg だったとする。しかし，このクラスに，170 cm の人や 154 cm の人，72 kg や 49 kg の人はいても，身長 160 cm，体重 55 kg の人は 1 人もいないということがある。このように平均的姿が必ずしも実際に存在するとは限らないのである。一方，このクラスに 165 cm で 35 kg の人がいたとする。この人は体重が増えることがとても怖いという。平均から大きく外れているが，この人の存在は 1 つの事実である。そして，この人の存在に触れないで，人間の「心」の複雑な真実を解明していくことはできない。

　このように，たとえこの世にたった 1 つしか存在しない特殊事例であっても，それが現実に存在した（している）のであれば，それは，人間を理解するうえで無視してよい事例ではない。面接法は，どんな存在も唯一の事実としてとらえていこうとする研究法である。これによって見出された特殊性や個別性は，あたりまえになりすぎて鈍感になっている一般的法則を，異なる角度から眺めるチャンスを提供するだろう。また，こうした法則の陰に隠されてしまうささやかな真実に光を当てたり，これらの法則に対して新たな疑問を提起したりすることもできるであろう。

しかしながら，こうした面接法を用いる研究者は，一般的法則にも関心をもっている必要がある。そうでなければ，自分が出会った特殊性や個別性がどのような意味をもち，どのように特別であるかが見えてこない。一般性を十分に熟知していない面接者は，心理学の知識を身につけるか，被面接者と同じような属性をもった多数の被験者を対象に質問紙法で調査を行い，そこで得られた情報を参考にしながら面接法で得られた個別性への理解を深めるとよいだろう。1人の天才的8歳児のことは詳細に知っているが，一般的8歳児のことを全然知らない，などという研究者は面接法の意義を生かしきれないからである。

5　面接と心の変化

　　面接者「ええっと，2週間前のお話では，自分なりに納得をしたとおっしゃっていましたが，いまのお話ですと，あれから少し変わってきたようですね。」
　　被面接者「ええ，あのときはそうでした。でも，最近は違うんです。」

　面接法では，同じ被面接者に複数回会うことがある。一定期間ごとに継続的に面接を行うことで，被面接者と面接者の間に時間をかけた信頼関係を形成することができ，語られた内容の信頼性も高まっていく。また，多くの語りは，被面接者の言葉がもつ個人的意味をより具体的に理解する手がかりともなり，解釈の根拠も提示しやすく，データ分析における信頼性や妥当性も保証することができる。
　複数回行われる面接では，被面接者の語る内容が異なることがある。これは，ある時点の被面接者の言葉が偽りであることを示すの

ではなく，被面接者の体験が変化したり，語るという体験を通して意味づけが修正されたりした結果起こるものである。

「はい，チーズ。カシャ！」こうして撮ったスナップ写真は，人間のある瞬間を固定してとらえる。質問紙法のデータはそれに似たものがある。一方で，複数回行われる面接法で得られるデータは，被面接者の心の変化を継時的にとらえるビデオ映像といえるかもしれない。もちろん1回だけの面接のなかでも，被面接者の心の動きや変化をとらえることはできる。ありのままの心は，本来，絶えず動き，変化しているものであるからだ。

6 面接とコンテクスト

> 面接者「そのことに，小さい頃，お母さんが働いていたということが関係していると思われたことは？」
> 被面接者「うーん，関係ないとは言えないんでしょうが……。原因とは思いません（はい）。そんな，単純な感じではなくて（ええ）……」

原因追究という欲求は，私たち人間のなかにある基本的欲求の1つなのだろうか。日常生活でも，ある事件が起こると，「原因は？」と尋ね，それを探し出し，原因らしきものにたどりつくと，まるで事件全体を解明したような気になってしまうことがよくある。心理学でも，「Aが原因で，Bということが起こる」というような因果関係に関する仮説を検証する研究は少なくない。

ところが，上記の例で被面接者が教えてくれているように，私たちの体験は，原因と結果の間を直線で結べるほど単純ではない。調

査をすることで，世の中を，できるだけ単純にわかりやすくとらえたいとするあまり，本来この世界がもっている複雑な現実を逆に見失ってしまうことがある。私たちの世界や心をより現実的に把握するならば，近視眼的な視野のなかで何かと何かの関係を簡単につないでわかったつもりになるのではなく，もっと広い人間関係や生活状況などのさまざまなコンテクスト（文脈）を検討することが必要である。コンテクストというのは，個人の体験に，一般的ではない個別の意味を与える土壌である。たとえば，「人に頼れない」という個人的体験は，その背景に，頼ろうとすると動揺してしまう母親とのエピソードがあったり，どうしても弱みを見せられない友人関係があったり，1人で頑張ったらうまくいった経験を本人が自分の支えにしていたり，といったさまざまなコンテクストを知ることによって，よりいっそう個別に理解できるようになる。

面接法では，他の研究法よりも広く情報を得ることが可能で，そのために，個人の体験を理解するうえで重要なコンテクストを検討することができる。コンテクストのなかで個人の体験を分析していくことで，直線的因果関係では説明のつかない，人間の心の複雑な姿をとらえることが可能となるのである。

7 面接とデータ分析

「個別性」や「関係性」を尊重しながら，面接で得られた情報を分析するにはどのような方法があるだろうか。

語られた内容をカテゴリー化する分析

被面接者が語った言葉の一部ないしは全部を内容のまとまりからカテゴリー分けし，他のカテゴリー分けされた変数や属性など

との関連性を検討する方法がある。

　まず，面接過程のプロトコル・シート（逐語記録）を作成する（表13-3）。面接前に被面接者から了解を得て録音を行っている場合（被面接者が拒否した場合は録音してはならない）は，それらを参考にしながら，面接者ならびに被面接者の語りを記述する。そこには，沈黙や表情や姿勢といった非言語的情報，面接者の印象や自己観察（自分の感情や思考など）の内容も加える。できあがったプロトコルを読み直し，被面接者の語った内容のなかから，研究の目的に沿って必要な部分，焦点を当てたい語りのまとまりを抽出する。次に，それらを要約する。さらに，それらを簡単な仮のカテゴリー名（中身を表す小見出しのようなもの）に整理する。仮というのは，同じ被面接者の他の部分の語りや別の被面接者の語りと照合しながら，カテゴリー化の仕方もカテゴリー名も繰り返し修正することが必要になるからである。

　こうしたカテゴリーは，あらかじめ面接者が想定して決めておく場合もあるが，面接を行いながら，あるいは，プロトコルを見ながら新しく作成されていくことも多い。カテゴリーの命名は，あまり抽象化，単純化しすぎないように気をつける。たとえば，「悩みごとがあっても，どうして友達に相談しないのか」という体験を語ってもらい，その内容を「友人に相談しない心理的背景」として分類したとする。その結果，「自尊心が傷ついてしまう」「相手に悪い・申し訳ないと思う」「自分のことを話すのは苦手である」などというカテゴリーが作成できるかもしれない。

　分析は，こうしたカテゴリー間の関連性を調べたり，他のテーマのもとに分類されたカテゴリー群との関連性や他の属性との関連性を検討したりして行われる。上記のカテゴリー例の場合もそうだが，カテゴリー間の関係は，独立したものだったり，相互作用しあって

表13-3 プロトコル・シート例

面接実施日　　　　年　　　月　　　日
被面接者
面接者
面接場所
面接時間　（合計　　　　回；　　　　　分）
　　　　　　　　　時　　分〜　　　時　　分　計　　分
　　　　　　　　　時　　分〜　　　時　　分　計　　分
　　　　　　　　　時　　分〜　　　時　　分　計　　分
面接前の特記事項

注：〈　〉は語り中の応答。
　　（　）は非言語的情報（表情，態度，声の調子など）。
　　…は沈黙，10秒以上の場合は秒数を（　）で表示。被面接者は被，面接者は面と略。

語り手	プロトコル	面接中の印象（面接者の自己観察，関係へのまなざし，感じたことなど）
被11	そのときは，2年前とはまったく違う反応で。どうしたの，どうしたのって，何度も聞いてきて。正直いって私自身も思いがけなくて動揺していたんですよ。こう，何か，自分もどきどきっていうか……（苦笑）	
面14	ええ，そうでしょうねえ（ええ，はい）。思いがけなくて（はい）。それでもお子さんは何度も聞いてきて（ええ）……	被面接者の戸惑ったような表情。こっちまで，どきどきしてくる。あまり，急いで質問したくない感じ。
被12	（遠くを見るように）んんと……，そうねえ……，そうだ，そうだ……（はっきりとした口調で）子どもに，変なごまかしはしたくないと思ったんですよね。	被面接者が真剣にその時を思い出している様子。沈黙があまり嫌な感じではない。
面15	ごまかしはしたくない。	
被13	小さいですが，いえ，小さいから親の言葉って，大きいと思ったことがあって（面接者の方をしっかり見て），いい機会にしたい，いい機会だから，ちゃんと話したいって。で……	被面接者のなかに自信を感じる。

面接後の全体印象

いたりする。こうした関連性を解釈していくことで，新しい仮説が生成されるのである。データの収集とこうした分析を絡めながら理論を生み出していく研究法は，「グランデッド・セオリー法」とも呼ばれる。

　カテゴリーと他の変数との関連性は，クロス集計表を作成して統計的に分析することができる。「2つの質的変数の間に関連性が認められない」という帰無仮説を検定（カイ二乗検定，フィッシャーの直接確率法など）するのである。これは，各カテゴリー内の度数（観測度数）と理論的に期待される度数（期待度数）との差異に注目して行われるものだが，帰無仮説が棄却されれば，2つの質的変数の間に何らかの関連性があると考えてもよい。どのような関連性がどの程度の強さで見られるかについては，実際の観測度数と期待度数のズレを表す残差によって確かめる。この検定は，あくまでも2つの変数間に関連性が見られるかどうかを見るのであって，因果関係とは異なるものである。

　この分析方法の信頼性や妥当性は，カテゴリーの作成，命名にかかっている。そこで，複数評定者によってカテゴリー名が妥当であるか，また，カテゴリー分類は適切に行われているかを独立に評定し，評定者間の一致係数（カッパ係数；第11章を参照）を出して，評定の妥当性や信頼性を確認する。評定の不一致部分に関しては，カテゴリーの構成や分類方法について再検討をしておかねばならない。なお，複数評定者による評定は全データに対して行われる必要はなく，2〜3割をランダムに抽出して行うのでよい。

> コンテクストを重視して解釈していく分析

被面接者の「言葉」を細分化せず，面接過程すべての語りを対象として分析する方法がある。

　まず，前述したようにプロトコル・シートを作成し，被面接者が

語る体験をさまざまなコンテクスト（たとえば，被面接者の日常生活における人間関係，過去の体験，親から受け継いだ価値観など）のなかで解釈していく。とはいっても，断定的な意味づけをするのではなく，いくつもの仮説を立て，それらを他の部分の語りに対する仮説と照合しながら仮説検証をして，仮説の取捨選択を行う。また，面接過程や直後に面接者がメモした非言語的情報や面接者の自己観察，その他の印象などの情報も合わせて仮説を練り直し，解釈する。先にも記したように，面接者－被面接者関係というコンテクストも被面接者の語りに影響を与えるため軽視してはならない。

　被面接者の語りを一部だけ切り抜いて分類したり解釈したりすると，その意味を誤解してとらえたり，表層的にしかとらえられなかったりすることがある。しかし，この分析方法では，「言葉」と「言葉」以外の多くの情報を統合して個人的体験の意味を推測し，理解を深めていくことができる。

　ところが，この方法は，解釈に必要なコンテクストを提供する情報が少ない場合には限界がある。面接後，分析の段階で「あれはどういう意味だったのか」と疑問に思っても，被面接者に再確認できることは少ない。研究者は，被面接者の語りを聴きながら同時に解釈仮説をつくり，語りを妨げない範囲でそうした仮説を検討するのに必要な情報を適宜収集していかねばならないことになる。また，情報が十分にあるとしても，解釈の独りよがりや単純な一般化を防ぐために，すべてのプロトコルに何度も目を通して，複数のコンテクストのなかで意味を推測し，仮説間に矛盾がないか検討することが必要である。また，プロトコルの一部を引用して解釈の根拠を明示したり，既成の理論や先行研究と比較検討をして，結論を導き出すまでの過程を詳細に記述するとよい。

被面接者の体験過程に注目した分析

「言葉」の内容以上に，それを語る被面接者の「いま，ここで」の内的体験に注目して面接過程そのものを分析する方法がある。前述したロジャースは，心理面接におけるクライエントの変化をプロセス・スケールという尺度で測定して研究した。このなかに体験過程という下位尺度がある。体験過程とは，クライエントが面接者の前で自分の感情やその他の内的体験に向かい合い，しだいに自分について新しい発見をしていく過程である。体験過程スケールを用いた研究は，その後ジェンドリンらによって発展していった（例：エンカウンター・グループでの体験過程の分析）。

まず，面接過程の一部（普通，はじめと終わりを除く中間部）から被面接者と面接者のやりとりを抜き出す（約5～10分）。そのなかでの被面接者の「言葉」や非言語的情報をもとに，被面接者が面接者と

表 13-4 体験過程スケールの例

(1) 内容がひとごとのように距離をとって語られ，被面接者自身の感情的関わりがほとんど（あるいはまったく）ない。事実の報告のみ。
(2) 自分のことを話しているが，あまり感情を伴わない表現で語られる。
(3) 特定の外的出来事について，自分の感情について語られる。
(4) 出来事の説明よりもそれとともに体験された感情を中心に語られる。
(5) 自分の感情について積極的に，探索的に語る（例：どうして，こう感じるんだろう。何でかな。やっぱりほめてもらいたかったのかな……）
(6) いま体験している感情への自己探求が深まり，新しい気づきが生まれる。（例：大丈夫と思ってたけど，うん，本当はすっごく傷ついていたんだなって，いますごくそう思ったわ。）
(7) 気づきが拡大し，被面接者の過去から現在までのさまざまな経験がつながりあって，広い自己理解を獲得している。

注：1から7にかけて浅いレベルから深くなっていく。ジェンドリンは，体験過程が深まるほど，面接のなかでクライエントが成長・変容していくことを明らかにした。また，クライエント，すなわち被面接者の体験過程の深さは，面接者の応答に応じて変わることもわかっている。

のやりとりのなかで自分の感情や自分の内側で起こっている体験にどの程度正直になり，それらを鮮明に感じられているかを体験過程尺度（表13-4）に従って評定する。体験過程が浅いレベルでは，被面接者の「言葉」は過去の体験の表面的報告をするにすぎない。しかし，体験過程が深まっていくと，被面接者の「言葉」は過去の体験を「いま，ここで」再構成したり，再解釈したりするようになる。面接者との信頼関係は，この体験過程に影響を与える要因の1つといえる。そこで，面接者の態度についても合わせて分析することができる。

8 面接と倫理的責任

　分析が終わったところで研究者の責任はおしまいにならない（表13-5）。この後には，調査結果を文書にまとめたり，研究会や学会などで発表したり，協力してくれた被面接者に結果をフィードバックしたり，データの保管の仕方や処分を取り決めて実施したりという作業が続く。

　面接結果の資料には，被面接者の生の語りが引用されたり，特徴的な個人情報が記述されたり，プロトコルそのものが添付されたりと，他の研究法に比べて個人的情報がより詳細に盛り込まれることが多い。被面接者のプライバシーを傷つけないように匿名性を心がけたり，考察に直接影響を与えないような内容は省略・修正したりして，被面接者が特定できないように細心の注意をすることは不可欠だが，それでも，被面接者本人が見れば，自分のことだとわかってしまう場合がある。面接者は，できるだけ，被面接者の了解を得て（文書を取り交わすのがよい）から情報を開示するように心がける。

表 13-5　調査的面接法の流れ

	おもな留意点
①調査の説明・依頼	調査の目的や面接の手続きを説明する。守秘義務やプライバシーに対する約束事を伝達し，自分の意思で参加することを確認する。
②面接の導入	簡単な自己紹介の後，途中で協力拒否できる権利やプライバシーへの配慮，録音装置の使用などを再度確認する。被面接者の緊張をできるだけ和らげる。面接に要する時間を決める。
③面接中	被面接者が安心して語れるように，面接者は傾聴を中心とした基本的態度（*Column*⑮参照）を心がける。面接中に被面接者が録音に抵抗を感じるような場合は，一時的に，あるいはそれ以後の録音を中止することもある。
④面接の終了	決められた時間内に終えられるようにする。終了後，今後の予定を簡単に説明し，協力への感謝を伝える（謝礼を渡す）。
⑤データの整理	面接終了後すぐに，面接全体の印象や面接過程での面接者の感情などを記録する。その後，録音された語りをプロトコルに起こし，他の情報を加える。被面接者の匿名性に留意する。
⑥分析と考察	研究目的に応じて分析法を選ぶ。複数の評定者で評定したり，録画や録音など客観的データを活用したりして，面接者の主観性に偏らないよう分析を進める。
⑦まとめと発表	共有する研究者も倫理的責任を負うことを認識してもらう。事例研究やプロトコルをそのまま提示する場合は，被面接者にその目的や方法を説明し了承（できるだけ文書で）を得ておく。
⑧被面接者へのフィードバック	被面接者に応じて，言葉や内容に配慮する。また，一方通行ではなく，フィードバックのフィードバックをもらったり，質問を受ける。
⑨データの保管・処分	面接のプロトコルの保管は守秘義務が履行できる形で慎重に行う。あるいは，シュレッダーにかけたり，焼却したりする。研究機関によっては研究資料の保管義務年数があるのでそれに従う。

被面接者が子どもである場合は，保護者からの承諾も必要である。さらに，研究者は面接情報を共有する人たちにも，面接資料の取り扱いへの注意を促し，守秘義務への配慮を要請する責任をもっている。

被面接者に結果をフィードバックする場合は，①専門用語は避け，被面接者がわかりやすい言葉を使用する，②「よい」「悪い」といった評価的表現よりも，行動の記述的表現を用いるようにする，③被面接者に応じて（年齢や状態など），彼らが活用できる（したい）情報に焦点を当てて説明する，④仮説生成型研究の場合，分析によって出された結論は1つの仮説であるため，けっして断定せずに，推論過程を具体的に提示する，⑤フィードバックした内容について，被面接者から質問，感想（とくに不安），その他のコメントを受け，どのように理解したか，双方向のコミュニケーションのなかで確認する，といったことに留意する。被面接者が子どもの場合は，保護者に対しても一緒にフィードバックしたり，必要であれば保護者宛の報告書を作成したりする。

匿名性を心がけても，他の研究法のデータ以上に個人的要因が濃く現れている面接資料の保管や処分に関しては，細心の注意を心がける。被面接者にも，どのようにするかをあらかじめ説明し，責任をもって管理，あるいは廃棄処分を行う。

9 面接法の限界と可能性

面接法がもつ限界や問題は，これまで説明してきた面接法の特徴や意義と深くつながっている。つまり，それらは短所というよりも，他の研究法との組み合わせを創造するヒントであり，今後の心理学

研究の可能性を広げていくものである。

　まず，面接法は，被面接者が語る「言葉」に依存する研究法なので，年齢や知的能力，表現能力や語る内容の意識化の程度，あるいは語る内容に対する不安や抵抗の程度などによっても情報の量や質が影響を受けるという問題がある。幼児に面接を行う場合は，絵や紙芝居などの視覚的情報や指人形などの遊具を活用することがある。緊張の高い人との面接では，軽い会話をしたり，身体を動かしたりしてリラックスした状況をつくるよう心がける。

　被面接者の「言葉」があいまいであるときは，その「言葉」をそのまま繰り返すなどして確認する。しかしながら，被面接者が面接する時点で意識化できていない事柄については，面接者が誘導的な質問をしたり，暗示をかけたりして，「言葉」にすることを強要したり，無理に意識させることは危険である。強い不安から自分を守るために抑圧が働いて意識していないことがあり，研究という目的でその重要な心の働きを動揺させてはならない。面接者は，被面接者が自発的に「言葉」にするのを待ち，「言葉」にするのを強要してはならない。

　次に，面接者の態度や被面接者との関係が，面接で得られる情報の内容や量を左右し，情報の信頼性や妥当性にも影響を与えてしまうという問題点が挙げられる。近年，アメリカでは幼少期の虐待の記憶想起をめぐって，その真偽が問われる裁判がいくつか開かれた。面接者の誘導的態度や圧力が被面接者に偽りの記憶を植え付けたり，面接者の救済者的関わりが被面接者のなかに救済されるべき犠牲者的記憶をつくり上げたりすることがあり，こうした記憶は，本人にも真偽を確認することが難しくなる。信頼できる情報を収集し，「偽りの記憶」をつくり上げてしまわないためにも，面接者は基本的態度（*Column*⑮参照）を心がけ，被面接者に自分が与えている影

響について意識しておくことが大切である。

　面接者の感性や洞察力などが，データの解釈に影響を与えるということも問題として挙げられる。感性や洞察力は，被面接者の「言葉」，ならびに被面接者の非言語的情報の理解の仕方を左右するだろうし，面接者の自己観察の繊細さや正確さにも影響を与える。面接者は，それらの限界を補うために，情報を丁寧に収集し，プロトコルを慎重に読んだり，ビデオ映像や録音によるデータを活用したり，質問紙法などの他の分析結果と照らし合わせて検討したり，また，複数の研究者で分析過程を進めたりすることが可能である。そうした作業は，いわば，面接法の信頼性や妥当性をさらに高めることにもつながる。

参 考 図 書

南風原朝和・市川伸一・下山晴彦（編）　2001　『心理学研究法入門──調査・実験から実践まで』　東京大学出版会
　●第1章，第7章に質的調査の特徴やプロセス，および，臨床的面接法について丁寧に記述されている。

保坂亨・中澤潤・大野木裕明（編）　2000　『心理学マニュアル　面接法』　北大路書房
　●相談的面接法ならびに調査的面接法についてさまざまな角度から具体的に概説されている。

海保博之・原田悦子（編）　1993　『プロトコル分析入門──発話データから何を読むか』　新曜社
　●語られた言葉のデータをどのように分析するかについてわかりやすく教えてくれる。

ロージャズ，C. R.（伊東博編訳）　1967　『ロージャズ全集8　パースナリティ理論』　岩崎学術出版社
　●ロジャースの重視した治療過程における条件について具体的に説明してある。

吉良安之・田村隆一・弓場七重・大石英史・村山正治　1992　「体験過程レベルの変化に影響を及ぼすセラピストの応答——ロジャースのグロリアとの面接の分析から」『人間性心理学研究』10（1）
　●面接場面での体験様式を評定する体験過程スケールを用いて，具体的にロジャースの面接を評定し分析している。

下山晴彦（編）　2000　『臨床心理学研究の技法』　福村出版
　●臨床心理学における研究の意義やその特徴についてさまざまな角度から提案され，具体的に説明してある。

山本力・鶴田和美（編）　2001　『心理臨床家のための「事例研究」の進め方』　北大路書房
　●心理臨床家のためのとあるが，事例研究法の具体的な留意点や方法を実際的に説明してある。

第 **4** 部

実施と解釈

　心理学的研究は，実践である。心理学的研究を行おうとする者は，自分の研究課題に関連する先行研究を調べ，自分自身の研究を計画し，計画を実行に移してデータを収集，分析・解釈し，研究報告を行う。頭のなかではスムーズに進むこれらの過程も，いざ実際に行う段になると，さまざまな問題に直面し紆余曲折を経ることになる。

　第 4 部では，実際に研究を行うときに直面するさまざまな問題について，陥りやすい誤りに注意を喚起したり，ちょっとしたコツを伝授したりする。ここでは，文献の探し方から，アイデアの生み出し方，研究結果を解釈する際の注意，統計分析の案内，研究報告の仕方など，さまざまな実践的話題を取り上げる。

第14章 研究の実施

それは単純作業ではない

　実証的な研究には，さまざまなノウハウがある。落とし穴もたくさんある。それをどれだけ知っているかで，よい研究ができるかどうかが決まってくる。

　この章では，実際の研究がどのような作業から成り立っているのかを解説しながら，それぞれの作業に関連する実戦的な知恵を少しずつ紹介していく。まず，実証的研究はそもそも何のために行うのかを確認する。次に，実証的研究が実際にはどのような手順から成り立っているのかを調べる。そのうえで，アイデアの出し方，文献の調べ方，研究計画の立て方，実施の仕方などについて，いろいろなコツや落とし穴の避け方を解説する。

1 「実証的研究」のイメージ

> 実証的研究の目的

　「実証的研究」は，事実を調べる研究である。なぜ事実を調べるのか，その目的はさまざまである。しかし，最大の目的が理論の検証であることは間違いない。

　第1章でも述べたように，科学は現実の世界を理解しようとする試みである。科学は理論によって世界を理解する。その理論が現実の世界を正確に反映しているかどうかを確かめるためには，事実と

突き合わせてみなければならない。これが理論の検証である。そう考えてみれば、理論の検証がなぜ実証的研究の最大の目的になるのかは、おのずから明らかだろう。

理論は、すでに知られている多くの事実を矛盾なく説明できるように構成する。その理論を検証するためには、理論から論理的に演繹される予測を検証する。たとえば、「イメージは視覚に似た性質をもち、言語とは異なっている」という理論からは、「イメージを使った作業は、言語的な作業よりも、視覚的な作業によって強く妨害されるはずだ」という予測を導くことができる。この予測が正しいかどうかを調べるために、イメージを使う作業を被験者に行ってもらうという実験を実施する。ある条件では、言語的な作業と同時に、別の条件では、視覚的な作業と同時に実行してもらう。視覚的な作業と同時に行った場合の方が、イメージ作業の成績が悪かったとすれば、理論は支持されたことになる。悪くなかったとすれば、理論は反証されたことになる。

この検証方法を「仮説演繹法」と呼ぶ。実証的研究の最も基本的な方法である（ちなみに、「理論」と「仮説」という2つの用語は、互換的に用いられることが多い。「理論の方が大がかりで、よく確立されている」というニュアンスはあるが、両者をはっきり区別する論理的な基準は存在しない）。

実証的研究のなかには、理論の検証を直接行わないものもある。たとえば、事実発見型の研究では、はっきりした予測を立てずに、実験条件をいろいろと変えてみて、どういう結果になるかを調べてみる。しかし、そうして発見された事実も、その意味を理解するためには理論が必要になる。既存の理論を使って説明するか、それが不可能なら、説明ができるように既存の理論を修正しなければならない。ということは、結果的に、その事実を使って理論の検証を行

ったことになる。つまり、実証的研究は、最終的には理論の検証に結びつくのである。

実証的研究の手順 実証的研究の手順をまとめると、表14-1のようになる。第1段階から第6段階まで、一応、時間的な順序に従って手順を並べたが、これから説明するように、どの段階からでも、前の方の段階に戻る可能性がある。

第1段階は研究の準備である。自分が興味をもったテーマについて、まず勉強をしなければ、話が始まらない。専門書や学術論文を読んだり、大学生なら講義に出たりする。統計的な分析法や計算機プログラミング、あるいは、この本が解説している方法論のような研究技法を学ぶことも大切な準備作業である。

第2段階では、研究のアイデアを生み出す。といっても、実際には、準備が終わってから、「さあ、アイデアを出そう」といって発案に取り組むわけではない。ふつう、アイデアは準備作業をしている最中にひらめくものである。したがって、準備段階では、いつも虎視眈々とアイデアを狙いつづけている必要がある。また、アイデアが生まれてから、それまでは視野に入っていなかった文献を読まなければならなくなることも多い。

何を明らかにするための研究をしたいのか、そのアイデアが固まったら、次の第3段階では、具体的な研究計画を立てる。質の高い

表 14-1 実証的研究の手順

第1段階：準備
第2段階：発案
第3段階：研究計画の立案
第4段階：実施
第5段階：結果の分析
第6段階：報告

研究を行うためのコツは，きちんとした「計画書」を書くことである。その書き方については，この章の最後の節で解説する。同じ問題を調べるにしても，創意に富んだ方法を工夫した研究と，型にはまった方法を使った研究とでは，結果が「月とすっぽん」ほどにも違ってくることがある。したがって，この段階でもアイデアは重要である。

第4段階では，いよいよ研究を実施することになる。実施の段階では，あちこちに落とし穴がある。それを避けるためのコツは，「実施マニュアル」を書くことである。その書き方も，最後の節で解説する。

第5段階では，結果を分析する。結果の解釈の仕方については第15章を，統計的な分析法については第16章を参照していただきたい。出てきた結果によっては，解明したかった問題にはまだ答えが出ていないことがわかる，という場合もある。そうなると，さらなる研究を計画しなければならず，第3段階か第2段階，ときには第1段階にまで戻ることになる。

意味のある研究結果が得られた場合は，それを報告することになる。これが最後の第6段階である。研究報告の仕方については，第17章を参照していただきたい。

2 研究のアイデア

アイデアの生まれ方　　アイデアは研究の命である。
形だけをまねて，研究をやったつもりになっている人をときどき見かける。高度な統計解析をしたり，複雑な計算機プログラムを組んだり，あるいは，高価な実験装置を使った

りすれば，それだけで立派な研究をやったような気分になってしまうらしい。

　しかし，研究というものの本来の目的を考えてみれば，それらはいずれも周辺的な作業にすぎず，研究の本質的な部分ではないことがわかる。研究は，事象を科学的に理解するために，理論を構築することを目的としている。したがって，事象の理解につながるような問題を設定し，その問題の理論的な解答を見出すという作業こそが研究の本質なのである。そうしてみると，研究の核心は，他人が問うたことのない理論的な問題を設定したり，それに解答したりするためのアイデアだということになる。そうしたアイデアを中心に据えた研究が「独創的な研究」と呼ばれるのである。

　長いこと，「独創的なアイデアを生み出す思考は，ふつうの思考とは異質なものだ」と信じられてきた。しかし，創造的思考に関する近年の心理学的な研究は，必ずしもそうではないことを強く示唆している。どうやら，ふつうの思考と創造的な思考との間に質的な相違はなく，いくつかの点で高度化されたふつうの思考が創造的なアイデアを生み出すようなのである。

　「創造的思考」の指南書は，ふつうの思考とは違った，たとえば，「できるだけ突飛なアイデアをできるだけたくさん考え出してみる」というような方法を勧めている。しかし，そのような方法は，実際には，あまり価値のあるアイデアを生み出さないことが明らかになってきた。実証的研究の場合，理論的に意味のあるアイデアでなければ価値はない。そうしたアイデアを生み出すためには，ふつうの理論的な思考からかけ離れてしまうことは，むしろ避けた方が賢明ではないかと思われる。

　理論的に意味のあるアイデアを生み出すためには，新しい理論的展開がどのような場面で起こるのかを調べてみる必要がある。そう

> **表 14-2　研究アイデアが生まれる場面**
>
> 演繹：理論から新しい予測を導出
> 発展：未説明の事実を説明できる理論を構築
> 止揚：対立する理論を統合
> 総合：関連するすべての事実を整合的に説明する理論を構築
> 説明多重化：ある事実について別の説明を案出
>
> ◇
>
> 日常観察：日常的な体験
> 触発：文献を読んでいる間に浮かんだ考え
> セレンディピティ：研究中の偶発事

した場面でどのような問題の解決が必要になるのかを検討してみれば，理論的に意味のあるアイデアを生み出すためには何をすればよいのかが見えてくるに違いない。そうした場面のいくつかを表14-2にまとめてみた。

「演繹」は，仮説演繹法の中心となる思考プロセスである。仮説（ないし理論）から，新たな事実を予測し，それが本当に事実なのかどうかを確かめるために実証的研究を行う。演繹は純粋に論理的なプロセスだと考えられがちだが，幾何の定理を証明するためには創意工夫が必要になるように，予測を演繹するためにも創造的な頭の働かせ方は欠かせない。

「発展」は，先行研究が見出した新たな事実のなかで，まだ理論的な説明がなされていないものを取り上げ，それを説明できる仮説を構成するという方法である。その仮説を検証するためには，仮説演繹法を利用する。

「止揚」は，対立する理論が存在するときに，それらを統合する理論の構築を試みるという方法である。理論Aでしか説明できないと主張されている事実と，理論Bでしか説明できないと主張されている事実，それに，どちらの理論でも説明できると考えられて

いる事実，そのすべてを整合的に説明できるような理論を構成する。

「総合」では，関連があるようにみえるさまざまな事実を集めて，それらを統一的に矛盾なく説明できる理論を構成する。ふつうは別の研究テーマだと見なされているような事実を統一的に説明することができれば，間違いなく独創的な研究になる。

「説明多重化」というのは，ある事実について，ふつうの説明とは異なった説明の仕方をいくつも考えてみるという方法である。そうすることによって，既存の説明原理とは別の，より妥当性の高い説明原理を発見できるという可能性が開けてくる。

以上の方法は，いずれも，意図的な努力によってアイデアを生み出す方法である。しかし，優れたアイデアは，思いがけない形で浮かんでくることもある。「日常観察」は，自分自身の日常的な体験のなかから研究テーマを発掘する方法である。心理学の場合，日常的な人間観察・自己観察は，まだまだ新しい研究テーマや洞察の宝庫である。「触発」は，文献を読んでいるとき，著者の議論を追っていくだけではなく，自分の頭に浮かんださまざまな考えのなかからアイデアを掘り起こすという方法である。

「セレンディピティ」という言葉は，「研究上の掘り出し物」を意味する近年の造語である。実証的研究を行っている最中には，予期していた研究結果とは別に，さまざまな出来事が起こる。そのなかには，ときとして，新たな発見のヒントが含まれていることがある。ペニシリンの発見も，X線の発見もそのようにしてなされた。

日常的な体験にせよ，文献を読んでいるときに浮かんだ考えにせよ，あるいは，研究中の偶発事にせよ，よほど注意していないと見逃してしまいがちなものである。見逃さないためには，何か研究アイデアにつながりそうなことはないかと，つねに眼を光らせている必要がある。しかし，「眼を光らせる」といっても，いったい何を

目安にして、無数の「石」のなかから「玉」を見分ければよいのだろうか？

そのコツは、「なぜ？」という問を大切にすることである。ちょっと変わった出来事にぶつかったときには、必ず、「それはなぜ起こったのだろう？」と自問してみるのである。既存の理論で簡単に説明ができてしまうようだったら、研究アイデアにはつながらないだろう。しかし、うまく説明ができないとしたら、あるいは、何か新しい仮定が必要だとしたら、有望である。この見分け方は、そもそもが事象の説明を試みるものなので、理論的に意味のあるアイデアをすくい上げる確率が高いのである。意図的にアイデアを生み出そうとする「発展」や「止揚」などの方法も、すべて「なぜ？」という問を基礎に据えている。

文献の探し方

文献を探す方法は、大きく分けて2通りある。1つは時間を遡る方法で、もう1つは下る方法である。

遡る方法のなかで、誰もが自然に利用するようになるのは、「自分が読んだ文献の末尾にある引用文献欄を見て、読むべき文献を選ぶ」という方法である。すでに本文を読んでいるのだから、どれが読むべき文献なのかは、かなり正確に判別できる。

「展望論文」（あるいは「総説論文」）もたいへん役に立つ。特定のテーマについて、その専門家が、関連する文献を網羅的に紹介してくれている論文である。展望論文ばかりを集めた『心理学評論』という雑誌がある。ほかに、『心理学研究』『教育心理学研究』などの雑誌にも、展望論文が掲載されることがある。しかし、展望論文が扱うテーマの数からいえば、英語の文献の方がはるかに充実している。大きなテーマに関する展望論文ばかりを集めた"*Annual Review of Psychology*"が最も網羅的である。小さなテーマについて

は，"*Psychological Review*" "*Psychological Bulletin*" "*Psychonomic Bulletin & Review*"などの雑誌が数多くの展望論文を掲載している。"*American Psychologist*"にも展望論文的な論文が多い。おもに実験論文を掲載している雑誌も，展望論文を載せることがある。ほかに，専門書のなかにも，展望論文的な論文を集めたものがある。

　最近は，コンピュータを用いてデータ・ベースを検索するという便利な方法が普及してきた。自分の研究テーマに関連のある専門用語を入力すると，それをキーワードに挙げている論文を，膨大なデータ・ベースのなかから，ほとんど瞬時に検索し，表示してくれる。あるテーマで重要な研究をしている研究者の名前を入力して，その人が発表した論文のリストを表示させることもできる。"Medline"という医学系のデータ・ベースが心理学にも役立つ。後述の"Web of Science"もデータ・ベースとして使うことができる。大学の中央図書館で利用法を尋ねてみていただきたい。

　次に，時間を下る検索法を説明する。自分が関心をもったテーマについて，最新の研究動向を知りたいという場合がよくある。そのテーマを扱った面白い論文が20年前のものだったとしよう。それを引用している最近の論文を調べてみれば，そのテーマについて，その後の研究動向がわかるはずである。そういう調べ方のできる検索ツールがある。図書館などで"Web of Science"というデータ・ベースが利用できれば，その20年前の論文を「引用文献検索」にかけてみると，その論文を引用している，20年前から現在にいたるまでの論文がリストアップされてコンピュータの画面に出てくる。無料で利用できる"Google Scholar"でも，その論文を検索して画面に表示してから，「引用元」というボタンをクリックすると，その論文を引用している文献のリストが画面に出てくる。

3 研究の立案と実施

> 計 画 書

水準の高い研究を行うコツは，労をいとわずに「研究計画書」を書くことである。計画書を書くために，いろいろと頭を使っているうちに，計画の穴が見つかったり，研究方法についてのアイデアが生まれたりするものなのである。

計画書は，論文と同じような構成で書けばよい。つまり，「目的」（論文の場合は「序論」），「方法」「結果」「考察」の4項目で構成する。「方法」は，ふつう，さらに「実験計画」「被験者」「装置」「材料」「手続き」に分かれる（ただし，研究の性質に合わせて，具体的な項目は臨機応変に設定することが望ましい）。

「目的」には，その研究で何を明らかにしようとしているのかを明記する。検証したい自分の仮説とその対立仮説を記す。論文とは違い，研究史を長々と書く必要はない。

「方法」は，研究目的を達成するためにはどのような研究方法が最も適切なのか，最大限に頭を働かせながら書き進める。

「実験計画」の項には，独立変数と従属変数を明記する。各独立変数（分散分析の用語では「要因」）の「水準」の数と内容も記す。たとえば，記憶実験で，学習から再生までの「遅延時間」を独立変数としたとき，0分，5分，30分の3条件を設定したとすると，この独立変数の「水準」数は3ということになる。どの独立変数が被験者内変数なのか，被験者間変数なのかも記す。ふつう論文には書かれていないが，統制すべき重要な剰余変数も明記しておくことを勧める。

「被験者」の項には，被験者の種類（例：正常な視力を備えた大学生）と予定数を記す。被験者の数は，先行研究を参考にして決める。被験者数の大小は，検定力を左右する。「検定力」というのは，たとえば，自分の仮説が「実験条件と統制条件の間には平均値の差がある」というもので，それが真実だった場合，検定で「有意差がある」と正しく結論できる確率のことである。被験者が少なすぎると検定力が低下して，本当は差がある場合でも，「有意差なし」という結論になってしまう。自分の研究とよく似た先行研究で，たとえば 25 人の被験者で有意差が出ていたのであれば，その数が目安になる。

　「装置」に関しては，研究の目的に照らして，十分な性能があるかどうかを確認する。「材料」については，作成方法の概要，基本的なロジックや満たしていなければならない条件などを明記する。「手続き」の項では，全体の流れを記したうえで，細部まで手続きを明確にしておく。これらの項については，何か剰余変数がもぐりこんでいたりしないか，慎重に検討する必要がある。

　「結果」の項には，まず，データの分析法を書く。あらかじめこれを考えておかないと，研究が終わってから，適切な分析法がないことに気づく，というような事態にもなりかねない。次に，自分の仮説から予測される結果と，対立仮説から予測される結果とを記す。可能なら，それぞれ図示する。同じような結果が予測されてしまう場合は，方法が不適切だったということになる。

　「考察」の項では，はじめに，予測された結果が得られた場合，どのような理屈で「仮説が支持された」と言えるのかを記す。ここで，自分の推論の穴を発見することもある。次に，批判者の立場に立ってみて，その結果から，本当に「仮説が支持された」と結論できるのかどうか，言い換えると，剰余変数による別解釈ができない

Column⑯ ビデオは語る

　実験結果を正確に解釈するための1つのテクニックとして，実験の様子をビデオに撮っておくという方法がある。

　筆者が行った実験のなかに，文字やその鏡像を被験者に見せて，左右が逆に見えるかどうかを尋ねるという実験があった。この実験で，ある被験者に「F」をじかに見せて，「この『F』を，あなたが知っている普通の『F』と比べてください。左右は逆になっていますか？」という質問をした。大学院生が実験者を務めていたのだが，後で記録用紙を見ると，この被験者は「はい」と答えたことになっていた。鏡に映った文字を見ているときならともかく，紙に書いた「F」をじかに見ながら「左右が逆になっている」というのは，ずいぶん妙な答えである。全部で102人の被験者を調べたこの実験で，こういう答えをした被験者はこの被験者1人だけだった。

　筆者がまず最初に疑ったのは，「大学院生が被験者の答えを書き間違えたのではないか」ということだった。しかし，このセッションを撮影しておいたビデオがこの濡れ衣をすぐに晴らしてくれた。被験者は，たしかに「はい」と答えていたのである。

　しかし，ビデオを見ているうちに面白いことに気づいた。「普通の『F』と比べてください」と言われると，この被験者の右手の人差し指が忙しく動き出すのである。どうやら，「F」を何度も書いているらしい。「D」のときにはもっとはっきりしていて，明らかに「D」を書いていることがわかる。

　よく調べてみると，「実物の『F』と比べてください」と言った場合には，指は動かない。「普通の『F』と比べてください」と言った場合だけ，指が文字を書くのである。

　これらの事実を総合してみると，「この被験者はアルファベットの文字の形をはっきり憶えていなかったのではないか」という推察が成り立つ（ちなみに，この被験者は大学生ではなかった）。記憶があやふやだったので，何度も指で文字を書くことによって間違いを避けようとしたのだろう。紙に書いた「F」と「普通の『F』」を比べて「左右が逆になっていますか？」と尋ねる質問は，「F」についての最初の質問だった。記憶がまだ不確かだったので，「はい」と答えてしまったのに違いない。そう考えれば，この妙な答えが出てきた理由も理解できる。

この例からもわかるとおり，ビデオ映像は，後になって，実験結果の解釈を助けてくれることがある。したがって，ビデオ映像を従属変数の測定には使用しない実験の場合にも，実験の様子をビデオに収録しておくことは，けっして無駄ではないのである。

　ただ，ビデオがまわっていると，被験者は不必要に緊張してしまうことが多いので，できれば，隠し撮りが望ましい。しかし，隠し撮りしたテープを黙って使うのはフェアではない。筆者の実験では，セッションが終了した後で，ビデオ撮影をしていたことを被験者に明かし，「研究目的に限ってビデオを使用することを許可する」という承諾書に署名をしてもらうことにしている。被験者が署名を拒んだ場合は，その場でビデオテープを破棄し，その被験者のデータは使用しない，という方針を立てているのだが，さいわいにして，これまでは，署名を拒んだ被験者は1人もいなかった。

かどうかを検討する。提起されうる別解釈とそれがどういう根拠で排除できるのかを記す。別解釈が排除できない場合は，方法を修正しなければならない。

実施マニュアル

　精度の高い研究を行うコツは，マニュアルをつくることである。マニュアルには，実験や調査の手続きを細大漏らさずに記す。人間は忘れたりうっかりしたりする動物である。マニュアルを見ながら実施をしないと，実験者もいろいろとミスをしでかす。それが誤差を大きくしたり，ときには，妥当性を大きく損なう結果にもつながる。たとえば，「実験中」の札を実験室の扉に下げることを忘れると，実験中に誰かが扉をノックして，被験者の気が散り，データが乱れることになるかもしれない。数人の研究者が分担して1つの研究を実施する場合には，実施者の違いが誤差や剰余変数になることを防ぐために，マニュアルはとくに重要になる。

　マニュアルには，教示（被験者に対する指示）の全文を書いておき，

実施の際にはそれを読み上げればよいようにしておく。また，無作為配分の具体的な手続きも記しておく。

予備研究

いよいよ実施の準備が整ったら，予備研究（予備実験または予備調査）を行う。ここで，独立変数の操作はうまくいっているか，従属変数は正確に測定できているか，剰余変数はすべて適切に統制できているか，といった点をチェックする。教示の内容が正確に理解できているかどうかも確認する。教示を徹底するためには，要点を被験者に質問してみるというテクニックもある。

予備研究を行う場合，研究者が一番気にかけるのは，予測どおりの結果が出るかどうかということである。しかし，ここで気をつけなければならないのは，「少数の法則」という錯誤である。これは，「少数の被験者でも，多数の被験者のときと同じ結果のパターンが得られるはずだ」という思いこみで，これが正しいという保証はないのである。したがって，予備研究の結果をあまり過剰に解釈しないように気をつける必要がある。

本研究の実施

実施にあたっては，さまざまな点に気を配らなければならないが，常識を働かせれば，だいたいのところは適切に対処できることが多い。たとえば，教示を読むとき，早口だったり，発音が不明瞭だったりして，よく聞き取れないことが意外に多いものだが，これも，常識を働かせれば解決できる問題である。

しかし，要求特性や実験者効果（第9章を参照）の問題は，常識だけでは解決が難しい。どのような問題が生じうるのか，どのような対処方法があるのか，よく勉強しておく必要がある。

教示は，ただ読み上げるだけではなく，被験者の表情を見て，よく理解できていないようだったら，説明を補うような臨機応変の措

置も必要である。また，研究のなかからセレンディピティによるアイデアを拾い上げるためには，偶発事の意味を考えるという心構えも大切である。いずれにしても，研究の実施は，けっして機械的な単純作業ではなく，はじめから終わりまで創造的な行為なのである。

参考図書

高野陽太郎　1987　『傾いた図形の謎』　東京大学出版会
- メンタル・ローテーションという現象の有無を説明するための理論を構成するプロセスが記されている。「総合」（本文を参照）の方法で研究アイデアを生み出す実際のプロセスがよくわかる。

バーバー, T. X.（古崎敬監訳）　1980　『人間科学の方法——研究・実験における10のピットフォール』　サイエンス社
- 実証的研究を行う際に陥りやすい落とし穴を系統的に紹介している。この本を読めば，ふつうは長年の経験のなかで身につける多くのノウハウを一気に学ぶことができる。

ロバーツ, R. M.（安藤喬志訳）　1993　『セレンディピティー——思いがけない発見・発明のドラマ』　化学同人
- 「セレンディピティー」という概念を説明したうえで，その実例を一般読者向けにたくさん紹介している。

ワイスバーグ, ロバート（大浜幾久子訳）　1991　『創造性の研究——つくられた天才神話』　リクルート出版
- 「創造性」に関する近年の心理学的研究の成果を一般読者向けに紹介している。

第15章 結果の解釈

実験結果の解釈を中心に

　心理学研究法のなかで,実験的研究の占める位置はきわめて大きい。もちろん,観察的研究も重要だが,心理学理論を形づくるうえで,これまで最も中心的な役割を果たしてきた方法が実験であることは間違いない。こうした方法面での中心的な位置づけに対し,得られた結果をどのように解釈すべきか,心理学実験はしばしば批判の対象になる。以下で見るように,実験への批判は,心理学の外側から,外在的に行われるものだけに限らない。

　たしかに批判の一部は,明らかな誤解や不十分な理解に基づいていると言えるかもしれない。しかし,心理学実験の利用者も,「実験結果には明らかな制約がある,それでもなぜ実験を行うのか?」という,いわば当然の指摘に対し,必ずしも自覚的に考えていない場合があるのではないか。心理学実験の利用を自明とするグループにいる限り,こうした問いがことさら問題になることはない(同じ事情は,たとえば,社会学における調査研究の位置づけについても当てはまるだろう)。

　本章では,実験研究に向けられるさまざまな批判(たとえば,「実験は人工的で結果に一般性がない」)を概観したうえで,そうした"問題点"が実験結果の解釈をどのように規定するのか,吟味する。そのうえで,実験結果の妥当な解釈にあたって後続研究がいかに大切か,いわゆる「有意でない結果」への対処法と,追試研究の意味を中心に論じていく。

1 一般化をめぐる問題①
●実験は人工的で現実に一般化できない？

　第2部，第3部でくわしく見たように，それぞれの研究法には固有の長所・短所がある。同じ問題に対しさまざまな研究法により接近することで，それぞれの短所を総合的に克服できるという視点が，まず第1に重要なのは言うまでもない。

　実験的研究の長所が因果関係の同定にあることはすでに述べた。それでは実験的研究の短所とは何か。さまざまなレベルでこの問題を考えることができる（くわしくは第2部参照）。しかしそのなかでも，実験的研究に向けられる最も包括的・代表的な批判は，「実験は人工的で結果に一般性がない，現実に一般化できない」という批判だろう。ここでは，この批判を軸に，実験結果の解釈について考えてみよう。

実験の人工性・非日常性

　まず，実験の人工性・非日常性という側面について検討する。

　実験に対して多くの人々がもっているイメージに，"牢獄イメージ"とでも呼ぶべきものがあるようだ。牢獄イメージとは，戯画化して言えば，実験室という"牢獄"に連れて来られた参加者が，白衣の研究者にモルモット的に扱われる，といった内容だろうか。そこでの牢獄とはいっさいの「日常性や意味をはぎとられた無機的な空間」である。いささか極端なたとえかもしれない。しかし，こうした牢獄イメージに代表される，「日常性の欠落」という意味での実験の人工性は，実験結果の解釈に深刻な問題をもたらすのだろうか。

　1つの可能性として，牢獄イメージを減らすため，実験室状況を

"日常世界"に近づけるという方向での改善を考えてみよう。たとえば，研究者が白衣を脱ぎ参加者との間に隔てのない社会関係をつくる，実験室に花や座りやすいソファを用意し環境音楽を流す，などの作業である。事実，第4章の*Column*④で見たように，「実験の日常的現実性」という考え方のもと，こうした方向での改善が推奨される場合もある。

　このようなやり方が快適な実験空間を生み出すことは間違いない。しかし，それによって実現される"日常的状況"とはいったいどのような状況だろうか。興味深いことに，花や環境音楽を通じて実現される日常的状況とは，それ自体きわめて特殊な環境である（たとえば，ハードロック・ファンにとっての"日常的状況"とはまったく異なっている）。言い換えると，このレベルでの"日常的状況"とはそれぞれ具体的・特殊的であり，誰にとっても当てはまる一般的な日常性など存在しえない。このように考えると，牢獄イメージに基づく素朴な実験批判，つまり，「人工的な実験から得られた結果は日常世界（＝"現実"）に一般化できない」という批判には本質的な無理がありそうだ。「日常的現実への一般化」という概念自体，矛盾を含んでおり，実現は原理的に不可能だからである。

| 実験の生態学的妥当性 |

　しかし，こうした素朴な批判はおくとしても，実験の人工性は本当に問題にならないのだろうか。ギブソンやナイサーなどの心理学者は，実験室実験の人工性を，生態学的妥当性の欠如という観点から問題にした。実験室実験が，しばしば生態学的な視点を欠いているという批判である。

　生態学的な視点とは，人間や動物が生態系のなかで生きている事実を重視する視点である。人間を含む動物は長い進化の歴史を通じてさまざまな環境に適応してきた。視覚・聴覚を含む五感や，運動能力，記憶能力などの基本能力は，こうした適応の産物である。生

態学的妥当性を備えた研究とは，環境のもっている生態学的特徴，適応対象である環境の性質をうまく取り入れた研究にほかならない。

たとえば，ガルシアたちの行った有名な研究は，生態学的妥当性という概念の大切さをよく示している。この研究は，ネズミの学習行動を扱ったものである。ネズミは，味と吐き気の連合（ある味の食べ物を口にすると後で吐き気に襲われる）は簡単に学習できる。これに対して，味と電気ショックの連合（ある味の食べ物を口にすると後で電気ショックが与えられる）は，何回繰り返してもなかなか学習できない。前者ではその味がすれば食べ物を摂らなくなるのに対して，後者ではその味がしても摂食行動が影響を受けない。こうした回避学習における成績の違いは，ネズミにとっての本来の生態学的環境の性質に基づいている。食物の味は吐き気と生態学的に関係する（腐った食べ物には苦味などが伴う）のに対し，味と電気ショックのつながりには生態学的妥当性がない。自然環境のもとで，たとえば，雷と味覚の間に直接的な関係は存在しない。

上記の例から明らかなように，生態学的妥当性を欠く状況で研究を行った場合，そこで得られた結果は意味がないものになる可能性が高い。食物の味と電気ショックのつながりを学習できないという実験結果から，ネズミの一般的な学習能力に重大な欠陥があると論じたとしても，その結論にはほとんど妥当性がないだろう。

「実験の人工性」再考

実験室実験は必然的に人工的である。独立変数を操作するという実験の存在理由そのものが，実験状況を多かれ少なかれ人工的なものにする。こうした人工性が問題になるのは，たんに「実験状況が日常的状況と異なっている」（牢獄イメージ）からではない。実験状況が生態学的な妥当性を欠いている場合，言い換えると，日常の環境に含まれている重要な変数が抜け落ちていたり，実験状況での変数間の関係が環境の

構造とずれていたりする場合に,「実験の人工性」がはじめて問題になる。この意味で,研究の実施にあたって,環境の構造とそこでの人間行動の特性をよく観察し,何が重要な変数なのか,変数間の生態学的関係はどうなっているのかを吟味する作業はどうしても欠かせない。こうした吟味を通じて生態学的妥当性を備えた実験は,たとえ日常的状況をそのままの形で再現していなくても,十分に現実に当てはまる,有効な知見を提供できる。

2 一般化をめぐる問題②
●大学生の心理学?

母集団への一般化可能性

実験的研究に向けられるもう1つの典型的な批判に,「実験の被験者は多くの場合に大学生であり代表性をもたない,ゆえに実験結果は一般化できない」という批判がある。通常,科学の研究で研究者が関心をもっているのは,実際に調べた特定の標本の性質ではなく,その標本に代表される何らかの母集団の性質である。ここでは,実験的研究における,標本から母集団への一般化の問題を検討する。

手始めに,調査研究を考えてみよう。標本調査(第10章参照)には,「20XX年4月時点で○○市に居住する女性成人」といった具体的な母集団が存在する。無作為抽出などの手続きによって得られた標本の性質を調べることで,こうした母集団の性質を統計的に推論することが可能になる。しかし,実験的研究において,無作為抽出の手続きがとられることはまずありえない。

そもそも,実験的研究における母集団とは何か。先の調査研究のように,「20XX年4月時点で○○市に居住する女性成人」などと

いった，時代・地域限定的な意味での特殊母集団を問題にしているのだろうか。多くの場合はそうではないだろう。多くの心理学実験が関心をもつ母集団をあえて定義するなら，時代・地域的な限定を超えた，種としてのヒトということになるのかもしれない（社会心理学実験における"文化"の扱いについては *Column* ⑰参照）。しかし，種としてのヒトという母集団から代表性をもつ標本を無作為抽出する作業は，時間軸を超えて過去や未来から標本を抽出できない以上，そもそも原理的に不可能である。

剰余変数の組織的検討 実験結果の母集団への一般化可能性は一筋縄ではいかない難しい問題だが，私たちは，次のような接近法が最も実際的だと考えている。

たとえば，ある研究者が色覚のメカニズムに関心をもっているとしよう。彼（女）がおそらく暗黙のうちに想定している母集団は，種としてのヒトであり，そこから標本を無作為抽出することは原理的にできない。したがって，観察した特定の標本の性質がヒト全般にそのまま当てはまるということは，手続き的には保証されない。

こうした状況で，結果の一般化に向けて研究者が実行できるのは，自分の理論やモデルのもとで研究結果に影響する可能性があると考えられる剰余変数（第6章参照）を，組織的に検討することだろう。色覚実験であれば，虹彩の色（黒い目，青い目など）が重要な剰余変数かもしれない。さまざまな虹彩の色をもつ被験者を用いて同一の実験を繰り返しても，一貫した結果が得られるようであれば，その剰余変数が結果を規定するという可能性は棄却できる。しかし，黒い目の被験者を用いた場合と青い目の被験者を用いた場合で，結果がまったく異なるようであれば，研究者の考えた理論やモデルに重大な欠陥があることが示唆される。剰余変数の働きを説明できるような，新たな理論・モデルの構築が必要になる。

Column⑰ 社会心理学実験における"文化"の扱い

"文化"をめぐる問題は，社会心理学における重要なテーマの1つである。「日本人は集団主義的，アメリカ人は個人主義的」など，"文化差"の存在に関するさまざまな主張は多くの研究者の関心を集めている。こうした主張の是非については本書の範囲を超えるが，"文化差"の存在を，どのような方法により示すことができるだろうか。これは非常に難しい問題である。

単純に思いつく1つの方法は，たとえば日米で同じテーマについて代表性をもつ標本調査を行い，データを比較するというやり方であろう。しかしそこで何らかの違いが得られたとしても，その差異は個人のマイクロな心理プロセスの違いを示すのか，その時点でのマクロな政治・経済・社会構造の違いを反映するのか，判然としない。"文化"という概念自体が，マイクロ－マクロの双方を含む複合的概念である以上，調査への個人回答をどのようにとらえるべきか，たとえ，その時点での各母集団への一般化可能性が手続き的に保証されていても，結果の解釈は容易ではない。

比較文化実験についても同様である。同一の実験を，たとえば，日米両国で実施するというタイプの研究は多い。もちろん標本の無作為抽出はほぼ不可能であり，実験の被験者はいかなる意味においても代表性をもっていない。それでは，比較実験で"日米差"が得られた場合，その差をどう解釈すべきだろうか。標本調査であれば，その差は少なくとも母集団の差に一般化できる（それが"文化差"であるかどうかはともかくとしても）。しかし，代表性のない標本を用いた実験では，こうした一般化可能性は，手続き的に保証されていない。実験により"文化差"をどのように解明するのか，現在，さまざまな概念的整備が行われつつある。

ここで重要なポイントは，検討すべき剰余変数は，研究者の理論やモデルがあってはじめて浮かび上がるという点である。色覚メカニズムに関する理論やモデルから見て，虹彩の色の違いは重要であっても，被験者が大学生か中年成人かという区別はおそらく本質的

でない。したがって，この区別は，色覚実験において，組織的に検討すべき剰余変数にはならない。この意味で，「大学生を用いた心理学実験の結果は一般化できない」という批判は，大学生か否かという区別が剰余変数として意味をもつことが理論的に懸念される場合を除き，それだけでは有効な批判になりえない。

言い換えると，実験的研究における一般化とは，母集団からの無作為抽出のような標準的手続きを用いさえすれば，機械的・自動的に保証される性質のものではない。実験的研究における一般化とは，理論やモデルに照らして意味のある剰余変数を組織的に検討していく一連の作業を通じて，しだいに定まってくるものだと言える。この意味においても，実験的研究と理論・モデル化の作業とは不可分の関係にある。

3 後続研究の重要性

以上の議論から明らかなように，単一の実験から得られた結果を過度に信用することは危険である。もちろん，このことは実験以外の他の研究法についても当てはまる。多くの研究結果が一貫して示す現象は，たんなる偶然や人工的結果ではなく，事実である可能性が高い。この意味で，同一のテーマのもと，組織的な研究を行うことは，科学的知識の精度を上げるための最も確実なやり方である。以下では，こうした視点に立ち，個別の研究結果を統計的に評価するうえでの留意点と，追試研究の意味について説明する。

有意でない結果　実験データが仮説と合致する数値的な傾向を示しているのに，統計的検定の結果は有意ではなかったというケースはよくある。このような場合，「仮説

が支持されなかった」という結論を導く前に,実験データが十分な統計的検定力をもっていたか,まず検討する必要が生じる。

統計的検定力とは,条件間に本当に差がある場合に正しく「有意差がある」と結論できる確率のことを言う。第2章で紹介した,テレビの暴力番組の視聴と暴力行動の関係についての実験の例を思い出してほしい。被験者は,暴力シーンを含む番組を見る実験条件と,含まない番組を見る統制条件の2群に無作為配分され,番組視聴後の暴力行動の頻度が測定された。このとき,被験者の暴力行動の平均と標準偏差が,かりに表15-1の(a)のとおりだったとしよう。

このような実験計画で,条件間に本当に差があるのか統計的に推測する場合,通常,t 検定と呼ばれる手法を用いる。表15-1の(b)の検定結果で示したように,得られた t の値(1.49)は5%の有意水準に達しない。しかし,データのパターン自体は,「暴力番組の視聴が暴力行動を助長する」という仮説と,方向的に合致する数値傾向($M_1 < M_2$)を示している。独立変数の効果が本当にあるのかどうか,このデータは明確な解答を与えてくれない。独立変数の効果がもし本当に存在するとしたら,ここで「有意差なし」という結論を下すことは,統計学の用語で言う第2種の誤りを犯すことになる(くわしくは章末の参考図書に掲げた『実践としての統計学』などを参照)。先に述べたように,こうしたあいまいな状況では,データが十分な統計的検定力をもっていたか,吟味する必要が生じる。

データの統計的検定力を上げる1つの方法は,被験者数を増やすというやり方である。表15-1の(c)を見てほしい。2つの条件のそれぞれで被験者数を20人ずつ増やし,実験を継続したとしよう。このとき,元の被験者数で得られた結果と,同一のパターンが再び観察された。被験者数を増やしても,独立変数の効果を示唆するパターンが,安定して再現されたわけである。新たなデータに t 検定

第15章 結果の解釈

表 15-1　暴力番組の視聴と暴力行動の関係に関する，架空実験の結果

(a)

	統制群	実験群
平均	$M_1=16.1$	$M_2=19.8$
標準偏差	$S_1=7.2$	$S_2=8.1$
被験者数	$n_1=20$	$n_2=20$

(b)
▷t 検定

$$t=\frac{M_2-M_1}{\sqrt{\left(\dfrac{n_1S_1^2+n_2S_2^2}{n_1+n_2-2}\right)\left(\dfrac{n_1+n_2}{n_1n_2}\right)}}$$

▷元のデータについての検定結果

$$t=\frac{19.8-16.1}{\sqrt{\left(\dfrac{20(7.2)^2+20(8.1)^2}{20+20-2}\right)\left(\dfrac{20+20}{20\times20}\right)}}=1.49$$

→ 5% 有意水準の t 値（$t_{.05}(38)=2.02$）より小さいから，統計的に有意ではない。

(c)
▷方法 1——被験者の数を増やす
　被験者数を 20 人ずつ増やす（$n_1=n_2=40$）。その他のパターンが完全に再現されたと仮定すると，$t=2.13$ で結果は 5% 水準で有意。
▷方法 2——誤差を抑える
　誤差を抑える努力により，$S_1=5.4$，$S_2=5.8$ に標準偏差が減ったとする。その他のパターンが完全に再現されたと仮定すると，$t=2.04$ で結果は 5% 水準で有意。

を行うと $t=2.13$ となり，今度は 5% の有意水準に到達した（ただし，表 15-1 の計算では，簡便化のため，被験者数を除き他のパターンが完全に再現されたという非現実的な例を用いた）。以上の結果から，元のデータでは被験者数が少なすぎ統計的検定力が不足している，という研究者の判断が正しかったことがわかる。

データの検定力を上げるもう1つの方法は，実験に伴う誤差を減らすというやり方である。たとえば，騒音など外部からの干渉の少ない場所で実験を行う，教示内容をわかりやすく誤解のないものにするなどの努力により，実験における誤差を減らすことができる。また，従属変数への影響が予測される被験者の個体差について統制することも誤差を減らすうえで有効である。先の例であれば，攻撃行動を規定するホルモン（テストステロンなど）の分泌における個体差を考慮に入れ，2つの条件に，被験者を組織的に配分する（第6章参照）などの可能性があろう。たんなる無作為配分では，こうしたホルモン分泌の個体差は，すべて誤差に入ってしまう。

　表15-1の(c)に，こうした方法により誤差が抑えられた場合の数値例を示した。実験方法の改善により，2つの条件における標準偏差がそれぞれ5.4, 5.8にまで減ったとしよう（表の計算では，簡便化のため，誤差以外のパターンは完全に再現されたという非現実的な例を用いている）。このとき，新たなt検定の結果は$t=2.04$となり，5%の有意水準に到達した。誤差を減らすという努力を行った結果，研究者は，第2種の誤りを犯さずにすんだことになる。

　表15-1のt検定の式をもう一度見てほしい。被験者数（n_1, n_2）を増やすことは，t検定の式の分母を小さくする。同様に，標準偏差（S_1, S_2）を減らしても，やはり分母は小さくなる。被験者数を増やすこと，実験に伴う誤差を減らすことが検定力を向上させるのは，このように，統計的検定における誤差項（分母部分）を小さくする効果をもつからである。表15-1の数値例を使ってこのことを確かめてほしい。

概念的追試の重要性

　先に述べたように，実験研究により得られた結果の一般化を妨げる大きな原因は，剰余変数の存在である。どんなに注意深く計画された実験でも，1回

限りの研究から確かな結論を得ることは難しい。剰余変数が結果を歪めているという可能性を,論理的には否定できないからである。

しかし,同じ理論命題を,複数の実験により繰り返しテストした場合はどうか。1つひとつの実験はさまざまな制約をもっているにせよ,同じ剰余変数がどの実験でも効いているという可能性は,実験を繰り返すことによりどんどん小さくなる。追試という作業は科学的知識の精度を上げるための,最も有効な方法の1つである。

このように科学的な意味での追試の重要性は明らかだが,心理学研究における追試の数は,残念ながら未だ少ない。こうした現状を踏まえ,私たちは,卒業論文研究などでもっと積極的に追試が行われてよいのではないか,と考える。もちろん,理論的・経験的に完全に独創的で,しかも精度の高い研究ができれば,最高であろう。しかし,そうした洞察や幸運に誰もが恵まれるわけではない。概念的追試,すなわち,たんなる反復ではなく,同じ理論命題を元の研究とは別のやり方(異なる操作的定義,異なる研究法)を用いて正確にテストする作業は,心理学の進歩に最も直接的に貢献できる,きわめて重要な知的挑戦である。

参考図書

石川淳志・佐藤健二・山田一成(編) 1998 『見えないものを見る力——社会調査という認識』 八千代出版
  ●本章で論じることのできなかった,調査研究の結果の解釈を論じた本。社会調査の論理を批判的に吟味する。

亀田達也・村田光二 2010 『複雑さに挑む社会心理学——適応エージェントとしての人間』(改訂版) 有斐閣
  ●社会心理学における実験の論理,生態学的視点の重要性,"文化差"への接近法などを論じた本。

佐伯胖・松原望（編） 2000 『実践としての統計学』 東京大学出版会
- とくに第3章「因果関係を推定する——無作為配分と統計的検定」（高野陽太郎）参照。実験結果の一般化可能性，統計的検定力など，本章のトピックと直接に関連するテーマが論じられている。

友永雅己・三浦麻子・針生悦子（編） 2016 『心理学評論』59（1）（「特集 心理学の再現可能性」）
- 心理学実験の結果がどの程度再現できるのか，近年，大きな話題となっている。日本でのさまざまな議論をまとめた『心理学評論』の特集号。

第16章 統計的分析

目的やロジックと適用上の留意点を理解するために

この章では、得られたデータに対して統計的分析を行うことの意味（目的や基本的ロジックなど）と実際に行う際の留意点の一端について解説する。

1 記述統計

最初に、得られたデータの特徴を図表や数値を用いて的確かつ効率的に把握するための方法である記述統計について解説する。

> 女性と男性では、どちらの方が英語が得意か

30人ずつの女性と男性を対象にして100点満点の英語のテストを行い、以下のようなデータを得たとする（本章で提示するデータはすべて架空のものである）。

女性：35, 49, 50, 52, 48, 55, 59, 63, 75, 75, 63, 64, 66, 77, 66,
　　　44, 99, 67, 55, 56, 89, 68, 69, 71, 66, 72, 62, 82, 84, 68

男性：51, 89, 68, 55, 59, 44, 62, 45, 55, 66, 68, 57, 80, 70, 24,
　　　73, 39, 43, 59, 45, 47, 60, 53, 34, 63, 50, 58, 65, 36, 74

このようなロー・データ（各対象から得られたままの、加工をまったくしていないデータ）を一目見て、あなたは、英語のテストの得点の性差に関して、どのような判断をするだろうか。この程度のデータ数であれば、一目ではなく、じっくり眺めていれば、全般に女性の

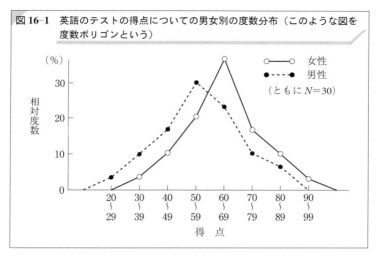

図 16-1 英語のテストの得点についての男女別の度数分布（このような図を度数ポリゴンという）

方が得点が高そうであることが見出せるかもしれない。しかし，通常は，同じ条件であってもデータには上記の例のように大なり小なり散らばりが存在するので，それぞれの研究の目的やデータの性質に合った適切な分析を行わないと，データに潜んでいる何らかの傾向を把握することは容易ではない。とくにデータ数が多い場合にはそうである。

このようなときに，まず最初に行うべき基本的な分析は，どのような値のデータが何個ずつあるのかといった度数分布の様相を図や表にまとめることである（図16-1参照）。このような作業は，データの全体的様相を直観的に把握するために役立つだけでなく，後述するように，以後の分析の指針を得ることにもつながる。しかし，図や表による大まかな把握だけでは判断が主観的になりやすい。また，図や表では，最終的に結果を論文や報告書に記述する際に大きな紙面が必要になる。そこで，上記の例で言えば「どのような面での性差について検討したいのか」という目的に沿って，得られたデ

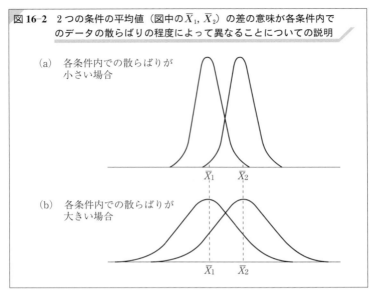

図 16–2　2つの条件の平均値（図中の$\bar{X}_1, \bar{X}_2$）の差の意味が各条件内でのデータの散らばりの程度によって異なることについての説明

(a) 各条件内での散らばりが小さい場合

(b) 各条件内での散らばりが大きい場合

ータの特徴を少数の数値を用いて的確かつ効率的に記述することである数値要約が行われる。

　さて，量的変数（何らかの程度の違いを問題にしていて，通常その違いが数字によって表されている変数）の値を2つ以上の条件間で比較する場合，一般に，値の全般的な大きさが問題になるだろう。すなわち，上記の例では，「女性と男性では，どちらの方が全般に得点が高いか」ということが検討の主たる対象になる。そして，このような場合，通常，全般に値が大きければそれは平均値の大きさにそのまま反映されるはずであることから，分布の中心的位置を表す指標の1つである平均値の算出が行われる。

　ところが，図16–2が示しているように，平均値の差が同じでも，各条件内でのデータの散らばりの程度が小さい場合の方が2つの条件の分布が重なっておらず，全般に顕著な差があることになる。し

たがって，分布の中心的位置について吟味することが目的であっても，平均値だけでなく，各条件のデータの散らばり（言い換えれば，分布の広がり）の程度も把握しておかなければならない。そのために用いられる指標が標準偏差である。標準偏差は，一般に SD という記号で表され，次の［1］式によって定義されている（N はデータ数，$\overline{X}$ は変数 X についての平均値である）。

$$SD = \sqrt{\frac{\sum_{i=1}^{N}(X_i - \overline{X})^2}{N}} \qquad [1]$$

［1］式からわかるように，標準偏差は個々の値と平均値の差の（2乗の）平均（の平方根）であるから，大ざっぱに言って，個々の値が平均値から離れている程度についての標準的な値を示している。

なお，「個人差の大きさに性差があるか（たとえば，女性よりも男性の方が人による得意 – 不得意の差が激しいと言えるか）」といったことについて検討したいのならば，標準偏差は，平均値の差について評価する際の脇役ではなく，数値要約における主役になる。これが「目的に沿った分析」ということの一例である。

> 学力と私語の頻度の関係は

学力と私語の頻度について，表 16-1 のようなデータが得られているとする。おそらく，ここでも一目見ただけでは学力と私語の頻度の間にどのような関係があるのかを的確に判断するのは困難だろう。そこで，2つの量的変数の関係についてまず直観的に把握するために作成されるのが，図 16-3 に示したような相関図または散布図と呼ばれる図である。図 16-3 より，表 16-1 のデータにおいては，学力が高い生徒ほど私語をよくする傾向にあることが把握できる。

しかし，相関図に基づいて「○○と××の間には非常に強い関係

表 16-1　20 人の中学生の学力と私語の頻度についてのロー・データ

変数＼対象	1	2	3	4	5	6	7	8	9	10
学　力	16	8	14	24	12	11	10	13	19	11
私語の頻度	1	5	0	15	7	11	0	14	4	2

変数＼対象	11	12	13	14	15	16	17	18	19	20
学　力	15	5	22	7	18	17	15	23	17	16
私語の頻度	1	0	5	0	8	12	6	13	0	17

図 16-3　学力と私語の頻度の関係についての相関図

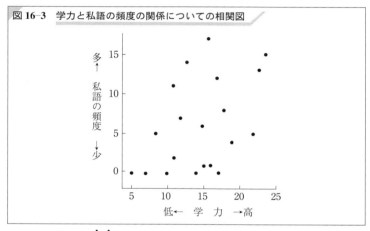

がある，とか，や̇や̇関係がある」などといった記述をしても，このような言葉による程度表現は多分にあいまいで主観的である。また，図には「縦軸と横軸の伸縮具合などの描き方によって判断が左右されてしまう」という欠点がある。そこで，ここでも数値要約が行われることになる。

相関係数（正確には，ピアソンの積率相関係数；r）は，2つの量的変数の間の関係に関するデータの特徴を端的に表す指標であり，次

の [2] 式によって定義されている。

$$r = \frac{\sum_{i=1}^{N}(X_i - \overline{X})(Y_i - \overline{Y})}{\sqrt{\sum_{i=1}^{N}(X_i - \overline{X})^2}\sqrt{\sum_{i=1}^{N}(Y_i - \overline{Y})^2}} \quad [2]$$

r の値の範囲は $-1 \sim +1$ であり,符号は,「一方の変数の値が大きいほど他方の変数の値も大きい」という相関図が右上がりになる正の相関関係か,逆の,相関図が右下がりになる負の相関関係かという,関係の方向を表している。また,r の絶対値は相関図においてプロットした点が完全に1本の直線上に並んだときに1になり,1に近いほど関係が明確であることを意味している。そして,このようなことを論文や報告書の読者も知っていれば,相関係数というたった1つの数値を記述しておくだけで的確で効率的な情報の伝達が行われたことになるのである。ちなみに,表16-1のデータでは,$r = 0.46$ になる。

なお,相関図を作成するのはすごく面倒であるように思うかもしれないが,市販の統計ソフトの多くは,ロー・データを入力してちょっとした指示をするだけで,このような図を簡単に作成してくれるので,実際には面倒な作業ではない。

> データと相談し,主体的な判断をしながら分析することが大切

英語のテストの得点に関して,先の例とは異なり,以下のようなデータが得られたとする。

女性:27, 15, 12, 24, 18, 21　；$\overline{X} = 19.5$　$SD = 5.1$
男性:　3,　0, 10, 12,　8, 99　；$\overline{X} = 22.0$　$SD = 34.7$

これは極端な例であるが,全般に男性よりも女性の方が得点が高いにもかかわらず,他のほとんどのデータに比べて極端に値が大きい(または,小さい)少数のデータである外れ値の存在によって平均値は男性の方が大きくなっている。すなわち,一般的傾向について

把握することを目的としている統計的分析においては，外れ値が含まれている場合に平均値を用いてデータの全般的大きさについて数値要約をするのは適切ではないのである。したがって，数値要約に用いる指標の選択を適切に行うためには，「外れ値だと判断されるようなデータが含まれてはいないか」ということについて吟味しておく必要がある。そして，このような吟味を行うための基本的な作業として，度数分布の様相を図表にまとめておくことが大切になるのである。

　ただし，外れ値に対する対処方法は，そのような値が示された原因についてどう考えるかによって異なる。通常は，外れ値を除外しないものの，それによって結果が大きく影響されることがない分析法を適用することが多いが，反応時間を測定する際などに生じた（物音がした，といった）偶発的事象の影響やたんなる測定上のミスなどが原因だと判断される場合には，外れ値を除外して分析した方が適切であろう。また，外れ値を示したケースについてくわしく調べることによって，見過ごされていた新たな要因の存在が示唆されることもある。それから，他のデータからどの程度逸脱していたら外れ値だとみなすかに関する明確な基準などはない。したがって，統計的分析を行う際には，得られたデータと相談しながら，主体的な判断をしていくことが求められる。

　さて，以上のことは，2つの量的変数の関係について分析する場合にも当てはまる。[2] 式によって定義される相関係数は，あくまで2つの量的変数の間の直線的関係の方向と強さを表すものであり，2つの変数の間に想定されるあらゆる関係を的確に記述できるオールマイティな指標ではない。たとえば，図16-4のような曲線的関係が存在する場合には $r \fallingdotseq 0$ になってしまう。したがって，まずは相関図を作成し，相関係数による数値要約が適切であるケースかど

図 16-4 相関係数による数値要約が適切ではないと判断される例

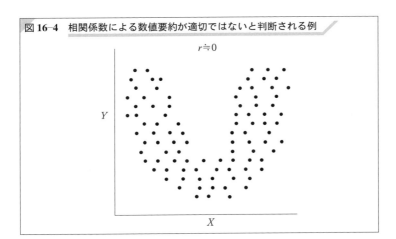

うかについて判断する必要がある。

2 推測統計と統計的検定

推測統計とは　　ある研究で検討しようとしている対象全体のことを母集団といい，母集団から抽出された一部の対象のことを標本という。標本というのは，具体的には，実験，調査，観察などによって得られるデータのことである。

通常，研究の目的は，主張したい理論や仮説の正否ないし信憑性について，得られたデータを超えた一般的な結論を下すことにある。そのため，たとえば「ある標本において女性の方が男性よりも英語のテストの得点の平均値が 8.6 大きかったことから，母集団においても（すなわち，一般的にも）女性の方が男性よりも英語のテストの得点の平均値が大きいと判断してもよいのだろうか」というように，標本から確率論的に母集団の特性について推論する必要が生

じる。そして，このような推論を行うための方法を推測統計と呼んでいる。

推測統計は統計的検定と統計的推定とに分類されるが，ここでは，まず，統計的検定について解説する。

統計的検定の意義

標本から母集団について推論するという推測統計の適用は，標本抽出が無作為に行われていることを前提にしている。したがって，無作為抽出が行われていなければ，確率論に基づく推論は，本来，適用できない。また，母集団の特性についての推論に偏りが生じやすくもなる。しかし，現実には無作為抽出は行われておらず，とくに心理学では，身近な人や人脈を使って協力してくれることになった人たちばかりを対象にしていると言っても過言ではないだろう。したがって，いかに数学的に高度な推測統計の手法を用いても，標本から母集団の特性について明確な結論を下すことは現実にはできない。

それでは，なぜ統計的検定は心理学的研究において非常に多用されているのだろうか。論文を書くときの一種の儀礼であるかのようにみなして，「なぜ行うか」について問い直すことなく，ただ機械的に適用している人もいるようであるが，何らかの実質的意義があるからこそ多用されているはずである。

さて，表16-2は，「赤と白の2つのサイコロを，それぞれ10回ずつ振って，そのうち何回ずつ偶数の目が出たかを数え，偶数の目が出た比率（$P_{偶}$）に関して，赤－白間の差（$P_{偶(赤)}-P_{偶(白)}$）を算出する」という作業を，実際に25回行ってみた結果をまとめたものである。赤のサイコロも白のサイコロも正確につくられたものであれば，偶数の目の出る確率に関する期待値はともに0.5である。したがって，$P_{偶(赤)}$と$P_{偶(白)}$の間には本来は差がないはずである。しかし，表16-2が示しているように，実際に試してみると$P_{偶(赤)}-$

表 16-2 「2つのサイコロを10回ずつ振る」という作業を25試行繰り返した結果

試 行		1	2	3	4	5	6	7	8	9	10	11	12	13
偶数の目が出た回数	赤のサイコロ	6	2	5	7	6	7	6	6	3	6	4	6	4
	白のサイコロ	7	6	1	5	4	2	5	3	3	6	4	4	4
$P_{偶(赤)} - P_{偶(白)}$		−.1	−.4	.4	.2	.2	.5	.1	.3	.0	.0	.0	.2	.0

試 行		14	15	16	17	18	19	20	21	22	23	24	25
偶数の目が出た回数	赤のサイコロ	5	2	6	4	2	6	3	3	3	5	7	4
	白のサイコロ	6	4	6	7	8	6	8	4	6	4	6	4
$P_{偶(赤)} - P_{偶(白)}$		−.1	−.2	.0	−.3	−.6	.0	−.5	−.1	−.3	.1	.1	.0

$P_{偶(白)}$の値には大きな散らばりがあり,ときには「差がある」と判断してしまいそうな結果も生じるのである。

では,このように試行によって結果に大きな違いが生じるのはなぜだろうか。いや,これは愚問だろう。なぜならば,ただ同じ作業を25回繰り返しただけであるから,これはたんなる偶然でしかないはずである。ということは,偶然の影響というものは,こんなにも大きいのである。そして,本来は差がなくても,データにおいてはたんなる偶然によって大きな差が示されることが往々にしてあるのである。それから,各試行において,赤のサイコロと白のサイコロを2回ずつしか振らない(すなわち,各条件のデータ数が2しかない)場合を考えてほしい。このような場合には,いずれか一方が2回とも偶数で,他方が2回とも奇数になり,$|P_{偶(赤)} - P_{偶(白)}| = 1$という最大の差が生じることも$\frac{1}{8}$の確率で起こりうる。つまり,偶然大きな差が示される可能性は,データ数が少ないほど顕著なのである。しかし,上記のサイコロの目の出方の例のように本来は差がないことがわかっている事象ならばともかく,差があることをあらかじめ予想して行うことが多い実際の研究においては,偶然によっ

て生じた可能性が高いデータに対して各研究者が安易に過大な意味づけをしてしまいかねない。そこで、(とくに少数データにおいて)示された差が偶然によっても生じうる程度のものなのか、それとも偶然によってはまれにしか起こりえないものなのかを見極める手段が必要になる。それが統計的検定なのである。

以上のことについて、少し異なる角度から説明してみよう。読者は、この章の最初に提示した英語のテストの得点に関する男女30人ずつのデータに基づいて、英語のテストの得点の性差についてどのような判断を下すだろうか。度数分布の様相を図表にまとめたり、平均値や標準偏差を算出しても、「女性の方が全般に得点が高いと言える」と判断する人もいれば、「この程度の差ではまだどうとも言えない」と考える人もいるのではないだろうか。しかし、同じデータに対して最終的に下される判断が人によって異なるのでは、問題になっている事柄について学界全体の統一見解を出すことなどはとうてい望めない。そこで、「どの程度の差であれば"差がある"と主張するに足る十分な証拠だとみなしてよいか」ということについての一定の基準が必要になる。そして、データにおいて示された差がこの基準をクリアーしているか否かについて吟味するための分析の1つが統計的検定なのである。

統計的検定の基本的ロジック

心理学的研究では、多くの場合、平均値などに関して2つ以上の条件間に「差がある」という仮説を主張しようとする。また、表面上は「……に関して、○○条件と××条件の間に差がある」というように記述されていなくても、ほとんどの研究の仮説は、このような形に書き換えることができる。たとえば、「XとYの間に関係がある」ということは、「Xの値によってYの値に差がある」ということと基本的に同義である。

さて、このような「差がある」という仮説の正否について吟味するために、統計的検定では、確率論的背理法と表現されるような論理を利用している。背理法では、「Aである」ことを証明するために、まず、逆の「Aではない」という仮定を立てる。そして、このような仮定のもとでは論理的に矛盾することが起こるという事実を示すことによって、「Aではない」という仮定を否定し、「Aである」ことが正しいと結論づける。

　それでは、統計的検定では、この背理法の考え方をどのように応用しているのだろうか。以下に、箇条書きの形で記述する。

(1) 主張したいこととは逆の、「差がない」という仮説を立てる。

(2)-1 得られたデータが、(1)の「差がない」という仮説のもとでは偶然にはまれにしか起こりえない（もう少しくわしく言えば、各学問領域で一般に了解された一定の低い確率以下でしか起こりえない、(1)の仮説とは確率論的に考えて矛盾する）大きな差を示したら、(1)の仮説を棄却し、「（統計的に有意な）差がある」という結論を下す。

(2)-2 そうでなければ、「差がある」という結論を下すことを控える。

　なお、「○○条件と××条件の……には差がある」などという研究者が主張したいと考えている仮説のことを研究仮説といい、それとは逆の「○○条件と××条件の……には差がない」などという仮説を帰無仮説という。帰無仮説は、研究仮説が正しいことを主張したい研究者の立場からすれば、後で否定する（つまり、無に帰する）ことを期待して立てるものであることから、このように呼ばれる。さらに、どの程度の低い確率でしか起こりえない大きな差が示されたら帰無仮説を棄却するかに関する研究者間での共通の基準となる確率を有意水準という。有意水準は、通常 α で表され、心理学な

Column⑱ 統計的検定の問題点

統計学は論理的には美しいものであっても，問題のないものではない。とくに，実際の研究での適用（すなわち，統計学の実践）に際しては，あいまいで泥臭い問題が数多く生じる。その最たるものが統計的検定である。

　まず，統計的データというものは，基本的に，何らかの程度を問題にしている量的なものであり，分析される変数が質的変数であっても，通常，各カテゴリーに属する測定値の比率という量的なものの条件間の差などが検討の対象になる。また，心理学的研究においては，データが0, 1, 2, 3, ……といった飛び飛びの値しか取らない離散変数であっても，そのようなデータを通して推定しようとしている心理的構成概念に関する変数は，本来，連続線上のあらゆる値を取りうるものだと考えられる。したがって，統計的データに関しては，本来，どこからが有意味な差や関係があると言えるもので，どこまでは有意味な差や関係があるとは言えないものであるかという一線を論理的に明確に定めることはできないはずである。しかし，そうであるにもかかわらず，統計的検定では，データを，当該のデータで示された差以上の差が帰無仮説のもとで生じる確率が有意水準以下であるか否かという基準に基づいて，「（この確率が有意水準以下の）差があると言えるもの」と「（有意水準よりも大きい）差があるとは言えないもの」に2分している。また，統計的検定では，通常，上記のような2分法的判断を行う際の帰無仮説として「差が（ぴったり）0である」という状態のみを想定していて，差の大きさについては問題にしていないが，本来，「差が0である」という帰無仮説は，データを採って統計的検定を行うまでもなく誤りであることがわかっている。というのは，たとえば，一般的な t 検定における帰無仮説は「2つの条件の母平均の差＝（ぴったり）0」であるが，この「0」という差の値は連続線上に無限に存在する値の中の1点でしかなく，母平均の差がちょうどこの値になる確率は，$\frac{1}{\infty}$ で，0だからである。

　以上のような2分法的なとらえ方は，単純で，すっきりしていて，頭にかかる負荷が小さく，わかりやすい（気にさせてくれる？）ので，私たちは，往々にして2分法的なとらえ方をしがちである。しかし，このような2分法的なとらえ方は，同じカテゴリーに分類されたものを過度に（ないし，実際以上に）類似しているように認知することである同化

効果と，異なるカテゴリーに分類されたものを過度に異なっているように認知することである対比効果を生じさせる危険性を孕んでいる。たとえば，変数 X と Y の関係の性差について検討しているときに，男性（$N=30$）における相関係数は $r=0.42$ で，5％水準で統計的に有意であるのに対して，女性（$N=30$）における相関係数は $r=0.28$ で，有意ではなかったとする。このようなとき，ややもすれば，「一方は有意で，他方は有意ではない」という結果から「X と Y の関係に性差がある」という結論を下してしまいがちである（実際に，このようなことが該当する研究は多々存在している）。しかし，ここで行われた統計的検定は，$\rho_M=0$ という帰無仮説と $\rho_F=0$ という帰無仮説の各々に関するものであり，$\rho_M=\rho_F$ という帰無仮説に関するものではない（ρ_M と ρ_F は，男性および女性における母相関係数である）。すなわち，男性における相関係数と女性における相関係数の各々が統計的に有意であると言えるか否かについて検討するためのものであって，本来の検討対象である「相関係数の差」について直接検討したものではないのである。そして，結果は，一方が「有意であるというカテゴリー」に分類され，他方が「有意ではないというカテゴリー」に分類されたということであって，この場合，2つの相関係数の差に関する検定を行うと，「有意差あり」という結果にはならない。しかし，このような場合，おそらくは対比効果が働いて，上記のように，「一方は有意で，他方は有意ではない」ということのみから，「X と Y の関係に性差がある」という結論を下してしまいがちなのである。逆に，両者がともに有意であった，もしくはともに有意でなかった場合にも（すなわち，同じ「有意であるというカテゴリー」ないし「有意ではないというカテゴリー」に分類されると），2つの相関係数の差に関する検定の結果が「有意差あり」となることがある。にもかかわらず，この場合は同化効果から，それらの間に差がないとみなしてしまいがちでもある。以上のように，統計的検定への依拠は，本来は連続して変化する量的な違いを表しているものに対する（絶対的ではありえない基準に基づいた，差があると言えるか否かという）2分法的判断と，それに伴う同化効果と対比効果を助長させているものと考えられるのである。

　次に，統計的検定には恣意的な面が多々あるが，その代表例が有意水準の問題である。当然のことながら，統計的検定の結果は有意水準を

何％にするかによって異なる。具体的には，有意水準を小さくするほど，「差がない」という帰無仮説のもとではより低い確率でしか起こりえない大きな差が示されなければ「差がある」とは判断しなくなるのであるから，有意差は得られにくくなる。そして，多くの学問領域では通常，有意水準を5％に設定しているが，それはあくまで慣習的なものであって，この5％という値は，「何人かの著名な統計学者の直観に基づく主張によって，いつの間にか定着してきた」と言える面が強く，統計学的ないし数学的な論理的必然性があるものではない。

　さらに，統計的検定は，「データ数という，研究者が任意に決められる要因によって結論が左右されてしまう」という問題も有している。具体的には，まず，統計的検定では，データ数が多いほど小さな差（ないし，関係）でも「（統計的には）有意である」という結果になる可能性が高くなる（たとえば，慣習通り有意水準を5％とした場合，$N=1000$であれば，$r=0.07$という非常に小さな値であっても，その相関係数は統計的に有意であることになる）。したがって，「統計的に有意な差＝実質的に意味がある差」とは言えないことになる。また，本当は（すなわち，母集団においては）差があっても，単なる標本抽出上の偶然の影響だけで，統計的検定の結果は必ずしも有意にはならない。というよりも，データ数が少なければ，多くの場合，実際には差があっても，それを検出することはできない。したがって，「有意な差が認められない」ということは，「差があるとは言えなかった」だけであり，それだけで「差がない」と主張することはできないのである。

どの社会科学では一般に5％に設定されている。

　それから，一言で統計的検定といっても，実際には多くの方法がある。それらは，基本的ロジックに関しては共通しているが，具体的な計算手続きが異なっており，分析の目的やデータの性質などによって使い分ける必要がある。このようなことの詳細については，章末の参考図書に掲げた『心理学のためのデータ解析テクニカルブック』や『本当にわかりやすい すごく大切なことが書いてある ごく初歩の統計の本』を参照されたい。

3 効果量とその信頼区間の推定

　統計的検定には,「統計的検定の意義」の項に記したような有用な面があるものの, *Column⑱* に記したように, 看過できない重大な問題が多々ある。しかし, そうであるにもかかわらず, 統計的検定は, その意味や有効性についての問い直しが（少なくとも, 方法論者ではない, 多くの研究者においては）ほとんどなされないまま, 量的・統計的研究を行う際には必ず適用しなければならないものであるかのような風潮のもとに使われてきた。そして, 長い間,「過度の依拠や不当だと考えられる適用がなされ, 放置されたままになっている」と言えるであろう事態も遍在し続けてきた。

　アメリカ心理学会は, 以上のような事態に業を煮やし,『論文作成マニュアル（第6版）』（American Psychological Association, 2009）において, 効果量とその信頼区間を報告すること, および, それらを踏まえて結果の解釈を行うことを強く求めている。そこで, ここでは, そもそも効果量や信頼区間とは何なのかや, 効果量とその信頼区間を踏まえて結果の解釈を行うことの利点などについて説明する。

効果量とは

　効果量とは, 基本的には, ある変数の値によって別の変数の値がどの程度大きく異なっているか, 言い換えれば, それらの変数の間にどの程度強い関係が存在しているかを表す統計的指標であり, 見出された差や関係の実質的重要性（ないし, 有意味性）の評価に直接的に関わるものである（「塩分摂取量と血圧の間に関係がある」というのは「塩分摂取量によって血圧が異なる」ことを意味していることが例示しているように,「差があ

る」ということと「関係がある」ということは通底している事象である）。また，*Column*⑱に記したように，統計的検定の結果はデータ数によって大きく左右されるが，効果量は基本的にはデータ数によって左右されないものである。さらに，「X が Y に効果を及ぼす」などというときには，一般に，「X が原因となる変数で，Y が結果となる変数である」という，特定の方向の因果関係の存在が想定されているが，統計量というものは，元来，データが示している現象を記述するためのものであり，そのような現象を生じさせているメカニズムに関する情報を提供するものではない（たとえば，$r>0$ であることは，2つの変数の間に「一方の値が大きいほど他方の値も大きい傾向がある」という現象を表しているだけで，r の値自体は，なぜそのような関係が生じるのかに関して何も教えてはくれない）。そのため，統計学においては，通常，因果関係の存在やその方向は問題にせずに，示された現象だけに注目して，上記のような差や関係の明確さないし大きさを表す指標を効果量と呼んでいる。

　効果量の基本的かつ主要なものとしては，「2つの条件の間で何らかの変数の値にどの程度大きな差があるか」を表すものと，相関係数などのように「2つの変数の間にどの程度強い関係があるか」を表すものがある。そして，2つの変数の間に強い関係があるということは，その関係を踏まえれば一方の変数の値から他方の変数の値が高い精度で予測ないし推測できるということであり，このようなことに関わる指標である相関係数の2乗なども効果量となる。また，このことは，2つ以上の変数の値から1つの変数の値を予測する文脈にも適用され，このような場合に算出される指標である重相関係数（の2乗），部分相関係数（の2乗），偏相関係数（の2乗）なども効果量となる。

　効果量には他にもさまざまなものがあるが，紙幅の関係で，それ

らについての説明は本書では割愛することにし，ここでは，もっとも基本的なものであると言える，何らかの量的変数の値を2つの条件間で比較するケースに用いられる効果量（の中の代表的なもの）について説明する。このような場合，外れ値が存在しているようなデータでなければ，測定値が全体的に条件間で明確に異なっているほど2つの条件の平均値の差が大きくなるので，まず，この平均値の差の値そのものが効果量となる。通常，各条件の平均値はこのような状況においては当然のものとして自動的に算出されるので，それらの差の値が効果量の1つであることは必ずしも認識されていないのではないかと思われる。しかし，平均値の差は，研究の内容によっては，次に説明する，もっともよく知られているであろう効果量よりも有用な情報になると考えられるものである。たとえば，何らかの介入の効果について検討することが主目的であるような実践的研究では，ある具体的な行動の単位時間あたりの頻度や生起した時間の長さなどのように，データの値そのものに関して，その差がどの程度であれば実質的な意味がある（たとえば，日常生活を円滑に送るうえで意味ある変化が生じている）と考えられるかが経験的にある程度判断できることがあるだろう。また，著名な知能検査などのように，開発時に多くのデータが偏りなく得られていて母集団の得点分布がほぼ把握されており，標準化が可能になっている場合にも，知能指数のようなデータの値そのものの差に基づいて何らかの解釈をすることが，ある程度は可能だと考えられる。したがって，これらの場合には，「平均値の差」という効果量の有用性は高いであろう。

　次に，もっともよく知られているであろう効果量であるが，それは，「2つの条件の平均値の差÷2つの条件の標準偏差の平均的な値」という式で算出される，標準化平均値差などと呼ばれるもので

ある（コーエンの d などと呼ばれることも多い）。この値は，各条件の標準偏差（の平均的な値）を単位として，2つの条件の平均値がその何倍異なっているかを表しており，図16-2を使って例示した「平均値の差が同じでも，各条件内でのデータの散らばりの程度が小さい場合の方が2つの条件の分布が重なっておらず，全般に顕著な差があることになる」ということを考慮した指標である（図16-2では，標準化平均値差の値は，各条件の標準偏差が小さい(a)の方が(b)よりも大きくなる）。そして，平均値と標準偏差という同じ尺度上の値（言い換えれば，同じ単位上の値）同士の割り算をしたものなので，単位がなくなり，どのような単位の尺度で測定したかに依存しない値であることになるものである。

　ここで，標準化平均値差という効果量が多くの心理学的研究において重要になる理由について説明する。特に心のメカニズムに関するモデルの構築を主たる目的としている理論的研究においては，多くの場合，得られたデータの値である測定値は，性格や能力，感情，認知活動などに関わる何らかの心理的構成概念に関する程度である心理量を推定するための表面上の尺度値でしかない。そして，その測定値においてどの程度の差があれば「神経質傾向」とか「ステレオタイプ的認知をしている程度」などといった心理量において実質的に有意味な差があると言えるかが明らかになっていることはまずない。したがって，理論的研究においては，測定値間の差の値そのものに特定の意味を付与して結果の解釈を行うことは通常できないと考えられる。また，上記のように，測定値の大きさの条件間の差の顕著さについて的確に把握するためには，平均値の差に注目するだけでは不十分であり，各条件内でのデータの散らばりの程度も考慮する必要がある。以上のようなことが，何らかの量的変数の値を2つの条件間で比較するケースにおいて効果量について意識的に言

及しようとする際に、標準化平均値差が重要になる主な理由である。ただし、標準化平均値差にも、「検討している従属変数に関して類似した傾向を持つ対象が偏って抽出されているほど（各条件内でのデータの散らばりの程度が小さくなるので）値が大きくなりやすい」とか「剰余変数の統制方法によって値が左右される」といった問題点があり、結果の解釈に際しては、これらのことにも留意する必要がある（このようなことの詳細については、章末の参考図書に掲げた『効果量とその信頼区間の活用』を参照されたい）。

なお、統計的研究においては、本来は、測定された変数の値の条件間の差の大きさなどの「効果の大きさ」が問題になっていると考えられる。しかし、それにもかかわらず、統計的検定では、その変数の値そのものではなく、「帰無仮説が正しいときに、データで示されたもの以上の差が生じる確率」という、差の大きさを評価するうえでは直接的ではない基準に基づいて先に問題視したような2分法的判断をしている。言い換えれば、「差の大きさだけでなく、データ数によっても大きく規定される」という意味で、差の大きさを評価するための指標としては妥当性に問題があると言えるであろうものに基づいて判断をしているのである。したがって、このような確率に基づく条件間の差の大きさなどに関する判断に的を射ていないと言えるであろう面が生じるのは必然的なことだと考えられる。

信頼区間とは

データから算出される平均値や相関係数などの統計量の値は、母集団におけるそれらの値である母数（母平均や母相関係数）と一致することはまれである。なぜならば、たとえ無作為抽出が行われたとしても、どの値が標本の中にたまたま含まれたかという標本抽出上の偶然によって標本統計量の値は変動し、母数よりも大きくなったり小さくなったりするからである。そして、その変動の大きさ、言い換えれば、標本統計

量の値をその母数の推定値としたときの推定の誤差は,特にデータ数が少ないときには多くの人が漠然と思っているであろう値よりもかなり大きい。すなわち,「単なる標本抽出上の偶然による誤差は案外大きく,データから算出された当該の統計量の値のみに基づいて"母数は……であろう"というように1点にしぼった推定を行うことは非常に危うい」ということである。そこで,通常は,このような点推定をするのではなく,所与の確率のもとに,「○○％の確率で,この統計量の母数は□□〜△△の範囲に入るだろう」というような区間推定が行われており,その推定された範囲を「信頼水準○○％の信頼区間」と呼んでいる。

なお,信頼水準の値は,一般に,統計的検定における有意水準(α)が5％に設定されているのに則して,$1-\alpha$である95％に設定されている。また,「信頼区間の推定と統計的検定は表裏一体の関係にある」と言えるものであり,信頼水準$1-\alpha$の信頼区間とは,「有意水準をαとした統計的検定において結果が有意にならない帰無仮説の値を母数の推定値として許容する」という考え方に基づいて算出されるものである。そして,少し異なる面から記すならば,信頼水準95％の信頼区間とは,「母数がこの値未満であればその標本統計量の値がデータから算出された値よりも大きくなることが2.5％未満しかないと推定される値」を下限とし,「母数がこの値よりも大きければその標本統計量の値がデータから算出された値よりも小さくなることが2.5％未満しかないと推定される値」を上限とする区間であり,「得られたデータと確率論的に不整合ではないと考えられる母数の範囲」と言えるものである(詳しくは,章末の参考図書に掲げた『心理統計学の基礎』を参照)。

効果量の信頼区間を算出することの有用性

データから算出される効果量の値も統計量の一種であるから,標本抽出上の偶然によって変動する。そして,データ数が少ないほど,データから算出された値とその母数との差が大きくなる可能性が高くなって,信頼区間の幅が広くなり,データから算出された効果量の値に基づいて母集団における効果量を推定する際の精度が低くなる。たとえば,データから算出された相関係数が 0.31 であるとき,$N=400$ であれば,信頼水準 95% の信頼区間は 0.22～0.40 となり,母集団の相関係数に関して,ある程度狭い範囲に絞った,比較的精度の高い推定ができていると言えるであろうものになる。これに対して,同じく $r=0.31$ であっても,$N=20$ であれば,信頼水準 95% の信頼区間は -0.18～0.68 となり,母集団の相関係数が負である可能性や 0.6 以上の値である可能性も捨てきれないことになる。つまり,信頼区間の幅が広いということは,データを採ったものの,本来,知りたい値である母集団の効果量に関して,結局はどの程度なのか,はっきりしない,ということを意味しているのである(このように,効果量の信頼区間の幅は,効果の大きさの一般的傾向について推定する際の精度に関する情報を提供するものとなる)。

次に,前項に記したように,信頼区間の中に統計的検定において帰無仮説となっている母数が含まれていれば,検定の結果が有意ではないことになる。たとえば,相関係数の場合で言えば,-0.08～0.23 などというように,0 という(相関係数の有意性検定における帰無仮説である)ρ の値が信頼区間の中に含まれていれば,相関係数の有意性検定の結果は有意ではないことになる。また,平均値差の場合に関して逆から言えば,0.62～2.34 などというように,信頼区間の中に 0 という値が含まれていなければ,「平均値差が 0 である」という帰無仮説が棄却され,有意な差があることになる。この

ように，推定された信頼区間は統計的検定の結果に関する情報を含んでいることになる（それに対して，当然のことながら，統計的検定の結果が有意であるか否かがわかっても効果量の信頼区間はわからない）。

それから，効果量の信頼区間を算出すれば，統計的検定の結果が有意であるときに，ただ「差がある，ないし，関係がある（すなわち，効果が0ではない）」ということだけでなく，「少なくともどの程度以上の差（ないし，関係）があるか，および，どの程度以上の差（ないし，関係）はないか」といったことも推測できる（ただし，あくまで推測であって，絶対そうだというものではないとともに，信頼水準の大きさに応じて，その確かさは異なる）。

さらに，統計的検定の結果が有意でないときには，「確率論的にデータと不整合ではないのは差の大きさ（ないし，関係の強さ）を表す指標の値が0の場合だけではない」ことが意識されやすいので，「検定の結果が有意ではなかった」という結果のみに基づいて「差（ないし，関係）がないことが示された」とみなす，短絡的かつ不当な解釈をする可能性が低くなると考えられる（たとえば，相関係数の有意性検定の結果が有意でないときに，信頼区間も算出してあれば，「確率論的にデータと不整合ではないのは相関係数が0の場合だけでなく，信頼区間の中の他の値である可能性もある」ということが意識されやすいので，上記のような不当な解釈をする可能性が低くなると考えられる）。

以上のように，効果量の信頼区間を算出することは，統計的検定だけを行う場合に比べて，豊かな情報を得ることにつながるのである。

統計的データに基づく主張という行為は，本来，証明という手続き（のみ）に基づくものではなく，個々人の判断（ないし，意思決定）という，主観性を完全に排除することはできないであろう過程が介

在するものである。しかし，絶対的判断基準がないあいまいな事柄だからといって「だったら，どう考えてもいいではないか」などと思うのではなく，あいまいさを認識したうえで，多くの人が了解するであろう，より妥当だと考えられる解釈の仕方を模索・構築していこうとすることが大切だと言えよう。

なお，効果量とその信頼区間を活用する際の留意点などについては，章末の参考図書に掲げた『効果量とその信頼区間の活用』を参照されたい。

4 偏相関係数を用いた共変数の統計的な統制

ここでは，偏相関係数という指標を用いて共変数の影響を統計的に統制する方法について解説する。

「機敏であるほど得点能力が高い」わけではないのか

ハンドボールにおける機敏さと得点能力の関係について検討したいと考えたとする。

そこで，日本リーグに所属している30人の男子選手を対象に，機敏さについて測定するとともに，得点能力の指標として，一定数の試合において各自があげた総得点を調べた。また，得点能力には身長も大きな影響を及ぼしていると考えられるので，各自の身長についてのデータも収集した。そして，表16-3に示したようなロー・データを得た。

さて，問題の機敏さと得点能力の関係について検討するために，まず，図16-5のように両者の間の相関図を作成するとともに，相関係数を算出した（ここでは，各選手の身長の違いを表している図中の1〜5の数字は考慮せずに，図全体だけを見てほしい）。その結果，両者の間には何らの関係もほとんど認められず，相関係数の値も−0.11

表16-3 30人のハンドボール選手の機敏さと得点能力と身長についてのロー・データ

対　　象	1	2	3	4	5	6	7	8	9	10	11	12	13	14	15
機敏さ	6	12	14	15	19	24	15	20	6	9	10	12	23	17	5
得点能力	9	16	20	1	6	10	4	16	14	19	7	3	5	12	10
身　　長[注]	82	84	89	65	73	67	71	78	88	92	78	72	64	76	86

対　　象	16	17	18	19	20	21	22	23	24	25	26	27	28	29	30
機敏さ	17	15	15	12	18	18	22	13	11	21	15	14	10	8	11
得点能力	18	8	15	10	11	2	12	11	13	8	9	10	12	5	9
身　　長[注]	82	75	79	76	74	68	72	81	87	69	74	77	83	77	80

注：百の位を省略したcm単位の数値（たとえば，182cmの場合，82としてある）。

図16-5　機敏さと得点能力の間の相関図

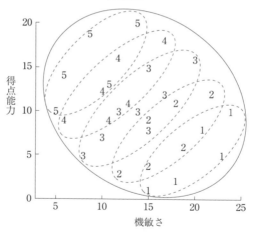

注：5：身長185cm以上の選手
　　4：185cm未満180cm以上の選手
　　3：180cm未満175cm以上の選手
　　2：175cm未満170cm以上の選手
　　1：170cm未満の選手

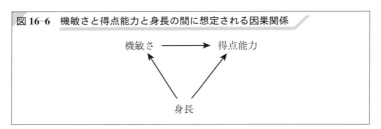

図 16-6　機敏さと得点能力と身長の間に想定される因果関係

であった。それでは，「機敏であるほど得点能力が高い」わけではないのだろうか。

ここで，機敏さと得点能力と身長の間の因果関係について考えてみると，まず，身長が他の2つの変数によって影響を受けることはないだろう。また，「総得点数が多い選手ほど動機づけが高まって，より練習をするようになり，機敏さが増す」といった因果関係なども考えられなくはないが，得点能力と機敏さの間の因果関係としては，「機敏さ→得点能力」という方向のみを想定しても無理はないだろう。したがって，以上の3つの変数の間には図16-6に示したような因果関係があると想定される。

そこで，身長と機敏さおよび身長と得点能力の間の相関係数も算出すると，それぞれ，$r=-0.70$ および 0.75 となる。また，身長の高さによって全体を図16-5に示したような5つの群に分け，群別に機敏さと得点能力の関係を図から読み取ると（すなわち，身長の高さを，それぞれ，ほぼ一定のレベルに統制したうえで検討すると），両者の間には，いずれの群においても正の相関関係が明確に認められる。以上の結果から，①本来は機敏さは得点能力に対して正の影響を及ぼすが，②（身長の高い人には申し訳ない架空の話であるが）身長が高いことが機敏さを低める一方で，得点能力を高めることによって，①の影響がなければ顕在化するであろう機敏さと得点能力の間の負の擬似相関が介在し，これらが相殺しあって，見かけ上，機敏

さと得点能力の間の関係が無相関になっていると推論される。なお，擬似相関とは，関係を吟味している当該の2つの変数の各々に第3の変数（共変数）が特定の影響を及ぼしているために示される見かけ上の相関であり，これに対して，上記のような見かけ上の無相関を擬似無相関という。

　以上のように共変数の影響を統制して2つの変数の関係についてより精緻な検討を行うために用いられる指標が偏相関係数である。本書では偏相関係数の数学的な意味についてのくわしい解説はしないが，偏相関係数というものは，大まかに言うと，共変数の値を一定にした場合の当該の2変数間の相関関係をとらえたものである。そして，統制する共変数が1つだけである場合，偏相関係数は，次の［3］式によって計算される（Zが共変数である）。

$$r_{XY/Z} = \frac{r_{XY} - r_{XZ}r_{YZ}}{\sqrt{1-r_{XZ}^2}\sqrt{1-r_{YZ}^2}} \qquad [3]$$

上記の例では，$r_{XY/Z}=0.88$となり，身長の影響を統制すると，機敏さと得点能力の間には強い正の相関関係が見出される。

「統計モデル先にありき」は禁物

　偏相関係数を用いた共変数の統制は，つねに適切ないし有効なわけではなく，前項に記したような解釈は，あくまで図16-6に示した因果関係についてのモデルが妥当であることを前提にしている。すなわち，［3］式によって算出される偏相関係数の値は想定しているモデルにかかわらず不変であるが，それに基づいた因果解釈の妥当性は想定しているモデルの妥当性に規定される。また，身長以外の共変数を導入することによって機敏さと得点能力の関係はさらに変化するかもしれない。それから，偏相関係数はこの章の第1節で解説した相関係数を基礎としたものであるから，各変数の関係

Column⑲ 統計についての学習

　統計について学習する際に，まず留意しておいてほしいのは，「新しい（数学的に）高度な分析法に進む前に，基礎的なことについて確実に習得する」ということである。なぜならば，基礎の軽視は統計の力の過大評価につながりやすいからである。

　次に，「なぜ」という，各分析法の目的や基本的ロジックについての（数式に過度に依存しない，感覚的な）理解を重視してほしい。たとえば，式の意味を言葉で説明できるようになることが大切である。それから，ロー・データのどのような変動が分析結果にどう反映されるのかについて実感することも大切である。たとえば，偏相関係数というものが共変数の値を一定にした場合の当該の2変数間の相関関係をとらえたものであるならば，図16-7の(a)のケースでは$r_{XY/Z}=1$になるはずである。また，(b)のケースでは，XとZおよびYとZの関係が直線的ではないので，$Z=3,\ 2,\ 1$の各々におけるXとYの相関係数は1であっても$r_{XY/Z}=1$にはならない。さらに，(c)のケースでも，Zの値によってXとYの関係が異なるので$r_{XY/Z}=1$にはならない。このようなことについて，自分でテスト・データをつくりながら，地道に確認していってほしい。

　とにかく，統計ソフトを使って結果を出力でき，その機械的な解釈ができることが「統計ができる」ことではないのである。

図16-7　偏相関係数を用いた分析が適切であるケース(a)と適切ではないケース(b)，(c)

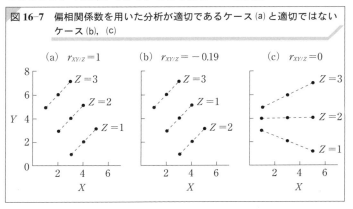

が直線的であることを前提にしている。さらに，偏相関係数は，変数間の交互作用効果の存在までは想定していない（交互作用効果とは，最もシンプルなケースで説明するならば，ある従属変数〔ないし，基準変数〕に対する2つの独立変数〔ないし，予測変数〕の効果について分析する文脈において，一方の独立変数の条件によって他方の独立変数の効果が異なることを言う；第6章 *Column*⑥参照）。したがって，上記のハンドボールの例で言えば，「身長の高さによって機敏さが得点能力に及ぼす影響が異なる」などというようなことがあれば，偏相関係数の使用は適切ではないことになる。

以上のように，何らかの統計的分析を行うときには，「その前提条件（言い換えれば，その分析法が仮定している統計モデルとか数学的モデルなどと呼ばれるもの）が自分が検討しようとしている心理的な事象の現実にフィットしているとみなせるか」ということについて慎重に考える必要がある。統計モデルが仮定している（多くの場合シンプルな）構造が心理学的に有用である（すなわち，人間の心の仕組みや働きに当てはまる）とは限らないのである。したがって，まず最初に行うべきことは心理モデルについての熟慮であり，「その心理モデルにフィットする統計モデルを仮定している分析法があれば，それを使う」というのが本来の姿なのである。「統計モデル先にありき」は禁物である。

参考図書

南風原朝和　2002　『心理統計学の基礎——統合的理解のために』　有斐閣

　●心理学の研究を実際に行ううえで必要となる統計学の理論と方法およびその基礎となる考え方について，種々の方法間に共通する基本的原理を軸に，概念的・統合的理解を促すことを強く意識して解説

したものである。心理学的研究において統計を適用する際に生じる方法論的問題についても，深い洞察のもとに十分な論議がなされている。

森敏昭・吉田寿夫（編） 1990 『心理学のためのデータ解析テクニカルブック』 北大路書房
- 実用書としての機能を重視して，さまざまな分析法（とくに，統計的検定）の具体的手続きについて解説した本である。また，巻末に，どのような場合にどのような統計的検定を適用したらよいのかについてまとめた表が掲載されている。

佐伯胖・松原望（編） 2000 『実践としての統計学』 東京大学出版会
- 「統計学はお作法（マニュアル）ではない」という主張のもとに，実践を強く意識しながら，統計学の諸概念の意味についてさまざまな観点から批判的に論じた，刺激的な本である。

柳井晴夫・岩坪秀一 1976 『複雑さに挑む科学——多変量解析入門』 講談社
- 本書では，多変量解析と呼ばれる，一度に多くの変数の関係について検討するための（数学的にかなり高度な）一連の分析法についてはほとんど取り上げなかった。そこで，このような分析法について比較的わかりやすく書かれた入門書として，上記の本を提示した（ただし，偏相関係数を用いた分析は，多変量解析の一種だと考えられる）。

吉田寿夫 1998 『本当にわかりやすい すごく大切なことが書いてある ごく初歩の統計の本』 北大路書房
- 実用書としてよりも，統計法のテキストとして書かれたものであり，種々の統計的分析の意味についてわかりやすく解説されている。また，第7章では，分析の目的やデータの性質などに応じて種々の統計的検定を使い分けるときに留意しなければならない事柄が，豊富な練習問題とともに解説されている。

南風原朝和 2014 『続・心理統計学の基礎——統合的理解を広げ深める』 有斐閣
- 前編では取り上げられなかった（そして，近年使われることが多くなった）種々の分析法などについて，前編と同様に「統合的理解」ということを重視して解説したものである。本書において加筆した

効果量とその信頼区間の推定に関しても，理論的にていねいな説明がなされている。

大久保街亜・岡田謙介　2012　『伝えるための心理統計——効果量・信頼区間・検定力』　勁草書房

- 本書において加筆修正を行った「統計的検定の問題点，効果量とその信頼区間の推定」といったことについて，APAのガイドラインに代表される近年の統計改革を踏まえて体系的に解説したものである。さまざまな効果量について，算出方法も含めた説明がなされている。

吉田寿夫　2014　『効果量とその信頼区間の活用』（児童心理学の進歩，53, 248-273）　金子書房

- 「統計的検定への過度の依拠から脱して，効果量やその信頼区間などをどう活用していくかを各研究者が主体的に・クリティカルに・柔軟に考えることができるようになってほしい」という思いのもとに，初学者と呼ばれる範疇に属するであろう人たちを主たる想定読者として書かれたものである。効果量とその信頼区間の推定に関わる基本的な事柄についてわかりやすく解説されているとともに，それらの活用のあり方に関する見解，ないし，多くの先達が論じてきたことのまとめが，望まれる基本姿勢といった精神論も交えて述べられている。

第17章 研究報告

コミュニケーションの大切さ

1つの研究の最終段階は研究報告を行うことである。この章では，まず，なぜ研究報告が大切かを理解する。次に，学会や会議などでの研究発表と，学術雑誌や報告書などでの研究論文とに分けて，それぞれの研究報告の留意点を解説していく。

1 研究報告の大切さ

科学的研究の2つのおもな特徴は，客観的な知識を集積していくということと，理論を用いるということである。ある研究が報告されないままであれば，その研究は客観的知識の集積に貢献することはない。その理由は第1に，研究が他の研究者に対して伝えられなければ，その研究の客観性は保証されない。報告されない研究は，他の研究者の批判にさらされることもなければ，他の研究者によって追試されることもない。たとえば，その研究に致命的な要求特性が混入しており，そのことに研究者が気づいていなかったとしよう。この場合，その要求特性は，他の研究者が，その研究を批判的に検討し，追試を行うことによってしか発見できないだろう。なお，要求特性については第9章で，追試の重要性については第15章で解説されている。第2には，報告されない研究は科学的発見の役に立たない。その研究は，他の研究者の手によって改善され洗練され発

展させられることもなければ，他の研究者の新しい研究を刺激することもない。報告されない研究は，新しい科学的知識を生み出すのに貢献することはないのである。

集積された客観的知識は，理論家によって統合・整理されて，人間の心に関する新しい理論を生み出したり，既存の理論を修正したりするのに使われる。新しい，あるいは修正された理論は，その理論に基づく多くの研究を生み出すことになる。ある研究が報告されないでいると，その研究は理論家の目に触れることもなく，心理学の理論の展開に貢献することもない。このように，研究が報告されないということは，その研究の科学性を著しく損ねることになるのである。

さらに，科学的研究は，科学者コミュニティのなかだけで完結するものではない。社会は，科学的研究が可能になるように支援する。社会は，研究が可能な職業を用意し，資金を提供し，被験者として協力する。その見返りとして研究者は科学的知識を生み出し，それを社会に還元する。社会はその科学的知識に基づいて，よりよい社会や人間の状態を目指す。このような大きな社会的契約の文脈のなかで，1つひとつの科学的研究が行われることになる。その研究が報告されないということは，科学的知識の生産に貢献しないことであり，したがって，その研究を支えている社会に対する義務を果たしていないことになるのである。この社会的契約性については，第9章でも論じられている。

心理学的研究が科学的であるためにも，また，社会的契約のなかで心理学的研究が持続し発展するためにも，研究は報告されなければならないのである。

2 研究発表

 1つの研究は，最終的には研究論文として印刷されるが，その前に，学会や会議や研究会などで，おもに口頭で発表されることが多い。この節では，研究論文が作成される前の報告の意義と問題について解説する。

 研究発表は，できるだけ多くの機会をとらえて行われるべきである。研究者が所属する研究機関の同僚たちとの会合，同じ研究領域に興味をもつ小さな研究会，地方学会，全国学会，国際学会などがある。研究発表では，これまで研究者の頭のなかで整理されて進行してきた研究過程の全体像が，はじめて他の研究者の目に触れることになる。そのメリットはおもに2つある。

 まず第1に，研究発表を計画し準備する段階で，研究者は，自分の研究の全体を通して整理しなおさなければならない。問題設定，仮説の導出，方法の選択，実験の実施，結果の分析と考察，これらを矛盾なく筋道だって聴衆に伝えなければならない。口頭発表は学会では10分，15分という比較的短い時間しか与えられない。限られた時間のなかで，絶対に伝えなければならない重要な点と，省略してもよい点との峻別を迫られることになる。このような整理や取捨選択を通して，研究者みずからが，自分の行った研究の強い点（セールスポイント）と弱い点（問題点）を見出していくことができる。

 第2には，実際に発表を行うことによって，さまざまな研究歴や問題関心をもつ聴衆からさまざまな意見を聞くことができる。たとえば，それまで研究者が当然のこととして仮定していたことが，必ずしも多くの人に了解される仮定ではないことを気づかされること

もあるだろうし，研究の結果の解釈や意義づけを行う際の新しい別の視点が提供されることもあるだろう。それらの意見は，研究者がその研究を研究論文にまとめあげたり，次の新しい研究を計画したりするのに直接に役立つはずである。

　口頭の研究発表は，このように啓発的で示唆的である一方，時間が限られているために，科学的研究の厳密さを保つだけの十分な量の情報を提示できないという問題や，研究の伝達範囲がそこに居合わせた研究者に限られるという問題がある。1つの研究が科学的知識の集積や理論の発展に貢献するためには，その研究は最終的には研究論文として印刷され残されなければならない。

3 研究論文

　ここまで読み進めてきた読者は，研究が研究論文にまとめあげられなければ，その研究が科学性と社会的契約性の2つの観点から意味がないことをすでに理解しているだろう。この節では，研究論文を書く際の留意点について述べていく。

公共言語　　科学とは何かという定義の1つに，科学とは公共言語である，というものがある。公共言語とは，誰でもその用語や文法を学べば，お互いにコミュニケーションできる言語である。科学とは，研究論文を通して行われる研究者間のコミュニケーションである。したがって，研究論文は公共言語で書かれていなければならない。誰でもその用語や文法，すなわちルールを学べば，研究論文を書くことができるし，また，それを理解することもできる。

　しかしながら，実際に具体的なルールを学ぼうとすると，それら

表 17-1 実験心理学の研究論文の標準的な構成と留意点

表　題	・表題は簡にして要を得なければならない。 ・実験論文では「……が……に及ぼす効果」とし，独立変数と従属変数を示すことが多い。
著者名（所属機関）	
要　約	・目的（序論），方法，結果，考察を要約し，研究の全体像が一目で把握できるようにする。
序　論 　目　的 　文献研究 　仮　説	・研究の目的を示し，その目的と関連づけて先行研究の概説を行い，仮説を提示する。 ・用語を厳密に定義し，客観的・論理的に論を進める。
方　法 　被験者 　装置・材料 　手続き	・他の研究者が，この方法の記述を読むだけで，追試ができるように詳細に記述する。 ・独立変数と従属変数を具体的に記述する。 ・統制された剰余変数を記述する。 ・結果に影響を与えると考えられるすべての情報を具体的に記述する。
結　果	・研究目的に照らして適切な統計的手法で加工，集約，検定されたデータを提示する。 ・事実のみを記述し，その事実の解釈は，次の考察で行う。 ・研究の仮説に都合のよい結果だけでなく，不都合な結果も公平に記述する。
考　察	・研究目的がどこまで達成され，仮説がどこまで検証されたかを，結果に基づいて議論する。 ・研究結果を解釈したり，例外的な発見を説明したり，他の研究の結果や解釈と比較したりする。 ・将来の研究を示唆する。 ・議論や解釈は，必ず根拠や理由を明示しながら行う。
引用文献	・論文に引用されたすべての文献，資料をリストする。 ・読者がこれらの文献を入手するための情報を完備する。

のルールは，ほとんどの言語がそうであるように，必ずしも厳密に明文化されていないし，臨機応変に柔軟に対処しなければならない例外も多くあるし，また，研究の領域による変異，すなわち方言もさまざまである。ここでは，それぞれのさまざまな具体的なルールに共通して伏在(ふくざい)する考え方のいくつかを解説する。表 17-1 は，実験心理学の研究論文の標準的な構成である。そのなかで，それぞれの項目のおもな留意点を挙げてある。以下の解説と対照しながら読み進めてほしい。なお，詳細で具体的なルールについては，章末に掲げた参考図書を参照されたい。

論文の構成の論理　表 17-1 に掲げた標準的な構成には，どのような理由があるのだろうか。1 つの理由は，研究者間でのコミュニケーションの効率化である。標準的な構成に従った研究論文の読者は，表題を見ることによって，その研究の目的や変数を知り，要約に目を通すことによって，その研究の全体像を知り，その研究が自分の関心に合致したものであるかどうか，序論，方法，結果，考察をくわしく読み進めていくかどうかを判断することができる。表題や要約は，読者の興味を喚起するように書かれなければならないが，そのあまりおおげさな表現になったり，論文の中心的な内容と一致しなかったりすべきではない。読者の失望を買い，また，読者の時間を無駄にするだけだからである。

もう 1 つの理由は，研究が進んでいく論理である。図 17-1 に示すように，研究の進展は 2 つの軸によってとらえることができ，研究論文の各部分は，そのなかに位置づけられる。まず，研究は，時間の軸に従って進められていく。1 つの研究には，まず目的（序論のなかで述べられる）があり，その目的を達成するための方法が考えられ，その方法を実行した結果が得られ，その結果が目的をどのくらい達成できたかが考察される，という順番で進んでいく。1 つの

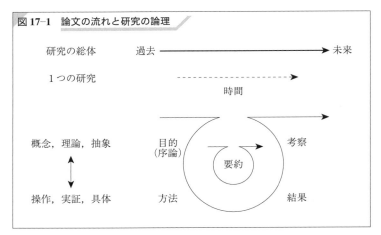

図 17-1 論文の流れと研究の論理

論文は，この順番どおりに記述されているのである。なお，1つの研究は，それだけで完結するものではない。1つの研究は，その研究の目的が過去の先行研究から示唆され，その研究の考察が将来の研究を示唆するというかたちで，より大きな時間の流れに組み込まれている。

もう1つの軸は概念と操作の軸である。心理学的研究は，日常の具体的な事象の観察や疑問を契機とすることもあるが，その観察や疑問が研究に移されるときには，他の類似した具体的事象や先行研究と関連づけられることによって，より一般化された概念的，ないしは理論的な問題として提示されることが多い。心理学実験では，この抽象的な概念的問題を検討するために，それらの概念がいったん観察可能な具体的操作に手続き化され，客観的に観察可能な形で結果が提示される。心理学実験で得られた結果は，その具体的事実を超えて，その事実が，最初に提示された概念的な問題に対する1つの回答と位置づけられ，その概念的な問題が洗練されていくこととなる。このように心理学的研究は，概念・理論・抽象の水準から

始まって，いったん操作・実証・具体の水準に降りていき，再び概念・理論・抽象の水準に戻っていくという経過をたどり，研究論文は，この順番どおりに記述されていくことになる。

客観的・論理的な研究論文　研究論文の著者が伝えたいことを，その読者が正確に受け取るためには，研究論文の内容が客観的・論理的に表現され叙述されていることが必要である。ここでは，そのために，概念や用語の厳密な定義と，事実と意見の峻別が重要であることを解説する。

(1) **概念や用語の厳密な定義**　研究論文で使われる概念や用語は，厳密に定義されていなければならない。その概念や用語の定義が研究者間で定まっていないときには，自分の研究論文では，それらの概念や用語をどういう意味で使うのかを説明しなければならない。常識的に，あるいは研究者間で定義が定まっていそうに思える概念や用語でも，その研究論文のカギとなる概念や用語は，その定義を明示しておくことが望ましいだろう。

　それには2つの理由がある。まず第1に，研究論文を通した研究者間のコミュニケーションを円滑に進めるためである。口頭の研究発表では，聴衆はその場で直接に研究者に真意を質すことができるが，時間と場所を超えた研究論文ではそれができないことが多い。第2の理由は，研究論文の論理的一貫性を保つためである。ある概念や用語の定義を明示しないで使用していると，読者だけでなく著者すらも，その概念や用語の定義が一貫しておらず，恣意的に使用されていることに気づかないことがある。たとえば，自尊心という用語は，自己に対する感情，自己に関する認知，自己に対する評価などさまざまに定義される。1つの研究論文のなかで，ある文脈では感情の意味で，別の文脈では認知の意味で使用されるようなことがあれば，その論文の論理的一貫性が損なわれることは言うまでも

ないだろう。定義を明示しておけば，読者も著者もこの落とし穴に陥らないですむのである。

概念や用語の定義の問題に関連して，もう1つ特筆すべきことがある。それは，定義された概念や用語は不用意に言い換えないで，一貫して使用するということである。小説や随筆では，1つの言葉をいろいろに言い換えるという手法によって，核心に迫ったり，また，広がりや豊かさをもたらしたりするが，研究論文では，この手法はかえって混乱をもたらす。たとえば，錯視という用語がある。同じ長さの線分が，その両端の斜線の向きによって長く見えたり短く見えたりするミューラー・リヤーの錯視はその代表であり，第6章でも紹介されている。この錯視に関する研究論文のなかで，たとえば，錯覚，幻視，幻想，幻覚などの用語が使われているとしよう。著者はこれらの用語を錯視と同じ意味で使っていても，読者はそれぞれが別の意味をもつものと解釈し，混乱するだろう。

(2) **事実と意見の峻別** 研究論文では，それぞれの叙述が，事実の叙述であるのか，それとも意見の叙述であるのかについて，著者も読者も注意しなければならない。たとえば，「実験室の温度は30度であった」と「実験室は暑かった」，「標準化された知能検査で知能指数が130であった」と「知能が高かった」，「自尊心尺度の得点が10点であった」と「自尊心が低かった」などの例では，前者は事実の叙述であるが，後者は意見の叙述である。事実の叙述では，著者は，その字義どおりの内容を伝え，読者はそれを字義どおり受け取る。一方，意見の叙述では，著者は自分の判断や主張を伝える。つまり，著者は，実験室を暑いと「思った」，知能が高いと「思った」，自尊心が低いと「思った」，という主観を伝えているのである。読者は，たんに著者がそう思ったという事実があることを受け取ることはあっても，著者の思いとは別に実際には客観的事実がどうで

Column⑳ 根拠先行型か結論先行型か？

犯人が最初にわからない推理小説では，読者は刑事や探偵と一緒に証拠を少しずつ集め論理を積み重ねていき，犯人を絞り，つきとめる。これにはギャンブルのような楽しみがある。読者は犯人を予想し，その予想が裏切られたり，あるいは的中したりするからである。他方で，推理小説のなかには，最初から犯人がわかっていて，ベテランの刑事や探偵が，完全犯罪を目論んだその犯人を追い詰めていくという筋書きのものもある。『刑事コロンボ』はその代表だろう。読者は刑事や探偵と犯人との緊迫した駆け引きから目がはなせない。刑事や探偵は，証拠と論理を使って淡々と，その犯人の逃げ道を1つひとつふさいでいく。逃げる側の犯人は必死である。その必死の犯人を追い詰めるだけの証拠と論理が積み重ねられていく。そして犯人は最後に逃げ道を失うのである。

研究論文がどちらの推理小説をまねるべきかは明らかだろう。読者は，研究論文にギャンブルのような楽しみを求めてはいない。読者は，著者が表明した結論が，証拠や論理で着実に固められていき，そう結論づけられるほかないと納得させられることを望んでいるのである。

あったかについては何も受け取ることができないのである。

研究論文に意見の叙述を含むときには，その意見は，事実や論理によって必ず裏づけられていなければならない。実験室が暑いと著者が思った理由は，実験室の温度が30度であったからであり，知能が高いと著者が判断した根拠は，知能指数が130であったからである。自尊心が低いと著者が判断した論理は，著者が実施した自尊心尺度の得点は0点から50点までの範囲をとりうるが，その得点が10点であったからである。あるいは，別の論理もあるかもしれない。他の対象者の測定値と比べて，あるいは他の時点や条件での測定値と比べて，その10点という得点が低かったからかもしれない。いずれにしても，意見の叙述は，必ず事実や適切な論理によって補われていなければ，著者と読者とのコミュニケーションは成立

しないのである。

再現性の保証　心理学実験の客観性は，その実験の追試が可能であることによって保証されている。追試の重要性については，第15章で詳述されている。ある実験を，もう一度別の（ないしは同じ）研究者が同じ方法で実施し，同じ実験結果を得ることを「再現する」という。心理学実験は追試による再現性（再現可能性）を保証しなければならない。

　1人の研究者が，自分の実験を追試するときには再現可能性は高いだろう。同じ実験室で，同じ実験者を雇い，同じ材料や装置を使い，同じ手続きや教示を行うことができるからである。しかし，同じ研究者の追試は，その実験結果の信頼性を高めることはあっても，実験の妥当性と客観性を高めることはないだろう。第9章で解説したように，要求特性や実験者効果など，その研究者が気づいていない特異な要因が，その実験に紛れ込んでいる可能性があるからである。

　別の研究者が，ある実験を再現しようとするとき，研究論文の方法の記述が唯一の情報源になる。したがって，著者は方法をできるだけ詳細に記述しなければならない。しかし，実際の研究論文では紙幅が限られているため，著者は，何を記述し，何を省略するかを選択しなければならない。この選択の基準は何だろうか。一言で言えば，それは，実験結果に影響を与えると予想されるかどうかである。しかし，何が実験結果に影響を与えるかは一概には決められない。結局，何が実験結果に影響を与えそうかは，それぞれの実験ごとに，その実験に関連する先行研究を十分に網羅し，それらの先行研究で得られている事実やその事実に基づく論理的な推論によって決めていくしか方法がない。たとえば，ミューラー・リヤーの錯視の実験では方法の箇所で被験者について何を記述すべきだろうか。

視覚機能（視力や眼鏡等による補正，乱視の有無など）についての記述は必須だろう。視覚機能は年齢との相関が指摘されているので，年齢の記述は必要だろう。しかし，性別や身長・体重や職業は必要だろうか。これらの項目が必要かどうかは，研究の目的，先行研究の明らかにしてきた事実に基づいて判断されなければならない。

自分の考えと他者の考えの峻別

自分の独自の考えと他者の考えとを峻別することは，研究者の倫理的義務である。他者の考えや発見を自分のもののように意図的に装うことは論外であるが，読者にそのように誤解されないように記述することが大切である。どこまでが自分の考えや発見で，どこからが他者のそれであるかが明確に読者に伝わるように，他者の考えや発見には本文中に必ず出典（著者名と発表年）を明記し，研究論文の最後の引用文献のなかに必要な書誌事項を記載しなければならない。他者の著作権を尊重するという姿勢は，たとえば同僚や研究仲間間での会話や個人的なやりとりにも貫かれるべきである。実験計画の立案中や研究論文の執筆中に，同僚や研究仲間からいろいろな示唆を得ることがある。それらの示唆のなかには，その同僚や研究仲間がまだ論文としては発表はしていないが，長年あたためていた考えがあることがある。その考えを自分の論文に引用するときには，本文中にその研究者の名前を挙げ，たとえば「私信による」と記載することができるだろう。

参考図書

フィンドレイ，B.（細江達郎・細越久美子訳）1996 『心理学実験・研究レポートの書き方』北大路書房
● 心理学の研究論文の書き方が，論文の構成のそれぞれについて，具体例を豊富に入れながら解説されている。

シュワーブ,D.・シュワーブ,B.・高橋雅治 1998 『初めての心理学英語論文』 北大路書房
- ●英文の研究論文の執筆,投稿,審査,受理,出版などの各段階での具体的なアドバイスが,アメリカ人研究者と日本人研究者によってなされている。

日本心理学会 2015 『執筆・投稿の手びき 2015 年版』 日本心理学会
- ●『心理学研究』,"*Japanese Psychological Research*" への投稿の手引きである。アメリカ心理学会(American Psychological Association)の指針(最新版は *Publication manual of the American Psychological Association*, 6th ed., 2010:前田樹海・江藤裕之・田中建彦訳『APA論文作成マニュアル』医学書院,2011)におもに基づいている。

木下是雄 1990 『レポートの組み立て方』筑摩書房
- ●一般的な科学技術論文の書き方がやさしく解説されている。科学技術論文とは何かを理解し,その文体や叙述方法を身につけるのに役立つ。

事項索引

●アルファベット

CBT (Computer Based Testing) 252
GDP (国内総生産;Gross Domestic Product) 9
IF...THEN 規則 (IF...THEN rule) 152, 155
t 検定 (t-test) 309-311, 326
VPI 職業興味検査 (Vocational Preference Inventory) 244, 246, 247
Web 調査 (Web survey) 202
WISC-Ⅳ知能検査 (Wechsler Intelligence Scale for Children-Ⅲ) 246, 248
z 得点 (z score) 247, 249

●ア 行

アイコンタクト (eye contact) 43, 44, 48, 69, 71, 73, 76, 77, 79, 84-87
愛着 (attachment) 215
アクション・リサーチ (action research) 230
意識 (consciousness) 2, 37, 172-174
1群事前事後テスト計画 (one-group pretest-posttest design) 139
一致係数 (coefficient of concordance) 275
一般化 (generalization) 32, 62-66, 123, 171, 202, 234, 276, 302, 303, 305-308, 311, 313, 351
偽りの記憶 (false memory) 281
異方性 (anisotropy) 107, 108, 110
「いま、ここで」('here and now') 268, 277, 278
意味ネットワーク (semantic network) 150, 152, 156, 157
因果関係 (causal relation/causal relationship/causality) 7, 9-14, 21-31, 62, 63, 90, 91, 102, 105, 113, 120, 127, 129-135, 137-145, 174, 177, 186, 201, 271, 302, 339, 340
因果法則 (law of causality) 6-8, 16, 31
インパクト (impact) 42, 52, 55-58, 60-64, 84, 87
インフォームド・コンセント (informed consent) 175, 178, 231
引用文献 (reference) 293, 349, 356
エピソード (episode) 217, 218, 272
演繹 (deduction) 14, 287, 291
横断的比較 (cross-sectional comparison) 128-130, 138, 141-143

●カ 行

外顕的行動 (overt behavior) 83, 84
外向図形 (outgoing figure) 106

下位質問（サブクエスチョン；sub-question） 206
回収率（completion rate） 199–202
外生変数（exogenous variable） 26
外的政治的有効感（external political efficacy） 207, 208
外的妥当性（external validity） 62–65
カイ二乗検定（chi-square test） 275
概念的従属変数（conceptual dependent variable） 68–72, 75–78, 80, 86, 87
概念的独立変数（conceptual independent variable） 42–45, 50, 53, 59, 66, 67
カウンターバランス（counterbalance） 93, 107–113
仮言命題（hypothetical proposition） 14, 15
下降試行（descending trial） 106–108
仮説（hypothesis） 14–18, 33, 34, 38, 162–170, 178, 188, 190, 213, 217, 220, 223, 230–232, 234, 235, 262, 276, 280, 287, 291, 295, 296, 308, 309, 321, 324, 325, 347, 349
仮説演繹法（hypothetico-deductive method） 14, 287, 291
仮説検証（hypothesis verification） 230, 233, 235, 240, 241, 258, 271, 275, 276, 291
仮説生成（hypothesis generation） 228, 230, 232, 233, 235, 280
カッパ係数　→コーエンのカッパ係数

カテゴリー（category） 16, 32, 43–45, 53, 59, 69–71, 75, 84, 220–226, 232, 243, 272, 273, 275, 326, 327
カテゴリー・チェック法（category check [list] method） 220, 221, 232
カバー・ストーリー（cover story） 164, 165
環境変数（environmental variable） 112
観察（observation） 29, 37, 39, 46, 69, 71, 75, 83–86, 88, 123, 125, 145, 158, 160–162, 165, 166, 172, 212–215, 217–232, 234, 259, 260, 266, 305, 306, 321
観察的研究（observational study） 20, 23–30, 90, 119, 236, 301
観察反応（reactivity） 19, 57, 61, 63, 64, 83, 84, 86, 158–160, 166, 179
観察法（observation method） 187, 213, 221, 228, 230, 232, 234, 235
干渉変数（interfering variable） 26
観測度数（observed frequency） 275
感度（sensitivity） 80, 81, 85–87
気圧傾度（barometric gradient） 8
擬似相関（spurious correlation） 177, 188, 189, 339, 340
偽実験（pseudo-experiment） 131, 139
擬似無相関（spurious noncorrelation） 340
記述統計（descriptive statistics）

規準（norm） 245, 246, 249-251
基準関連妥当性（criterion-related validity） 73, 75, 86, 242
規準集団（norm group） 246-248
基準変数（criterion variable） 28, 29, 236, 242, 342
期待度数（expected frequency） 275
帰無仮説（null hypothesis） 275, 325-328, 333-335
キャリーオーバー効果（carry-over effect） 207
共感的理解（empathic understanding） 264
競合解消（conflict-resolution） 152
教示（instruction） 80, 163, 164, 298, 299, 310, 355
強制選択法（forced-choice method） 191
共分散分析（analysis of covariance; ANCOVA） 92
共変数（covariate） 28-30, 90, 92, 93, 189, 190, 236, 337, 340, 341
禁止と許可の非対称性（forbid/allow asymmetry） 203
偶然誤差（random error） 85, 102, 104, 209
区間推定（interval estimation） 334
グランデッド・セオリー法（grounded theory method） 275
クロス集計（cross tabulation） 188, 211, 275
経済性（economical efficiency） 99
継続調査（continuous survey） 201
系統誤差（systematic error） 103, 104
系統抽出法（等間隔抽出法；systematic sampling） 197-199
結果（result） 289, 295-297, 301, 303-306, 308, 311, 312, 347, 349-351
研究仮説（research hypothesis） 88, 325
研究発表（research presentation） 345, 347, 352
研究報告（research report） 289, 345
研究論文（research paper） 208, 345, 347-350, 352-357
言語測度（verbal measure） 78-85, 87, 173, 174
検査（test） 29, 236, 238-246, 249-256
現実性（realism/reality） 64, 120-122, 124, 127, 144, 145
検証（verification） 14, 63, 65, 93, 169, 170, 230, 286-288, 295, 349
検定力（statistical power） 296, 309, 310, 313
現場実験（field experiment） 120, 124-130, 144, 145
効果量（effect size） 329-332, 335-337
公共言語（common language） 348
後件（consequent） 15
後件肯定の誤謬（fallacy of affirming the consequent） 15
交互作用（interaction） 117, 118

交互作用効果（interaction effect）　342
考察（discussion）　278, 279, 295, 296, 347, 349-351
構成概念（construct）　66, 207, 209, 326, 332
構成概念妥当性（construct validity）　63, 66, 73, 75-77, 86
構造化面接（structured interview）　262
行動測度（behavioral measure）　73, 78-81, 83-87, 173, 174
行動描写法（behavior description method/specimen records method）　220, 232
項目特性曲線（item characteristic curve）　254-256
項目反応理論（item response theory; IRT）　252, 254, 256
交絡（confound）　91, 97, 114-116, 165
交絡変数（confounding variable）　26
コーエンの d　→標準化平均値差
コーエンのカッパ係数（Cohen's κ coefficient）　224-226, 275
誤差（error）　48, 74, 93, 104, 117, 118, 172, 199, 200, 209, 221, 251, 252, 298, 310, 311, 334
誤差逆伝播学習則（error back propagation learning rule）　155
固執効果（perseveration effect）　106, 107, 110
個体差変数（individual difference variable）　93-96, 98-105, 110, 130-132
個体内変動（within-individual variation）　93, 105-107, 110
古典的テスト理論（classical test theory）　251, 253
コネクショニスト・ネットワーク（connectionist network）　150, 153-157
個別性（individuality）　257, 269, 270, 272
個別変数（individual variable）　113
コーホート分析（cohort analysis）　201
コンテクスト（context）　272, 276
コンテクスト効果（context effect）　206
コンピュータ化された検査（computerized test）　251, 252, 256
コンピュータ・シミュレーション（computer simulation）　147, 149, 150, 153, 156

● サ 行

再検査信頼性（test-retest reliability）　243, 244, 253
再現性（reproducibility）　355
採点者間信頼性（inter-rater reliability）　243, 253
サブクエスチョン　→下位質問
参加観察（participant observation）　228-230, 232, 233, 235
残差（residual）　275
3重クロス集計（three-way cross tabulation）　189, 190
散布図（scatter diagram）　317
サンプリング（標本抽出；sampling）　222
サンプル　→標本

残留効果(carry-over effect) 96, 97, 116
時間変数(time variable) 107-110
時間見本法(time sampling method) 219, 220
自己一致(congruency) 264
事後テスト(post-test) 130-133, 135, 136, 139-141
事象見本法(event sampling method) 218
私信(personal communication) 356
自然観察法(natural observation) 214, 235
自然実験(natural experiment) 120, 124-130, 144, 145
事前テスト(予備調査;プリテスト;pre-test) 129-137, 139-143
悉皆調査 →全数調査
実験観察法(experimental observation) 215, 217, 235
実験計画(experimental design) 18, 49, 52, 66, 88, 95, 114, 119, 295, 309, 356
実験室実験(laboratory experiment) 120-124, 127, 128, 144, 145, 303, 304
実験者効果(experimenter effect) 159, 166, 169, 170, 299, 355
実験条件(experimental condition) 21-23, 26, 30, 38, 39, 88, 94, 101-103, 105, 133-135, 139, 143, 165, 169-171, 287, 296, 309
実現性(実行可能性;feasibility) 100
実験的研究(experimental study) 23-26, 28-30, 42, 52, 62-64, 68, 73, 89, 90, 236, 301, 302, 305, 308
実験的統制(experimental control) 92, 93
実験の日常的現実性(mundane realism/mundane reality) 121, 303
実行可能性(実現性;feasibility) 127, 129, 130, 138, 144, 145
実施の機会(opportunity of execution) 120, 121, 126, 127, 144
実証主義(positivism) 15, 16
実証的研究(empirical study) 4, 14, 15, 20, 23, 29, 32-34, 286-288, 290-292, 300
質的研究法(qualitative research method) 228, 233-235
質的変数(qualitative variable) 326
質問紙(調査票;questionnaire) 56, 57, 72, 80, 163, 178, 185, 187, 191, 192, 194-196, 200-202, 210
質問紙実験(questionnaire experiment) 120, 123, 124, 127, 144, 145
質問紙調査(questionnaire survey) 11, 184-187, 205, 211
質問紙法(questionnaire technique) 80-83, 89, 221, 232, 259, 262, 270, 271, 282
紙筆式検査(paper and pencil test) 251, 252
シミュレーション実験(simulation experiment) 167, 168
視野(visual field) 106, 113
社会実験(social experiment) 137

事項索引

社会的契約 (social contract) 175, 176, 346, 348
社会的望ましさ (social desirability) 161, 173
尺度 (スケール; scale) 76, 78, 80, 81, 177, 191, 203, 207, 208, 211, 245–247, 252, 277, 278, 332, 353, 354
重回帰分析 (multiple regression analysis) 92
自由回答法 (open-ended question) 191
集合調査 (gang survey) 202
収束的妥当性 (convergent validity) 242
従属変数 (dependent variable) 26, 27, 35, 37–39, 42, 52, 53, 62, 63, 68–73, 75–77, 79, 81, 84, 88, 90–92, 104, 112, 118, 120, 127, 130, 133–137, 162, 165, 174, 236, 295, 298, 299, 310, 333, 342, 349
集団実験 (group experiment) 123
縦断的比較 (longitudinal comparison) 128, 138, 139, 142, 143
主効果 (main effect) 118
主線 (shaft/central line) 105–107
守秘性 (confidentiality) 175, 178
純化 (purification) 42, 47, 48, 50, 58, 62, 66
準実験 (quasi-experiment) 104, 120, 127–131, 137–139, 141–146
上昇試行 (ascending trial) 106–108
少数 n 計画 (small n design) 143, 144

少数の法則 (law of small numbers) 299
剰余変数 (extraneous variable) 17, 23, 26–28, 30, 35, 38, 39, 48, 52, 63, 90–97, 99–103, 105, 107, 108, 110–115, 120, 124, 125, 127, 128, 138, 236, 250, 295, 296, 298, 299, 306–308, 311, 312, 333, 349
所属機関 (affiliation) 349
序論 (introduction) 295, 349–351
事例研究 (case study) 262, 279
人工性 (artifact) 159, 160, 302–305
診断的面接 (interview for diagnosis) 258
信頼関係 (reliable relationship) 258, 264–268, 270, 275, 278
信頼区間 (confidence interval) 329, 333–337, 344
信頼水準 (confidence level) 334–336
信頼性 (reliability) 37, 68, 73, 78, 79, 85, 86, 174, 208, 221, 222, 224, 225, 227, 243, 244, 250–254, 256, 264, 270, 281, 282, 355
心理検査 (心理テスト; psychological test) 236, 239, 240, 245, 248, 250–252, 256
心理相談的面接 (interview for psychological counselling) 258
心理的等価性 (psychological equivalence) 59–61
心理テスト →心理検査
心理変数 (psychological variable) 42, 43, 45, 51, 53, 68, 69, 71, 72, 75, 85
親和的関係 →ラポール

水準（level） 52-56, 59, 60, 65, 114, 115, 118, 134, 295
推測統計（inferential statistics） 322
数値要約（numerical summary） 316-318, 320
スケール →尺度
捨て質問（throwaway question） 194
ストレンジ・シチュエーション法（strange situation procedure） 215, 216
スプリット・バロット・テクニック（split ballot technique） 201
正規分布（normal distribution） 248, 249
制限複数回答法（limited answer） 191
政治的有効感（political efficacy） 207
生態学的妥当性（ecological validity） 159, 160, 217, 226, 303-305
正の相関関係（positive correlation） 319, 339, 340
正比例（direct proportion） 91
セレンディピティ（serendipity） 291, 292, 300
線型（linear） 8, 108, 109
前件（antecedent） 15
全称命題（universal proposition） 16
全数調査（悉皆調査；complete survey） 196
層化抽出法（stratified sampling） 199
相関（相関関係；correlation） 8, 9, 11-13, 21, 22, 24, 27-29, 76, 77, 174, 177, 186, 188-190, 210, 242, 243, 253, 330, 339-341, 356
相関係数（correlation coefficient） 11, 241, 243, 253, 254, 318-320, 327, 328, 330, 333, 335-337, 339-341
相関図（scatter diagram） 317, 319, 320, 337
相関的研究（correlational study） 23, 24
相関の希薄化（attenuation of correlation） 253
操作（manipulation/operation） 23-28, 30, 33, 38, 39, 42, 46, 51-57, 59-65, 67, 69, 77, 90, 92, 93, 96, 103, 104, 114, 120, 124-126, 150, 165, 169, 171, 176, 177, 186, 214, 250, 299, 304, 352
操作チェック（manipulation check） 61
操作的定義（operational definition） 35, 36, 312
総説論文（展望論文；review article） 293
創造的思考（creative thinking） 290
測定（measurement） 24, 26-30, 33, 35-39, 42, 54, 62, 63, 65, 68-70, 72-79, 83-87, 89, 92, 93, 98-101, 103, 104, 106-108, 110, 112, 113, 130, 134, 136, 161, 165, 174, 177, 188, 207-209, 215, 236, 240, 242, 246, 250, 252, 254-256, 259, 277, 298, 299, 309, 320, 354
測度（measure） 37, 73, 74, 76, 78-81, 84, 86-88, 174
組織的配分（systematic assignment） 93, 95, 98-104, 110, 310

素点（粗点；raw score）　245, 247, 248

●タ 行 ─────────
体験過程（experiencing）　277, 278, 283
第3の変数（third variable）　10, 21, 22, 24, 26, 189, 190, 340
対照条件（contrast condition）　129, 133-135, 137-139, 141-143
態度（attitude）　69, 71
対等化法（pair matching）　93, 98-100, 113
第2種の誤り（type II error）　309, 310
対比効果（contrast effect）　327
多重意味（multiple meaning）　48-51, 56, 58, 59, 66
多重操作（multiple operation）　37, 42, 47, 50, 51, 58, 59, 65, 66
多重測定（multiple measurement）　87, 174
多段抽出法（multistage sampling）　198, 199
妥当性（validity）　36, 37, 42, 62, 63, 66, 68, 73-76, 78, 79, 87, 104, 114, 147, 148, 150, 174, 208, 209, 240, 242-244, 250, 252-254, 256, 270, 275, 281, 282, 292, 298, 304, 333, 340, 355
妥当性検証（validation）　147, 240-243, 250, 253
ダブルバーレル質問（double barreled question）　204, 206
多変量解析（multivariate analysis）　343
単一回答法（single answer）　190

単一事例実験（single-case experiment）　120, 143, 144, 146
単純無作為抽出法（simple random sampling）　197
知能（intelligence）　35, 36, 101, 176, 236, 242, 245, 246, 248, 250, 251, 256, 353, 354
中断時系列計画（interrupted time-series design）　141
調査（survey）　20-25, 27, 29, 89, 145, 161, 182-187, 190, 191, 194-196, 198-208, 210, 211, 258, 266, 270, 271, 278, 279, 298, 301, 305, 307, 312, 321
調査対象者（respondent）　184, 185, 196, 200
調査的面接（interview for research）　258
調査票　→質問紙
調整変数（modulation variable/ moderator variable）　26
著作権（credit/copyright）　356
著者（author）　349, 352-356
直交（orthogonal）　116
追試（replication）　65, 169, 301, 312, 345, 349, 355
ディセプション（deception）　164, 165, 167, 178
適応（adaptation）　12, 303
適応型検査（adaptive test）　252
テスト特性曲線（test characteristic curve）　255, 256
テスト理論（test theory）　251, 253, 254, 256
撤去（withdrawal）　141-143
手続き（operation）　33-39, 42-52, 54-66, 71, 72, 77, 79, 81, 82, 87, 103,

105, 113, 166, 168, 169, 171, 172, 178, 179, 184, 221, 223, 224, 249, 250, 279, 295, 296, 298, 305–308, 349, 355
手続き化（operationalization） 42–45, 47, 52, 53, 62, 66–71, 73, 75–79, 86–88, 351
デブリーフィング（debriefing） 167, 175, 178
デモグラフィック変数（demographic variable） 195
天井効果（ceiling effect） 100
点推定（point estimation） 334
展望論文（総説論文；review article） 293, 294
電話調査（telephone survey） 202
投影法（projective technique） 79, 238, 256
同化効果（assimilation effect） 326, 327
等間隔抽出法　→系統抽出法
統計的検定（statistical test） 24, 102, 103, 105, 111, 112, 117, 118, 308, 311, 321, 322, 324–330, 333–336
統計的統制（statistical control） 29, 92, 93, 337
統計モデル（statistical model） 342
同質性（homogeneity） 52–56, 59, 60
統制（control） 23, 27, 29, 30, 33, 38, 39, 48, 52, 63, 65, 74, 85, 90, 92–95, 98, 99, 101–105, 107–114, 115, 120, 124, 125, 127, 128, 138, 172, 188, 217, 250, 295, 299, 310, 329, 330, 333, 339, 340, 349
統制条件（control condition） 21–23, 27, 30, 38, 39, 105, 296, 309
到達度評価（criterion-referenced evaluation） 245
導入（introduction） 130, 132–136, 138–143
匿名性（anonymity） 81, 161, 175, 178, 278–280
独立変数（independent variable） 26, 28–30, 35, 37–39, 42–48, 50, 52–57, 59–71, 75, 77–79, 81, 88, 90–93, 95–97, 102–105, 112, 114, 116, 120, 124–127, 130, 131, 135, 136, 150, 162, 165, 169, 171, 250, 295, 299, 304, 309, 342, 349
閉じた質問（closed question） 260
度数分布（frequency distribution） 315, 320, 324
度数ポリゴン（frequency polygon） 315
留置調査（placement method） 200, 202
トレンド（trend） 132, 133

● ナ 行

内観（introspection） 2, 37, 79, 83, 158, 172–174, 179
内向図形（ingoing figure） 106, 108
内的整合性（internal consistency） 209
内的政治的有効感（internal political efficacy） 207–209
内的妥当性（internal validity） 62–64

事項索引　367

内発的動機づけ（intrinsic motivation） 162-166, 169, 171
慣れの効果（habituation effect） 107
2次的変数（secondary variable） 26
日常的現実性（mundane realism/mundane reality） 121, 303
日誌法（diary recording method） 217, 232
ニューラルネットワーク（neural network） 153, 154
脳波（electroencephalogram） 37

● ハ 行
パイロット・テスト（pilot test） 53, 54, 57, 62, 82, 87, 167, 172
外れ値（outlier） 320, 331
パーセプトロン（perceptron） 154
パーセンタイル順位（percentile rank） 246-249
パネル調査（panel survey） 145, 201
場面想定法（imaged scene method） 56, 123
場面見本法（situation sampling method） 218, 220
半構造化面接（semi-structured interview） 262
反証（falsification） 16, 17, 287
反証主義（falsificationism） 15-17, 34
反応時間（reaction time/response time） 37, 79, 112, 149, 152, 320
反比例（inverse proportion） 91
万有引力の法則（law of universal gravitation） 6, 17, 31
ピアソンの積率相関係数（Pearson's product-moment correlation coefficient） 318
非言語的行動（nonverbal behavior） 169
非言語的情報（nonverbal message） 273, 274, 276, 277, 282
被験者（被検者；subject/participant） 24, 37, 43-50, 52-57, 59, 60, 62-65, 69-71, 75, 79-85, 87, 88, 94-104, 106, 107, 109-111, 112, 116, 121-127, 129-134, 138-140, 142-145, 149, 158-178, 186, 237-239, 243, 245-247, 250-252, 255, 270, 287, 295-299, 305-307, 309-311, 346, 349, 355
——の代表性（representativeness of subjects） 65, 122, 127, 144, 145, 307
被験者間計画（between-subject〔s〕design） 93, 97
被験者間要因（between-subject〔s〕factor） 116
被験者内計画（within-subject〔s〕design） 93, 95-97, 105
被験者内要因（within-subject〔s〕factor） 116
非構造化面接（unstructured interview） 262
非線型（nonlinear） 109
評価・ガイダンス的面接（interview for assessment/guidance） 258
評価研究（evaluation research） 137
標準化（standardization） 39, 42,

58, 59, 61–64, 79, 86, 171, 172, 174, 177, 185, 249, 250, 353
標準化平均値差（standardized mean difference） 331–333
標準得点（standard score） 246–249
　正規化した―（normalized standard score） 248, 249
標準偏差（standard deviation） 247–249, 253, 309–311, 317, 324, 332
表題（title） 349, 350
評定尺度（rating scale） 74, 76–78, 80
評定尺度法（rating scale method） 221
評定法（rating method） 191
標本（サンプル；sample） 196–200, 202, 305–307, 321, 322, 333
標本誤差（sampling error） 199, 200
標本抽出（サンプリング；sampling） 196, 199, 200, 211, 322, 328, 333–335
標本調査（sample survey） 196, 200, 305, 307
表面的妥当性（face validity） 73, 75, 80, 82, 84, 86
開いた質問（opened question） 260
疲労効果（fatigue effect） 107, 110
フィッシャーの直接確率法（Fisher's direct probability） 275
フィードバック（feedback） 50, 51, 53–55, 58, 59, 176, 252, 278–280
フィールド実験（field experiment） 166
風速（wind velocity） 8
フォーカス・グループ・インタビュー（focus group interview） 205
複数回答法（multiple answer） 191
不等価群事後テスト計画（posttest-only design with nonequivalent groups） 131
不等価群事前事後テスト計画（pretest-posttest design with nonequivalent groups） 131–133, 135
不等価従属変数（nonequivalent dependent variable） 129, 135, 137, 141, 142
負の相関関係（negative correlation） 319
普遍性（universality） 269
プライバシー（privacy） 175, 195, 210, 231, 263, 267, 278, 279
プリテスト →予備調査；事前テスト
プロダクション・システム（production system） 150, 152–154, 156, 157
フローチャート・モデル（flowchart model） 148–150
プロトコル（protocol） 273–276, 278, 279, 282
分散分析（analysis of variance; ANOVA） 117, 118, 295
平均順位（mean order） 108, 109
平均値（mean） 98, 99, 101–103, 108, 109, 269, 296, 316, 317, 319–321, 324, 331–333, 335
平均値等化法（mean matching）

93, 98-100
並存的妥当性（concurrent validity）76, 88
並列分散処理モデル（parallel distributed processing model）153
偏差IQ（deviation IQ）　248, 249
偏差値（T score/Z score）　247-249
偏相関係数（partial correlation coefficient）　337, 340-343
弁別的妥当性（discriminant validity）　242
方法（method）　178, 295, 347, 349-351, 355
母集団（population）　65, 196-200, 202, 305-308, 321, 322, 331, 333, 335
補助仮説（auxiliary hypothesis）34-36, 43-46, 69-74
補助仮定（auxiliary assumption）34

●マ　行
ミューラー・リヤー錯視（Müller-Lyer illusion）　106, 353, 355
無作為化（randomization）　93, 110-112
無作為抽出（ランダムサンプリング；random sampling）　65, 196, 197, 199, 200, 305-308, 322, 333
無作為配分（random assignment）93, 95, 98-105, 110, 113, 119, 120, 124-129, 138, 139, 299, 309, 310
無条件の肯定的関心（unconditional positive regards）　264
無知手続き（blind technique）　170, 171
面接（interview）　29, 200, 234, 257, 260, 262-265, 267, 270-273, 276, 277, 279, 281
面接ガイド（interview guide）262, 263, 265
面接者－被面接者関係（relationship of interviewer-interviewee）266, 276
面接調査（face-to-face interview）200-202
面接法（interview technique）80, 81, 187, 205, 257, 258, 261, 264, 269-272, 280-282
模倣（modeling）　44-46, 56, 69-71, 75, 79, 83-85

●ヤ　行
有意差（significant difference）296, 309
有意水準（level of significance）309-311, 325-328, 334
有意抽出（purposive sampling）196
郵送調査（mail survey）　202
誘導質問（leading question）　203
要因（factor）　73, 74, 85, 114, 115, 117, 118, 136, 137, 139, 141, 142, 149, 151, 159, 172, 188, 205, 217, 278, 295, 320, 328, 355
要因計画（factorial design）　114-116
要求特性（demand characteristics）159, 161, 162, 164-173, 178, 299, 345, 355
要約（abstract/summary）　349, 350

予測(prediction) 14, 17, 18, 27–29, 57, 76, 164, 168, 241, 242, 287, 291, 296, 299, 310
予測的妥当性(predictive validity) 76, 242
予測変数(predictor variable) 28, 29, 236, 342
予備研究(pilot study) 299
予備調査(プリテスト；事前テスト；pretest) 191, 195, 202, 205, 210, 299
世論調査(poll) 182, 191, 199

● ラ行・ワ行

来談者中心療法(client centered therapy) 264
ライフヒストリー研究(study of life history) 262
ラポール(親和的関係；rapport) 194, 229, 266
乱数(random numbers) 99
ランダムサンプリング →無作為抽出
リサーチ・クエスチョン(research question) 188, 233
量的変数(quantitative variable) 316–318, 320, 331, 332
量の保存(conservation of quantity) 31, 32
理論(theory) 63, 65, 147–149, 156, 159, 174, 234, 235, 257, 258, 262, 275, 276, 286–288, 290–293, 301, 306–308, 321, 345, 346, 348
臨床心理学(clinical psychology) 122, 123, 237, 257, 283
倫理(ethics) 47, 64, 75, 86, 121–123, 125–127, 144, 145, 158, 164, 167, 176, 179, 186, 210, 231, 356
倫理的責任(ethical responsibility) 266, 278, 279
倫理的配慮(ethical consideration) 175, 176, 178, 179
練習効果(practice effect) 97, 108–110
ロー・データ(raw data) 314, 319, 337, 341
ロールシャッハテスト(Rorschach Test) 237, 239, 240, 243, 244, 265
ロールプレイング(role-playing) 265
ワーディング(wording) 78, 203, 204, 207

人名索引

ヴント（Wundt, W.） 173
エインズワース（Ainsworth, M. D. S.） 215
ガルシア（Garcia, J.） 304
カールスミス（Carlsmith, J. M.） 168
ギブソン（Gibson, J. J.） 303
キュルペ（Külpe, O.） 173
ジェンドリン（Gendlin, E. T.） 277
シューマン（Schuman, Howard） 183
ストラットン（Stratton, G. M.） 160
ナイサー（Neisser, U.） 303
バンデューラ（Bandura, Albert） 21, 22
ピアジェ（Piaget, Jean） 31, 32
フィールズ（Fields, James M.） 183
フェスティンガー（Festinger, L.） 168
ブリッジマン（Bridgman, Percy） 35
ベーコン（Bacon, Francis） 13
ベム（Bem, D. J.） 168
ポパー（Popper, Karl） 15, 16, 34
マクレランド（McClelland, J. L.） 154
ミル（Mill, John Stuart） 13, 14, 23, 24, 92
ラカトシュ（Lakatos, Imre） 16, 17, 34
ラザースフェルド（Lazarsfeld, Paul F.） 201
ラッグ（Rugg, Donald） 203
ラメルハート（Rumelhart, D. E.） 154
ロジャース（Rogers, Carl） 264, 277, 282, 283
ロールシャッハ（Rorschach, Hermann） 239

● 編者紹介

高野陽太郎（たかの ようたろう）
　東京大学名誉教授

岡　　　隆（おか たかし）
　日本大学文理学部教授

心理学研究法
――心を見つめる科学のまなざし〔補訂版〕
Research Methods in Psychology:
Scientific Eyes on Mind, revised ed.

ARMA 有斐閣アルマ

2004年2月20日　初　版第1刷発行
2017年2月25日　補訂版第1刷発行
2025年1月25日　補訂版第13刷発行

編　　者	高　野　陽　太　郎
	岡　　　　　　　隆
発 行 者	江　草　貞　治
発 行 所	株式会社 有　斐　閣

郵便番号　101-0051
東京都千代田区神田神保町2-17
https://www.yuhikaku.co.jp/

印刷・株式会社理想社／製本・大口製本印刷株式会社
© 2017, Y.Takano, T. Oka. Printed in Japan
落丁・乱丁本はお取替えいたします。
★定価はカバーに表示してあります。

ISBN 978-4-641-22086-7

JCOPY　本書の無断複写（コピー）は、著作権法上での例外を除き、禁じられています。複写される場合は、そのつど事前に(一社)出版者著作権管理機構（電話03-5244-5088、FAX03-5244-5089、e-mail:info@jcopy.or.jp）の許諾を得てください。